ラネカーの(間)主観性とその展開

ラネカーの
(間)主観性と
その展開

中村芳久・上原 聡 [編]

開拓社

はしがき

　2016年5月，ヒロシマで行われたオバマ大統領の演説が，心を離れない．以下はその冒頭と末尾の部分である．

　　Seventy one years ago, on a bright cloudless morning, death fell from the sky and the world has changed. A flash of light and a wall of fire destroyed a city and demonstrated that mankind possessed the means to destroy itself.
（71年前，雲ひとつない明るい朝，空から死が落ちてきて，世界は変わった．閃光と炎の壁は都市を破壊し，人類が自らを破壊するすべを手に入れたことを実証した．）
The world was forever changed here, but today the children of this city will go through their day in peace. What a precious thing that is. It is worth protecting and then extending to every child.
（世界はここで永遠に変わってしまったが，今日この年の子供たちは平和の中で日々を生きていく．何と貴重なことか．そのことは守る価値があり，全ての子供たちに広げる価値がある．）
That is a future we can choose, a future in which Hiroshima and Nagasaki are known not as the dawn of atomic warfare, but as the start of our own moral awakening.
（それは私たちが選ぶことのできる未来だ．その未来では，ヒロシマとナガサキは核戦争の夜明けとしてではなく，道徳的な目覚めの始まりとして知られるだろう．）

　演説の名手の手になるものであっても，描き続けた核なき世界への強い思いがあってこそその主張は人々の心にしみわたるのだろう．冒頭の「空から死が落ちてきて…閃光と炎の壁は都市を破壊し」の部分は，『アングロサクソン年代記』のデーン人の侵入のくだり（「稲妻がひかり，嵐が巻き起こっ

た. 火の竜が空を舞った」) を連想させる.「今日の広島の子供たちが送る平和な日々」はややもすると当たり前として捉えられるところを, それが「貴重」であることに気づかせ,「すべての子供たちに広げる価値がある」と続け, 世界平和を仰々しく説くのではなく, その重要性をすっと心にしみこませる. 最後は, 広島と長崎が,「核戦争の夜明け」としてイメージされるのではなく,「道徳の目覚めの始まり」としてイメージされるような未来を求めていこう, と締めくくる. この少しの引用部分でも, ことばによる無理のない捉え直しが次々に提示され, その上でことばによる間主観的な共通理解が自然に達成される仕組みになっている. オバマ大統領の卓越した演説力の中核をなしていると言ってよいだろう.

　オバマ大統領にはもう1つ, 身体的共鳴力がある. 2015年6月サウスカロライナ州の黒人教会で白人至上主義者による銃乱射事件が起きたが, その犠牲となった牧師への追悼演説も多くの人が感涙にむせぶ名演説だった. ただそのとき大統領は讃美歌 Amazing Grace（すばらしき神の赦し）を歌い始めた. 事件直後, 犠牲者の遺族は法廷で憎むべき犯人に「神と私はあなたを赦す」と告げた, その意をくんでの歌だった. 憎悪の連鎖を断ち, 亀裂を埋め, 統合をもたらそうとする「赦し」に込められた黒人たちの叫びを絞り出すように讃美歌は歌いだされた. 五千人を超す参列者も加わって大合唱は全米に統合の共感を呼び起こし, その共感は, 人種差別の象徴である南軍旗を各地で排除する動きにつながった.（YouTube 動画,『中日新聞』「社説」(2016/08/28) 参照）

　1つの場面を様々に解釈すること, 共同注意によって共通理解が達成されること, 歌や踊りなど同型的な同調によって一体化することなどは, 私たちの持っている認知の力の重要な部分である. 前二者は, ラネカーの認知文法の認知モデルにも組み込まれているし, 後者の「同型的な同調」は, いわば言語以前の一次的間主観性で, 市川浩（『精神としての身体』）の用語である. 同調によって, 表面的理解にとどまるのではなく,〈生〉に相応する, 真に深い次元の〈分かり合い〉〈分かり〉が成立するともいう.

　本書は『ラネカーの（間）主観性とその展開』と銘打つ認知言語学に与する研究書である. 認知言語学であるから, 私たちが日常生活でふつうに用いて

いる認知能力や認知プロセスが，どのように言語現象に反映し，どのように言語を決定しているかを明らかにしようとする立場である．言語に特化した認知能力があると想定しないから，そのような認知能力を明らかにしようというものではない．認知の在り方としては，認知主体（Subject）が認知対象（Object）を眺めるというのが一般的であり，ラネカーの認知文法の認知モデルでは，S が O を離れたところから眺める構図（これは破線矢印で示される）になっている．認知文法では，この認知構図に基づいて，認知主体の認知能力や認知プロセスが適切に想定されていて，これによる言語現象の分析と説明が相当程度うまくいっている．

そのような分析のなかで本書が問題にするのは，主観性（subjectivity）・間主観性（intersubjectivity）の問題である．認知主体は，観る側であるから，基本的に観られる側にはならない．これを認知文法では，「主観的に捉えられる」（subjectively construed）という．ラネカーが主観性（subjectivity）で問題にするのは，本来観る側であるはずの認知主体が，観られる側（認知対象）にもなっているような言語現象である．ラネカーの用語でいえば，本来「主観的に捉えられる」認知主体が，いくぶん「客観的に捉えられる」（objectively construed）ような場合である．言語現象としては，定冠詞・指示代名詞や助動詞などのグラウンディング要素，それと across 文（例えば She is sitting across the table (from me).）などで一人称代名詞が現れない場合等が問題となる．このような現象に対して認知文法がどのような認知構造を与え，主観性の問題をとらえているかを明確に押さえ，それを基準に，諸研究者のいう主観性の概念や言語現象を位置づけ，さらに提案があれば，その基準点との関わりを明確にしてその提案を行おうというのが本書の立場である．要するに，比較的明快な認知文法の主観性の概念と現象を座標軸・参照点にして，諸研究者の主観性を位置づけ，また新たな提案も行おうという立場である．本書を構成する各論考は，この線に沿って，生産的な議論になっているはずである．

1 つ明確になるのが，「日本語は主観的な言語である」と言われる場合の，「主観的」ということの位置づけである．まず，この「主観的」をラネカーの「主観的に捉えられる／把握される」（subjectively construed）の「主観的」と混同してはいけない．「主観的に捉えられる」のは，単純に観る側のことであり，表現されないのだから，主客未分的な日本語の「主観的」とは区別され

なければならない．ラネカーが主観性の問題（subjectivity）の現象として扱う，グラウンディング要素の認知構造と日本語が「主観的」という場合の認知構造との異同を明らかにする必要がある．また，日本語の「主観的」ということとの関連で用いられる「状況内視点」「状況外視点」というような認知的概念が用いられるが，本書では注意深く用いられている．その多くの用語法では，状況内視点でも状況外視点でも，認知主体が認知客体を眺めている構図になっている．正確には，状況内視点では認知主体も認知対象を構築する要因になっているから，いわゆる状況外から観るとその状況は消えてなくなるのである．「太陽が昇る」という認知対象は，認知主体が関与して形成される認知対象（認知像）だから，状況外の，例えば宇宙の彼方から眺めると，（太陽は動かないのだから）認知主体は太陽の上昇に対峙してもいないし，認知主体がそれを眺めているような構図も生じないのである．認知主体は単純に客観的認知対象と対峙しているわけではない．

　私たちを取り巻いているように見える外界も，私たちの内面に感じる世界も，しょせん私たちの認知能力や認知プロセスによって捉えられ，構築されるかぎりのものだから，認知主体から独立して客観的に存在するものはなにもない．そうであれば，私たちが認知している世界は，わたし一人で作り上げる世界ではなく，相当程度に他者との関わりで確立される間主観的なものであるということにもなる．つまり，認知主体込みで，さらには他者との関わりで構築されている認知像のあるものを，客観的存在あるいはリアリティと見なして，私たちは日々生活を送っているわけである．

　本書の各論考は，そういう日常を過ごす私たちの認知様式が厳密にどのようなものなのか，そのような認知様式に対してラネカーの認知モデルがどう位置づけられるのかなどを，正面から明示的に論じ，あるいは暗に意識しながら，さまざまな言語現象との関わりで，それぞれの論点を展開している．新たな認知と言語の世界が開けてくるはずである．じっくり味わっていただければと思う．各章の論考の要旨は以下のとおりである．

　第 1 章は，前半で，認知文法における主観性がいかなる問題であり，いかなる言語現象と関わるのかを論じ，特に，グラウンディング要素と across 文の認知構造が認知文法の主客対峙の認知モデルでどう表示されているかを示す．後半では，I モード認知と D モード認知が外界や内面の認識ために私た

ちがふつうに用いている認知様式であり，とりわけ主客未分の I モード認知が，日本語にどのような形で反映することになっているかを示す．I モードから D モード認知への展開を考慮することが，言語のさまざまな側面を捉えやすくする．

第 2 章は，ラネカーの subjectivity/-fication の理論について，その定義上それが「主体性／化」の理論であることを確認した上で，次の 3 点を主張する：1) その主体性としての subjectivity 理論で扱っている言語現象は彼自身によって 2 種類のものに分けられ，その一方は主観性現象でもある．2) その subjectification は，文法化に関わる「主観化」と，それとは異なる「状況没入」の 2 種に（訳し）分けられる．3) 主観性現象に関わるラネカーの表現類型は，体験者主観性の言語慣習化の類型として言語類型論的意義を有する．

第 3 章は，Langacker と Traugott の subjectification をコミュニケーションの基本構造である共同注意の構造の中に位置づけることを目指す．まず，subjectivity/subjectification に関する Langacker と Traugott のそれぞれの概念の内実とその相互関係を述べる．そして共同注意を準拠枠両者の議論を位置づける．本章は，Langacker と Traugott の subjectification と subjectivity の内実を明らかにし，これらを認知科学の文脈に位置づけるものとなる．

第 4 章では，Langacker の認知文法における「最適視点構図」と「自己中心的視点構図」の理論上の必要性から「主体性」「主体化」の本質について述べる．そして「意味は概念化にあり，概念化は認知プロセスにある」ということから，概念化者の認知プロセスを記述するためには主客対峙の視点構図で捉える必要があるわけであるが，認知主体の事態認知の在り様の本質を明らかにするためには中村（2004, 2009）の主張する主客未分の I モード認知の導入が不可欠であることを論じる．

第 5 章では，事態把握には事態内視点と事態外視点が存在することを提案する．事態内視点とは，表現されない認知主体が事態の参与者としての役割を担っている事態把握のあり方であり，事態外視点とは，表現されない認知主体が事態の成立に対して何の役割も担っていない事態把握のあり方である．具体的には，対象のガ格には事態内視点が反映され，虚構的な移動表現には，事態内視点が反映された主観的移動と事態外視点が反映された主体的

移動があることを提案する．

　第 6 章では，ナラトロジーの観点から認知文法の主観性をめぐる議論を捉え直すことを試みる．ナラトロジーの「焦点化」という考えに，認知文法が関心を寄せる自己知覚・自己の表現の問題を組み入れることで，可能な焦点化の類型を提案し，その中に一人称代名詞明示／非明示の問題を位置づける．さらに，認知文法の主観性構図によって内的焦点化を適切に説明するためには「焦点化の主体」に相当する道具立てが必要なことを主張する．

　第 7 章では，Langacker の subjectivity と Traugott の intersubjectivity との接点について，英語の懸垂分詞構文を例に論じる．懸垂分詞構文は「概念化者」が発話の場の「話者」と同一になる場で使用される．これが動機づけとなり，懸垂分詞節に，話者の subjective な判断を表す意味だけでなく，聞き手の注意を操作する intersubjective な意味が対応づけられていく．また対応する日本語のト接続表現では，対人関係的使用は英語ほど見られないが，それは元の構文がその言語の中で破格扱いをされるか否かと相関する．

　第 8 章では，「認知文法」と「認知モード」の枠組みから，まず，英語の無生物主語構文と対応する日本語表現の認知メカニズムを明らかにする．特に，英語の無生物主語構文の中には行為連鎖モデルでは捉えられない事例があり，それらは「セッティング主語構文」の拡張例であることを指摘する．次に，それらの構文と関連構文の連続性を示す．こうした現象の背景には，当該言語において，認知主体の認知モードに随伴する視点構図が関与していることを明らかにする．

　第 9 章では，「言語にとって再帰とは何か」という問いについて，認知文法の立場から検討する．言語形式の再帰性は外部世界の概念的反映であり，その使用は心の理論に基づいた対人関係再帰構造の把握を前提とする．このような観点から，「階層的な概念化のモデル」を用いて，言語使用の背後にある認識の再帰性について考察する．また，いわゆる「埋め込み文」の背後に脱主体化のプロセスがある可能性について論じる．

　第 10 章では，身体を介した外部世界との直接的な相互作用との関連で subjectivity を考える．ラネカーをはじめ，認知言語学における subjectivity 研究では扱われてこなかった「お話への入り込み」に焦点をあて，解釈者（主体）がある仮想世界（客体）に入り込み，その世界を主体的に解釈するようになる過程で，それまでの経験や知識はどう関与し，言葉はその中でどのよ

うな役割を担い,自己と他者と環境の関係はどう変化するか,などを考察する.

第11章は,主観性をめぐる日英語の差を説明するために,言語使用の三層モデルという理論を提示する.言語使用は,状況把握,状況報告,対人関係という3つの層からなり,言語のもつ自己中心性が英語のように公的自己(伝達の主体)にあるか,日本語のように私的自己(思考・意識の主体)にあるかによって,3つの層の組み合わせが異なるとするものである.日英語の差はこの三層の組み合わせの違いから生じることを具体的に論じる.

本書の源泉は,遠く2010年のシンポジウム『ラネカー認知構図の射程』(日本英文学会中部支部大会,金沢大学)に遡り,その後2011年のシンポジウム『(間)主観性の諸相』(第29回日本英語学会,新潟大学),2012年の言語と(間)主観性フォーラム in 仙台『ラネカー視点構図と(間)主観性』(東北大学)を通して確認された「ラネカーの(間)主観性を明らかにし,それとの関わりで他の諸説を位置づけ,新たな提案もしていこう」という研究目標のもと,結集した研究成果が本書である.代表編集者の不手際で多くの方にご迷惑をおかけし,時間ばかりが過ぎていった感があるが,全体として読みごたえのあるものになっているように思われる.とりわけ本書の出版のお声をかけていただいた開拓社の川田賢氏には,辛抱づよくお待ちいただき,感謝の念に堪えない.本書が読者諸氏の認知的考察の足がかりとなり,あるいは認知言語分析の一助となるのであれば,執筆者一同の望外の幸せである.

編集者を代表して
中村　芳久

目　次

はしがき　v

第 1 章　Langacker の視点構図と（間）主観性
　　　―認知文法の記述力とその拡張―
　　　………………………………………………… 中村　芳久　1

第 2 章　ラネカーの subjectivity 理論における「主体性」と「主観性」
　　　―言語類型論の観点から―
　　　………………………………………………… 上原　聡　53

第 3 章　Subjectification を三項関係から見直す
　　　………………………………………………… 本多　啓　91

第 4 章　Langacker の言語観と主観性・主体化
　　　―事態認知の本質―
　　　………………………………………………… 濱田　英人　121

第 5 章　傍観者と参与者
　　　―認知主体の二つのあり方―
　　　………………………………………………… 町田　章　159

xiii

第 6 章　ナラトロジーからみた認知文法の主観性構図
　　　　——「焦点化」をめぐって——
　　　　……………………………………………………………… 野村　益寛　185

第 7 章　懸垂分詞構文から見た (inter)subjectivity と
　　　　(inter)subjectification
　　　　……………………………………………………………… 早瀬　尚子　207

第 8 章　英語の無生物主語構文と対応する日本語表現の認知文法的再考
　　　　……………………………………………………………… 對馬　康博　231

第 9 章　言語における再帰と自他認識の構造
　　　　——認知文法の観点から——
　　　　……………………………………………………………… 長谷部陽一郎　269

第 10 章　お話への入り込みのメカニズム
　　　　——「主体性」の全容を解明するための 1 つの試み——
　　　　……………………………………………………………… 深田　智　305

第 11 章　主観性と言語使用の三層モデル
　　　　……………………………………………………………… 廣瀬　幸生　333

索　　引 …………………………………………………………………………… 357

執筆者紹介 ………………………………………………………………………… 361

ラネカーの(間)主観性とその展開

第 1 章

Langacker の視点構図と(間)主観性
── 認知文法の記述力とその拡張 ──

中村　芳久

金沢大学

キーワード：　ラネカーの認知モデル，主観性，グラウンディング要素，*across* 文，認知モード，主観述語，日本語の認知特性，無限定性

1. はじめに

　言語研究の認知言語学への展開の中で，もっとも際立っているのは，〈客観〉から〈主観〉重視への移行ということができよう．認識に関して，観る側を主観，観られる側を客観とすると，あきらかに認知言語学では，観る側としての主観が注目される．観る側の認知の仕方がどうであるかという点から，さまざまな言語現象の本質をとらえようとすると言っても過言ではない．その意味で，認知言語学は主観性の言語学である．
　認知言語学の中核にあるラネカー（R. Langacker）の認知文法理論は，観る側としての認知主体がどのような捉え方（construal）をしているかによって，語や文法の意味を与え，言語現象の全域を説明しようとする．もちろんその捉え方（construal）は，通常は無意識的に働いていて，意識されることはなく，完全に観る側（すなわち主観）に属するものとして捉えられる（subjectively construed）．一方，意識されるのは，意味内容（content）としての対象であり，これは，観られる側として捉えられる（objectively construed）．観る側の捉え方の決定的な重要性からすると，ラネカーの認知文法も，主観性の文法理論ということになる．
　例えば動詞 *rise* の現れる *The balloon rose swiftly.* の例で，観られる側（客観）は，風船の素早い上昇という事態であり，それを眺める観る側（主観）

には，少なくとも視線の上昇（認知の仕方）が生じている．この視線の上昇は観る側に属するものとしてとらえられており（subjectively construed），意識されない．これまでの言語研究ではあまり問題にされることのなかった，この観る側の捉え方（construal）に注目することによって，言語現象をより一般的に捉えること（スキーマ的規定）ができる．例えば rise を使った The hill rises gently from the bank of the river.（丘は川の土手のところから緩やかな上りになっている）という表現も可能であるが，なぜ丘は上昇してもいないのに「のぼる」という意味の rise が用いられるのか，というような素朴な疑問に対しても，捉え方を考慮すると答えは容易である．rise は，「〈視線の上昇〉で捉えられる事態（動きや形状）を表す」動詞だから，動かない丘の形状であっても，それが〈視線の上昇〉で捉えられるため rise で表現される，というわけである．

　文法的な種々の現象についても，捉え方（construal）によってより一般的な特徴づけ（スキーマ的規定）が可能になる．主語や直接目的語は，文法概念として重要なものであるが，例えば特定の意味役割が主語や直接目的語と対応するというのではなく，認知主体の捉え方（construal）が両者を決定する．例えば，Mary hit John. のような能動文では，動作主 Mary が主語で，被動作主 John は直接目的語で表され，John was hit by Mary. のような受身文では，被動作主 John が主語で表されるのだが，それは主語が，当該状況で認知主体が第一に何に注目するか，によって決定するからだ，というわけである．能動文では，当該状況の Mary が第 1 に注目され，John は第 2 番目に注目されるが，受身文では，John が認知的に昇格して第 1 に注目され，主語で表現されるという具合である．語彙，文法いずれであっても，捉え方（construal）がスキーマとしての意味構造・認知構造の決定的要因だといってよい．

　主観としての観る側がどのような捉え方をするか，つまり捉え方（construal）は，観る側に属するものとして捉えられ（subjectively construed），言語使用の際には意識されることはない．このように意識されることのない捉え方は，主観としての観る側に属するのだから，どのような捉え方であっても，それは「観る側に属する」という意味で subjective（主観的，観る側に関わる）として一括りにしてよいはずである．ところが，その観る側が，表現に微妙に顔を出す現象があり，それが言語や文法の記述の中で重要な位置を

占める．このように観る側が，時に小さく，時に大きく顔を出す現象を，ラネカーは subjectivity（観る側性）の問題として，認知文法理論の枠組みでとらえ，その認知モデルに基づく意味表示をしようというわけである．

本章では，「観る側性」subjectivity についてその問題とされる重要な現象を，認知文法がどのようにとらえ，位置づけるのかを明示し，さまざまに論じられる諸家の subjectivity と対照するための基準点を提示したいと思う．後半では，観る・観られ関係（あるいは主客対峙）に基づく認知文法の認知モデルでは捉えられない認知の側面を考慮して，2 種類の認知モードの導入の必要性を論じ，特に日本語表現の認知構造の特性を，認知モードに基づいて示すことにする．

用語法の重要なものとして，本章では「観る側」「観られる側」を用いている．ラネカー理論の基盤となる viewing relationship は，「観る・観られ関係」であり，これは知覚レヴェルの観る・観られ関係から，概念化（conceptualization）における観る・観られ関係までを含む．そのような認知の subject of conceptualization（知覚・概念化の主体）に対しては「観る側」という用語を用い，object of conceptualization（知覚・概念化の客体）に対しては「観られる側」という用語を用いることとし，まずはラネカーの「観る側性」subjectivity がどのような現象とかかわり，それがラネカーの認知モデルによってどのように捉えられるか，というところから考察を始め，以下のような順で考察を進める．

 2. 認知文法の subjectivity と subjectification
  2.1. 認知文法の基盤となる認知モデル：理論の目標と「観る側性」
  2.2. subjective vs. objective construal とラネカーの subjctivity（「観る側性」の度合）
  2.3. 「観る側性（の度合）」(subjectivity) とグラウンド
   2.3.1. グラウンディング要素（G 要素）の意味構造
   2.3.2. OC (Objective Content) 導入による観る側性 (subjectivity) の度合の細分化
   2.3.3. across 文の意味構造
  2.4. subjectification
  2.5. subjectivity/subjectification について：他説との対照
 3. 認知文法の認知モデルと認知モードの導入
  3.1. 認知モードによる認知像の構築と意味構造

3.2. 認知像とリアリティー
4. 認知モードと主観述語（あるいは日本語一般）の認知特性
5. 結び

2. 認知文法の subjectity と subjectification

2.1. 認知文法の基盤となる認知モデル： 理論の目標と「観る側性」

　認知言語学が一般にそうであるように，認知文法理論も，言語表現には直接現れない認知主体の認知能力や認知プロセスに注目する．その認知モデルには，その前面に現れることのない認知主体が導入され，(1) 図のように，観る側 S (viewer) が観られる側 O (viewed) を眺める形になる．ラネカーの認知文法理論は，認知が文法を動機づけるという観点からの言語究明であり，その記述力や説明力は，個々の文法現象に対して意味的特徴づけが明確にできるかどうか，つまり適切な意味構造が与えられるかどうかにかかっている．その場合の意味構造の決定的な特徴は，主客対峙の認知様式をベースにして，観る側 S が観られる側 O をどのように捉えるか (construal) ということが組み込まれる点にある．

(1)

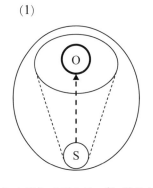

S=観る側（概念化の主体）
O=観られる側（概念化の対象）
縦長の楕円 = MS, full scope of awareness
横長の楕円 = IS, on-stage
破線矢印 = direction of attention

この認知モデルは，(知覚的な) 観る・観られ関係 (viewing relation) を基盤としており，観る側 S が観られる側 O を眺める際の視野の範囲と注目の度合を表している．外側の縦長の楕円は，S が O を眺める際に視野に入るすべての領域を示し，この部分を最大スコープ (Maximal Scope) という．その中の横長の楕円は，劇場で言えばステージに当たり，領域として狭まってい

て，常に観る側 S が注目している領域である．この部分は直接スコープ (Immediate Scope, IS) あるいはオンステージ領域 (on-stage region) という．そのステージ上にあって注目の焦点となるのが観られる側 O，すなわち知覚や概念化の対象 (object of conception) である．この部分は，プロファイル (profile) と言われ，太線で示される．

ラネカー理論の大きな特徴は，語であれ句であれ文構造であれ，あらゆる表現の意味構造が，この認知モデルを基に与えられ，図示されるということである．特に，観る側 S が観られる側 O に注目する際に，観られる側 O はさまざまな捉え方 (construal) がなされるのであるが，その捉え方が意味構造を決定し，その捉え方に基づく認知構造が図示される．

上の認知の基本構図で，捉え方は S から O へ向かう破線矢印で示されるが，この矢印は，話し手としての認知主体が自分の注意を対象に向けると同時に，聞き手である認知主体の注意を対象に導くこと (direction of attention) も示している．言語使用あるいはコミュニケーションにおいて，観る側 S は，話し手としての観る側 S でもあり聞き手としての観る側 S でもあるから，話し手と聞き手の共同注意もこの矢印は表している．この点で，認知文法の認知モデルでは，対話者同士の情報や捉え方の共有と調整が自然に考慮されている．つまり間主観性 (intersubjectivity) が十分に考慮されているということである．（すでに述べたように用語として，観る側 (subject of viewing)，観られる側 (object of viewing) という用語を用いている．これらはそれぞれ知覚や概念化のいわゆる主体と客体を表すのであるが (Langacker (2008: 261))，主観(性)・主体(性)という用語のもつまぎらわしい側面を避けるためもあって，「観る側」や「観られる側」という用語を用い，認知文法における「観る側性」subjectivity なる概念を明確にしていく．）

捉え方 (construal) には基本的に，①どの程度細かく対象を捉えるか（詳述度 specificity），②どの程度を叙述の範囲に収めるか（叙述の範囲 focusing），③際立ちの強さ (prominence)，④どこから眺めるか（視点 perspective）の 4 つの次元がある．基本的には，このような観る側 S としての捉え方の次元が，意味構造を決定することになる．（いずれの次元の捉え方も，観る側に属するのだが，観る側自体が若干，観られる側にもなって，重要な文法的要素を構成するので，それが「観る側性」subjectivity の問題として，扱われることになる．）

①詳述度については，同じ対象 O でも，例えばそれを「犬」と表現するか「マルチーズ」と表現するかでは，詳述度に関する捉え方の違いが反映しているということになる．また文型 SVOO の意味構造（「誰かがだれかに何かをやる」）と *John bought me a book.* の意味構造とでは，前者が抽象的・スキーマ的で後者が具体的・例示的な捉え方という違いがあり，詳述度は，文法構文の意味とも関わってくる．②叙述の範囲については，例えば，琵琶湖を湖として捉える際には，琵琶湖を囲む一定の陸地の範囲を視野に収めないと琵琶湖が湖だという判断がつかない．また *John broke the vase.* と表現するか *The vase broke.* と表現するかは，事態のどの程度を叙述の範囲に収めるかにかかっている．③際立ちは，叙述の範囲とも関わるが，すべての意味構造は，認知ベース（直接スコープ）上のプロファイル（profile imposed on a base）で与えられる．例えば，*hub* と *spoke* と *rim* の意味構造は，*wheel* の意味構造を認知ベースとしてそれぞれの部分がプロファイルされる形で与えられる．認知ベース上の一部を際立て，プロファイルするということは，いわば概念上の指差しであり，*wheel* なるイメージ上の「そこ!」と指差し，それぞれの部分を注目させる形で，それぞれの意味が与えられる（cf. 概念上の指差し conceptual designation = conceptual pointing）．さらにプロファイルが事態であるとして，その中でもっとも際立ちが高く，第1に注目される参与体がトラジェクター（trajector，略して *tr*），二番目に注目される参与体がランドマーク（landmark，略して *lm*）と呼ばれるが，例えば文の主語と直接目的語はそれぞれ，当該事態の中の *tr* と *lm* に対応する，ということになる．

④視点については，例えば同じ「坂」を「上り坂」と言うときは，坂を下から眺めたときの表現であるし，「下り坂」と呼べばそれは坂の上から眺めたときの認知の反映である．*I saw the cat yesterday.* のような文に視点の関与はなさそうだが，過去時制の使用には，この事態が発話時の視点から見てそれ以前の事態として捉えられていることが反映している．*yesterday* も発話時を含む一日から見てその前日として捉えられている．*the cat* のような定冠詞 *the* の使用でも，話し手の意図する猫が聞き手にもそれとわかっていると話し手は捉えている．この場合は話し手と聞き手の視点が絡む現象である．一人称代名詞 *I* の使用も興味深く，観る側としての話し手自身を，観る側としての話し手がメタ的に眺めているという構図になっている．

以上のような若干の解説からも，ラネカーの言語理論は，(1) の認知モデ

ルを基にした捉え方 (construal) のありようから，言語現象を徹底して記述，説明しようとする理論であることの一面がうかがえよう．

　認知文法理論は機能的・認知的言語理論として，三層からなるピラミッドに譬えられ，その各層の目標をそれぞれ，以下の (2a, b, c) のように掲げている．

(2) a. いかなる言語のいかなる表現に対しても，認知構造を与えうる認知的道具立てがそろっていて，
b. 個々の言語の好みの表現群・構文群が特定でき，
c. その好みの構文群が生じる認知メカニズムが説明できる．
(Langacker (2008: 8-9))

認知文法理論は，この三層理論の第1のレヴェルについては，それが導入している認知的理論概念，とりわけ捉え方の4つの次元による分析によって，相当程度の成功を収めているということができる．(2b, c) は認知的に言語を類型化する認知的言語類型論を目指す部分だと言えよう．

　ラネカー自身，次の (3) のように述べているところがある．つまり，認知文法では，数々の文法マーカーのほか，名詞・動詞，主要部 (head)・補部 (complement)・修飾 (modifier)，等位構造・従属構造，主語・目的語，助動詞，他動性・非対格性・能格性等々の文法的概念に対して，捉え方 (construal) に関わる一定の理論的概念を導入し，首尾一貫した方針で，妥当な意味的特徴づけがなされ，その認知的分析に一定の成果をあげてきた，というのである．

(3) Reasonably precise semantic characterizations have been proposed for a large number of grammatical markers, and for such basic grammatical notions as noun, verb, head, complement, modifier, coordination, subordination, subject, object, auxiliary verb, transitivity, unaccusative, and ergativity.　(Langacker (2002: 1-2))

　実際はもっと多くの言語現象が捉えられているはずである．以上のように，観る側 S に属する捉え方，つまりどのように対象を捉えているかが，言語現象を動機づけ，決定づけるのであれば，認知文法は，認知の主観・主体 (観る側) の認知に基づく文法理論ということで，その全貌を，主観性の言語

学，あるいは主観性の文法理論として，位置づけてよいはずであり，そこにsubjectivity という用語で問題にする特定の現象をも位置づけようというわけである．

次の (4) の引用は，上の (3) の引用に続く部分であるが，「直示性と観る側性 (subjectivity)」(Langacker (2002)) というタイトルの論文の冒頭である．この論文では，名詞句や定型節に基本的に必要とされる直示的要素 (this や that，時制や法助動詞) の意味構造を与えようとするのであるが，その際に，subjectivity という認知的概念が決定的な役割をするというのである．

> (4) Our interest here is the conceptual characterization of deictic elements, in particular those essential to the formation of nominals (noun phrases) and finite clauses. A revealing semantic analysis of these elements, one that explains their special grammatical properties, pivots on the phenomenon of subjectivity, which pertains to vantage point and the relationship between the subject and object of conception. Subjectivity proves to have linguistic signification, both synchronic and diachronic. (Langacker (2002: 1-2))

つまり，「観る側性」subjectivity は，直示的要素の文法的特性を捉える意味分析を決定づけるものであり，「観る側性」は，視点 (perspective, vantage point) にかかわり，概念化における観る側 S と観られる側 O の両方がからむ認知の側面だということである．むろん言語一般に対する意味合いも大きく，言語の共時態，通時態のいずれの面にも深く関わっている．

ラネカーの subjectivity は，この記述からも明らかなように，観る側が表現に若干顔を出すような現象に見られる観る側 S のあり方の問題であり，「観る側性」あるいは「観る側性の度合」という側面に言及する概念である．例えば，観る側が，MS (最大スコープ) の内側で IS (直接スコープ) の外の位置から観られる側 O を眺めるとすると，観る側 S は，観る側であると同時に，MS の中にある分だけ，若干観られる側にもなっている．このようにラネカーの観る側性 subjectivity は，観る側がどの程度観られる側でもあるか，という度合の問題になっている．次節ではこの点を理論的に，より明確に示すことにする．

2.2. subjective vs. objective construal とラネカーの subjctivity (「観る側性」の度合)

ラネカーの観る側性 subjectivity をとらえるには，ラネカーの subjective construal と objective construal を押さえておく必要がある．ラネカーの認知モデルには観る側 S と観られる側 O が大前提となっているが，それらは必ずしも観る側や観られる側として固定しているわけではない．あるもの (entity) は観る側 S として，あるいは観られる側 O として捉えられる可能性がある．あるもの (entity) が観る側 S として捉えられることを subjective construal と言い，観られる側として捉えられることを objective construal と言うのである．以下の引用にある通りである．

(5) An entity is said to be objectively construed to the extent that it goes "onstage" as an explicit, focused object of conception. An entity is subjectively construed to the extent that it remains "offstage" as an implicit, unselfconscious subject of conception.

(Langacker (2006: 18))

objective construal とは，あるものが「オンステージ」にあって，概念化の明示的な対象 (object of conception 観られる側 O) として捉えられることであり，subjective construal とは，あるものが「オフステージ」や MS の外にあって，観る側 S (subject of conception) として捉えられ，意識されないということである．このような捉え方が言語にどう反映しているかというと，それは，基本的に，観る側として捉えられたものは言語化されず，観られる側として捉えられたものしか言語化されない，ということである．言語成立の根幹に関わっているとも言ってよく，観る側と観られる側の対峙は，言語表現を決定づける認知様式である．

このような場合の例として，メガネがよくとりあげられる．メガネは，掛けているときは，何かを見るために使われているのであり，「観る側として捉えられていて」(subjectively construed)，意識されていない．一方，メガネを取り外してチェックするような場合は，「観られる側として捉えられていて」(objectively construed)，意識の対象として，言語化の可能性も高い．

「身体」は認知科学の注目の的であるが，これも両義的である．何かに触れる際に使う指先などは，その指先で何かに触れてその感触から対象の表面の

状態をさぐろうとするので，その指先は「観る側 S として捉えられている」(subjectively construed)．しかし，棘などが刺さって指先を見入るような場合は，指先は「観られる側 O として捉えられている」(objectively construed)．一方，ステッキは，通常は「観られる側 O として捉えられている」のだが，それを使い，慣れ，なじんでくると，ステッキの先で道路の状態や障害物の存在まで探ることができるようになる．このときステッキは「観る側 O として捉えられている」．

もちろん捉え方 construal は通常，観る側に属するものであるから，「観る側として捉えられている」．(1) 図の認知モデルでいうと，その S はもちろん「観る側として捉えられている」が，S から O へ向かう破線矢印が表している捉え方 (construal)，つまり，「S がどのように O を捉えているか」も見る側として捉えられている (subjectively construed)．つまり通常は，捉え方は意識されないのが普通だから，観る側として捉えられている．（もちろん，その捉え方を問題にして，あれこれ論じるような場合は，捉え方 (construal) は観られる側として捉えられている (objectively construed).）だから，本章冒頭で見た風船の上昇に伴う「視線の上昇」は観る側のものであり，「観る側として捉えられている」．主語や直接目的語を決定する際の，観る側が第 1 番目，第 2 番目に何に注目しているかということも，通常は意識されず，「観る側として捉えられている」．

以上のように捉え方 (construal) はすべて観る側に属するのであるが，ラネカーが特別に「観る側性」(subjectivity) の問題とするのは，観る側が一定程度，観られる側としても捉えられている現象であり，そこで重要な言語要素・文法現象が，グラウンディング要素や across 文に関連する現象だ，というわけである．そこでは，観る側 S やその捉え方が，若干観られる側としても捉えられていて，観る側性の度合いが落ちる．そのような現象の意味構造では，観る側 S が，完全に観られる側 O にはならないまでも，ある程度観られる側であることに間違いはなく，観る側 S が若干観られる側として意識されているため，その側面は，グラウンディング要素や across 文の意味構造に反映される必要がある．したがって，「観る側性」(sujectivity) は，観る側が，①完全に観る側である場合から，②若干観られる側にもなっている場合，③そして完全に観られる側になっている場合のような，観る側性の度合に関与する用語だと言ってよい．②の観る側性が中間段階にある場合の認知モデ

ルによる表示が，少なくともこれまではいわゆる「迷走を続けた」わけであるが，Langakcer (2008) の段階では，一定の解決がなされているといってよい．以下 2.3.1 節と 2.3.3 節で，それぞれグラウンディング要素と，*across* 文について議論し，それが，どのような解決になっているかを示す．

2.3. 「観る側性（の度合）」（subjectivity）とグラウンド

すでに述べたように，観る側 S として捉えられるものは言語化されず，観られる側 O として捉えられるもののみが言語化される，という単純な二分法にはなっていない．特に，話し手である観る側が，若干表現に顔をだし，ある程度前景化されるような一定の言語要素・言語表現が存在するということである．ラネカーの認知文法でも，maximal subjectivity（最大の観る側性）や a substantial degree of subjectivity（相当程度の観る側性）というような表現があるが，これも「観る側性」subjectivity が度合の問題であることを示唆している．要するに，言語に反映する観る側性 subjectivity というのは度合の問題で，観る側が若干観られる側として捉えられているような言語現象を，言語理論は言語の重要な側面として捉える必要があるということである．

あるモノが単純に観る側でない場合としては，メガネのほかにサングラスもいい例になる．慣れないサングラスを掛けるような場合，サングラスを掛けて周囲を見るのだから，サングラスは観る側であるが，慣れないサングラスだと，掛けているサングラスが意識され，そのせいで周囲が暗く見えているというということも意識される．このような場合，サングラスは，観る側 S であると同時に，若干観られる側 O としても捉えられている．

こうして見ると，あるものの観る側性には，大きく 3 つの段階があると言える．完全に観る側 S として捉えられる場合，観る側 S であると同時に観られる側 O としても捉えられる場合，そして最後は，観られる側 O としての度合がもっとも高く，IS の中にあってプロファイルされる場合である．そしてこの観る側性の度合の 3 段階が，認知文法が導入する (1) 図の認知モデルに基づいて，うまく表示できるというわけである．次の 3 つの図がそうである．

(6)
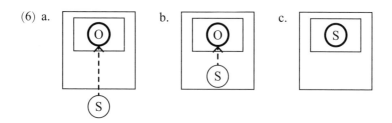

　これらの図で，外側の四角は，最大スコープ (MS) で，その中の四角が直接スコープ (IS) である．あるもの，例えばサングラスが，完全に観る側 S として捉えられている場合は，最大スコープ MS にも入っていないのだから，MS の四角の外にある ((6a) の場合)．そのサングラスが，少しでも意識されていると，MS の四角の中にあるが，オンステージや IS の中にはない ((6b) の場合)．最後は，そのサングラスを手に取って見ているような場合で，このときのサングラスは，完全に観られる側 O になっているから，IS の中に位置することになる ((6c))．MS や IS を導入する認知文法の認知モデルは，このように観る側性の度合を 3 つのタイプに分けて表示するというわけである．

　認知文法は，観る側性の 3 段階で，言語に関わる観る側性の度合を考慮する（後にみるように，Objective Content (OC) なる概念が導入されると，観る側性の度合は 4 段階になる）．観る側性の度合が問題になるのは，観る側としてのグラウンド（話し手，聞き手，話し手・聞き手のやり取り，発話の場・時間などから成る）が，どの程度観られる側として捉えられ，言語に関わっているか，である．この場合も（少なくとも理論上は），グラウンド G が完全に観る側として捉えられる場合と，若干観られる側としても捉えられる場合，それと完全に観られる側として捉えられる場合の 3 タイプがあるとして，次の (7) の図ように示される．これらの図では，上の図の S であったものが，G (グラウンド) で表示されている．

(7)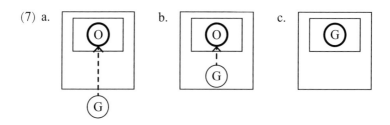

　グラウンドが，若干観られる側として意識される言語表現はいろいろある（が，それらすべてがグラウンディング要素ではない）．例えば，「あした」は，「発話時（グラウンド）を含む一日の次の日」ということだから，「あした」の意味構造には観る側としてグラウンドが若干観られる側として関与していることになる．*commie* と *communist* の使い分けにも，微妙に話し手が関わっていて，*commie* は，対象に対する話し手の侮蔑感がある程度前景化している．さらに「排尿する」という意味の *urinate, pee, piss* になると，発話の場（グラウンド）がどの程度フォーマルであるか，ということが関わっている（Langacker (2008: 262-263））．いずれの場合にも，グラウンドが観る側としてのみ捉えられているのではなく，そのいずれかの側面が，観られる側としても関与している．観る側が，観られる側として捉えられる場合のさまざまなケース，さまざまな度合をこうしてみると，ほとんどすべての表現が，発話の場（話し手，聞き手，話し手・聞き手のやり取り，発話の場・発話時など）と関連する表現だと言ってよいほどである（Langacker (2008: 263））．しかし，これらの要素は特定性が高く，グラウンディング要素とはされない（cf. 2.3.1）．

　ここで1つ注意すべきは，G（観る側S）が観られる側Oになっていても，観る側性を失ってはいない，ということである．(7b) のようにGがMSの内側にあるときでも，(7c) のようにGがISの内側にあるときであっても，MSやISはG自身の認知スコープなのだから，G自身を眺めるGがMSの外に居て，観る側Gとして眺めているということである．つまり，(7b, c) では，Gが，G自身を若干観られる側Oとして眺めているということである．とりわけ (7c) では，観る側であるGが，同時に完全に観られる側Oにもなっている．したがって，観る側性 subjectivity とは，（すでに述べたように）より厳密には，観る側（SあるいはG）が，観る側自身をどの程度，観ら

れる側 O として眺めているか，ということであり，捉え方のこの側面を考慮することは，グラウンディング要素の意味構造や across 文の意味構造を記述するさいには，不可避のことであり，同時に理論としても必要不可欠なのである．一見，(7b) の認知は主客未分の認知のようであり，(7c) は主客合一が成立しているようであるが，実際は，それを眺める観る側がいるのだから，観る側自身が観る側を眺めているということで，言語に反映する認知モデルは，徹底して主客対峙だということである．

2.3.1. グラウンディング要素（G 要素）の意味構造

グラウンド G が MS の内側で IS の外にあるような認知構造になっていれば，その言語要素は，すべてグラウンディング要素（grounding elements）だというわけではない．認知文法では，基本的に，ある表現の認知構造でグラウンド G が (7b) の図のような位置にあるだけでなく，「その表現のプロファイルが抽象的である場合」に，その言語要素はグラウンディング要素（G 要素）と呼ばれる．つまり，「きのう」とか「あした」は，特定の一日をプロファイルするので，特定性が高く，G 要素とはみなされない (Langacker (2008: 263))．名詞句 *this dog* の *this* のような場合は，そのプロファイル（つまり，「これ」が指示するもの）は何でも，どれでもよく，そのため抽象度が高く，G 要素とされる．

名詞 *dog*，名詞句 *this dog*，それとグラウンド G（の中の特に話し手 *I*）をプロファイルする場合の，それぞれの認知構造の G の位置は以下のように図示される．

(8) a.　DOG　　　　b.　THIS (DOG)　　c.　I

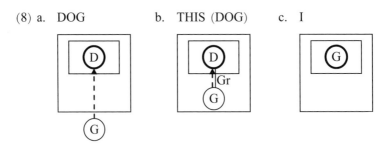

(8a) 図で，グラウンド G（の特に話し手や聞き手）は，*dog* という音声からタイプとしての犬を想起し（同時に聞き手にも同様の想起をさせ）ているにす

ぎないが，(8b) 図では，話し手が自らの近くにいる犬（というタイプ）の具現例 (instance) を指示し（聞き手にも注意をその具現例に向けさせ）ていることが暗示されている．このように話し手（つまり観る側）が，表現の意味構造に含まれる分だけ，観る側が観られる側になっている．このような観る側性の度合差が，名詞 dog と名詞句 this dog の違いを捉え，名詞句の背後にあるグラウンディングという認知プロセスを顕在化させるわけである．グラウンディングとは概略，ある参与体や事態を，「暗に」G（特に話し手や聞き手や発話の時空や場）と関連づけて認識する認知機能である．そのとき話し手や聞き手が観る側として「暗に」関与していることが，認知構造図では，観る側が MS の中で，IS の外に位置することで，（つまり中間段階の観る側性で）示される．

　(8b) 図では，グラウンド G（観る側 S）と観られる側 O を結ぶ直線 Gr があるが，これがグラウンディング関係（G 関係）の表示であり，O が G とどのように関連付けられているかを示している．this dog の場合，犬 O がグラウンド G の近接域に位置づけられている．G 要素の特徴は，G も G 関係も，IS の外にあることからわかるように，観る側性が中間段階にあるという点である（まったく意識されていないわけでもなく，プロファイルされているわけでもない）．このように「観る側性の度合」ということは，G 要素の意味構造を捉える上で決定的に重要だというわけである．

　(8c) 図のグラウンド G（の話し手／観る側）は，オンステージ（つまり IS 内）にあってプロファイルされている．これは，G が完全に観られる側になっていることに他ならず，したがってその観る側性はもっとも低い．以上をまとめると，(8a) のように，なにか名詞の表すタイプを想起するような場合は，G とその認知プロセスはまったく意識されず，それらの観る側性はもっとも高い．(8b) では，具体的な参与体が，G との関係で暗に捉えられているから（これがグラウンディング），G も G 関係も観る側性は中間段階にある．(8c) では，グランド G（の話し手）は，オンステージにあって観られる側になっている．この場合，観る側が，観る側自身を眺めており，完全に観られる側にもなっている．

　さて世界はモノと関係から構成されていて，名詞がモノを，動詞が「時間とともに展開する関係」すなわちプロセスをプロファイルする．モノは永続性が強く，同種のモノが多数存在する．したがって，モノについて語ろうと

すると，認知的には「どれか？」が問題になる．「どれか？」という問題を解消するために，話し手は聞き手のために一定の指定をしてやるというわけである．その際に用いられる代表的な G 要素が this, that, the, a のような決定詞である．this や that を用いて指差しながら，話し手も聞き手も特定の指示物へ注意を向けるようなグラウンディングがあり，一方では，話し手が限定するものを聞き手も推定できるだろうという具合に提示する定冠詞によるグラウンディングもある．モノに関する認知的な根本的な問い「どれか？」に答えうる形で，同定の可能性を暗に提示しておくのが名詞句のグラウンディングである（Langacker (2009: 150)）．

これに対して事態を語る定型節のグラウンディングの仕方は，モノの指示に関わる名詞句のそれとは異なる．事態は，基本的には永続性がなく，参与体を同じくする同様の事態が無数にあるわけではないので，認知的に「どれか？」が問題になることはない．事態で問題になるのは「生起しているのか，生起するのか，どれくらい本当らしいか」などリアリティ（reality）の問題であり，これに関して会話の場の話し手・聞き手（概念形成者，観る側）がどのような感触を持っているかを示すことでグラウンディングがなされる．その際の G 要素が時制や法助動詞であり，時制は事態が G から遠いか近いかでグラウンディングし，認知的法助動詞は，G（の話し手や聞き手）がリアルと判断していない命題が，どの程度自分のリアリティ領域に取り込みうると査定しているかを，表している（Langacker (2009: 151)）．

名詞句に生起する G 要素には，冠詞 the/a，指示詞 this/that/these/those，ある種の数量詞 all/most/some/no/every/each/any などがあり，さまざまな G とのかかわりにある指示物（モノの具現例）に，話し手が自らと聞き手の注意を導くが，定型節の表す事態（events）も同様にグラウンディングされる．事態のグラウンディング要素には，時制（現在時制や過去時制）と法助動詞（may や will, should など）がある．（事態をグラウンディングすることによって，事態を命題化するとも言える cf. Langacker (2009: 293)）．

時制や法助動詞によって，事態は，話し手の抱くさまざまなリアリティ（reality）の位相と関連づけられる．現在時制は，事態を，話し手が発話時に直接関与しているリアリティ（immediate reality）として提示し，過去時制は，発話時とは関わらないリアリティとして提示する．法助動詞は，事態を，リアリティの外に位置づける．その際，その事態を may（「かもしれない」）

で位置づけるか，must（「ちがいない」）で位置づけるかは，発話時の話し手が，リアリティの外にある事態をどの程度強くリアリティに引き込もうとしているかで示される．例えば *He may be waiting.* のように *may* が用いられた場合，この文の認知構造はおおよそ以下のように図示される（cf. Langacker (2009: 201, 204)）．

(9)
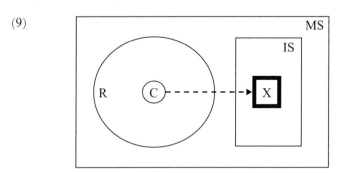

R: reality
X: proposition（'He is waiting'）
C: conceptualizer/viewer
MS: maximal scope
IS: immediate scope

この図で，Cの認知主体は観る側Sとして，IS内の命題X (He is waiting) を観られる側Oとして眺めている．リアリティ領域Rは，認知的コントロール・サイクルの認識的支配域 (epistemic dominion) であり，命題はその外にあるため，リアリティとは見做されていない．ただしCから命題Xへの破線矢印があり，これは，観る側が，その命題が真である可能性があると捉えていることを示している（cf. コントロール・サイクルの inclination phase, Langacker (2002)）．いわゆる *may* の「かもしれない」という意味は，この破線矢印で示される捉え方で示されるのだが，G要素の特徴として，認知主体C（つまりGの話し手）もこの捉え方も，MSの中でISの外にあり，これらの観る側性の度合は，中程度ということである．

ここでも観る側性 (subjectivity) の度合は重要で，破線矢印と認知主体CがISに入りプロファイルされると，それらは観られる側Oとなり，観る側

性はもっとも低くなる．その際の表現は，*I suppose/suspect/think that he is waiting.* であり，認知構造は以下のように図示される．

(10)
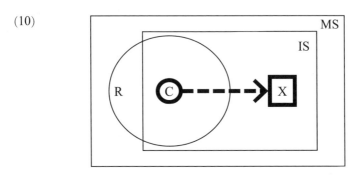

この図では，C と C からの破線矢印（グラウンディング関係 Gr）が，IS に含まれプロファイルされている点が重要で，この点で，この図で示される *I suspect/suppose/think that ...* の意味の C (G) と Gr（破線矢印）は（プロファイルされているため）観る側性の度合は低く，(9) 図で示される *may* の意味（C (G) と Gr の観る側性の度合は高い）から区別される．つまり，*may* の意味を *I suspect/suppose/think that* … から区別するためには，観る側や G 関係が IS の中にあるか否か，という観る側性の度合を導入する必要があるというわけである（Langacker (2009: 264-265))．一般には，G 要素の意味，とりわけ G と G 関係を適切に位置づけるためには，観る側性（subjectivity）の度合という概念が必要なのである．

2.3.2. OC (Objective Content) 導入による観る側性 (subjectivity) の度合の細分化

OC (Objective Content) なる概念が Langacker (2008) で導入されている．これは G が「観られる側」として捉えられる度合を，さらに細分化するためである．（ラネカーは，筆者とのメールのやり取りのなかで，OC の概念について，"... it is just a matter of trying to be more explicit about degrees of objectivity. It has always been presented as a matter of degree." と述べている (Langacker (p.c. 2012/01/30))．それまで，G の位置は，①MS の外，②MS の中，③IS の中，の 3 タイプであったが，OC 導入によって，G の位置は，①MS の外，②MS の中，③OC の中，④IS の中，の 4 タイプになる．

第 1 章　Langacker の視点構図と(間)主観性　　19

それぞれの段階性は，以下のようにも表示できよう．（ここで x<y という記号表示は「x が y の外であること」を表している．）

　　OC 導入以前： 3 段階タイプ
　　　① S<MS<IS　（観る側 S が MS の外）
　　　② MS<S<IS　（観る側 S が MS の中で，IS の外）
　　　③ MS<IS<S　（観る側 S が IS の中）
　　OC 導入以後： 4 段階タイプ
　　　① S<MS<OC<IS　（観る側 S が MS の外）
　　　② MS<S<OC<IS　（観る側 S が MS の中で OC の外）
　　　③ MS<OC<S<IS　（観る側 S が OC の中で IS の外）
　　　④ MS<OC<IS<S　（観る側 S が IS の中）

観る側 S がより右側に位置すれば，その分だけより観られる側になり，その度合が上がる．

　OC の導入による観る側性の 4 段階表示によって，二人称主語のない命令文と，一人称主語のない (*I*) *Don't trust him.* / (*I*) *Don't know.* / (*I*) *Hope not.* のような文の主語の意味表示が明確になった．

　ラネカー自身が grounding construction と呼ぶ命令文（Langacker (2009: 157)）の場合，グラウンドを構成する聞き手 H が OC の中で，IS の外に位置する．命令文 *Leave!* の意味表示である次の図 (11a) を参照（Langacker (2008: 470)）．

(11) a.　Leave!　　　　　　　　b.　(I) Don't trust him.

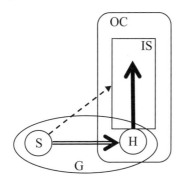 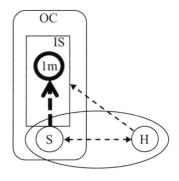

(11a) の図で，G を構成する話し手 S が聞き手 H に働きかけて（二重線矢印で表示），聞き手が行為者として「去る」という行為（太線の実線矢印で表示）を行うというわけである．この図で聞き手である行為者は IS の外で，OC の中に位置する．また，*(I) Don't know. (I) Hope not.* のように表現されない一人称主語の表示は，主観性が問題にされた初期のころ（Langacker (1985)）から問題になっていたが，上の図 (11b) のように，話し手 S が IS の外で，OC の中に位置する図（Langacker (2008: 468)）で示されるというわけである．一人称単数主語を省略した文の意味表示は紆余曲折（あるいは迷走）を経て，OC を導入するこの表示に落ち着いたと言える．OC の情報量は動詞の語彙としての情報量と等しく，語彙情報の範囲は図示されるべきであり，OC 導入はこの点でも適切で，MS と IS との間に際立ちの差（あるいは観る側性の度合）が，もう一段階多く適正に設けられたことになる．

命令文の主語 *you* のように，IS から OC 内への際立ちの降格は，構文構築の段階で生じるものと考えられる．*You will leave!* という命令の表現形式があるが，これは，発話直後の聞き手の行動を陳述的に述べることによって，聞き手の行為遂行を含意として伝える形式が定着したものだと言える．この段階では動詞 *leave* のトラジェクターは主語として表現されているが，命令文 *Leave!* で主語が表現されないのは，*leave* の動作主が G の聞き手と同化 (coincide) して，観られる側よりは観る側として捉えられ，際立ちを落とし表現されないのである．聞き手ではあっても *leave* の意味内容に属する動作主でもあるから，際立ちが落ちてもその動作主性は OC の中に位置づけられるというわけである．

また次のように，主語が入れ替わると，下の文にいくほど，観る側性が上がる（Langacker (1985))．

(12) a. The person uttering this sentence doesn't really know.
    b. I don't really know.
    c. (I) don't really know.

これらの例で，主語 I が表示されない (12c) は，先に見た (11b) の主語表示と同様に，主語が OC 内にあるので，(12b) の主語（これは IS 内にある）より，観る側である度合が高い．最初の (12a) は，(12b) の主語参与体をさらにメタ的に眺めて表現しているので，その主語参与体（私）は観られる側で

ある度合が高くなっている.このため,「私」の観られる側性は下の例が低く,逆に観る側性は,下の例ほど高い,ということになる.

2.3.3. *across* 文の意味構造

以下の (13) のような例文を *across* 文と呼ぶことにすると,(13c) のように *from* 句のない *across* 文は,参照点 R が観る側である度合がもっとも高い.それを認知構造図でどう表示するかは問題のあるところだが,(13) の例文それぞれに対応する認知構造図は (14a, b, c) のようになろう.

(13) a. Vanessa is sitting across the table from Veronica.
　　 b. Vanessa is sitting across the table from me.
　　 c. Vanessa is sitting across the table.

(14) a.　　　　　　　　　　 b.

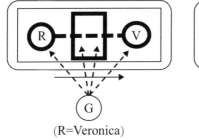
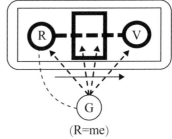

　　 c.

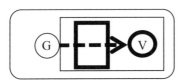

(14a, b) の図では基本的に,R(参照点)から見てテーブル(縦長の太線四角)の向かい側に V (Vanessa) が座っているところを,G(話し手である観る側)が眺めている.(眺めているところは 4 本の破線矢印で表示され,実線の矢印は視線の順序で,視線はテーブルを横切って左から右へ流れる.太線の破線は *across* の表す位置関係である.)角の丸い四角は OC で,その中

の横長の長方形は IS である．図 (14a) では，参照点 R は Veronica であり，Veronica の向かい側に Vanessa が座っている．それを話し手（G で表示）が眺めている．図 (14b) は，参照点 R が G（話し手，観る側）と一致している（R is identified with G）．この一致は，点線で示されている．つまり話し手自身の向かい側に Vanessa が座っている．それを（写真かなにかで）話し手が見ている．図 (14c) では，R が G と同化（coincide）し，話し手 G がテーブルの向かいに座っている Vanessa を眺めている状況である．

　(14c) の意味構造で，一般には，G が MS の中で，IS の外にあると考えられている．しかし，これでは，グラウンディング要素（G 要素）の意味表示と同じになる．ところが，*be across NP* を G 要素だとしてしまうと，この句が時制や法助動詞をとるとき，理論上ありえない 2 重のグラウンディングが施されることになる．この問題を避けるためには，*across NP* について，以下のように考える必要がある．まず，一般に *across NP* には参照点 R を IS 内に導入する．したがって *x be across NP* の意味構造図では，参照点 R の向かい側（NP の指示物の反対側）に x がいるところを話し手 G が眺めている状況が表示される（その認知構造図は (14a) にほぼ同じ）．こうすることによって (14a) の R が Veronica である場合も，(14b) の R が写真に写っている話し手自身である場合も問題ない．(14b) の場合，R と話し手が同一であること（being identified with）を表す点線（correspondence line）で R と G を結べばよい．(14c) の場合が少々問題で，話し手自身が眺めているのだから R に G が同化（coincide）する必要がある．その際，観る側 G が R に入るために，R は際立ちを落として IS の外に出る．その場合，IS の外に出るとはいっても，MS の中のどこでもいいというわけではなく，*across* の表す意味範囲の中，つまり OC の中だというわけである．

　G 要素である *this* のような場合には，G だけでなくグラウンディング関係 Gr も IS の外にあるが，(14c) の *across* 文の場合，G のみが IS の外にあり，Gr に匹敵する *across* の意味は IS の中にある．(14c) の G の参与体としての側面は *across* の語彙的意味内容と不可分だから，OC の中に G を置くというわけである．(14c) の太線の破線矢印は，*across* のプロファイルする関係と G のその関係をたどる視線を表している．

　(14c) の G の位置は，命令文の意味構造 (11a) の G（この場合は聞き手）と同じで，IS の外で OC の中にある．命令文の場合，grounding construction（グラウンディング構文）と見なされるのは（Langacker (2009: 157)），命令文では構文として常に（11a）に見るようにGの位置にG（聞き手）以外の参与体がくることはないからである．（ちなみに，*You leave!* や *Leave!* などのいわゆる命令文であれば時制や法助動詞と共起しないことから，このような命令文は，その意味構造の認知ベース部分（オフステージ）に，グラウンディングと発話の力との融合した機能があると考えられる．)

一方，以下の例が示すように，*from me* のない *across* 文では，必ずしもRと同化（coincide）しているのはGではなく，コンテクストから推定される他の参与体である．

(15) Jack bought a house, and Jill lives across the street.

(Langacker (p.c.))

この例の場合，後半の *across* 文には，*from* 句がないが，Rと同化するのはG（話し手）ではなく，前文の主語のJackである．このように，*from* 句のない *across* 文で，Rに入り込むのは必ずしもGではないので，*from me* のない *across* 文のRの位置に最初からGがいるとしてはいけないということである．したがって，*across* 文一般について，その意味構造にはRが導入され，コンテクストによってRに対応する参与体が決まるために，*from me* のない *across* 文の意味構造は，G要素の意味構造とも異なるし，命令文のような grounding construction のそれとも異なるということである．

2.4. Subjectification

across 文は2種類の subjectification ともかかわっていて，次の2つの文の意味構造の間には，よく話題になる subjectification が認められる．

(16) a. Vanessa jumped across the table.
　　　b. Vanessa was sitting across the table from Veronica.

(16a) の意味構造は，観られる側O (objectively construed) としてのVanessaの移動と，その移動を捉える際の観る側Sの認知プロセス (subjectively construed) を含んでいる．これに対して，(16b) の意味構造に，(16a) のようなVanessaの移動はなく，VanessaがVeronicaの前にあるテーブルの反対側にいるところ（関係）を捉える（観る側Sの）認知プロセスのみになっている．

このように「観る側」の認知プロセスのみが独立して別の事態を捉える過程が1つの subjectification である．日本語では「（意味の）観る側への傾斜」ということもできよう．

　もう1つの subjectification は，すでに見た以下のような2例の間に見られるものである．

(17) a.　Vanessa is sitting across the table from me.　(=(13b))
　　　b.　Vanessa is sitting across the table.　(=(13c))

すでに 2.3.3 節でみたように，across 文の意味構造一般には，R が IS 内に導入される．(17a) の場合，その R が話し手 G と同一視（identified with）される．この段階では，G も IS 内と同等の際立ちをもつ．しかし (17b) の場合，R に G が同化し（coincide），そこから事態を眺めるので，R はいわば観る側になり，際立ちも落ちる．このように，本来観られる側の参与体が，観る側と同化し，観る側に取って代わられ，際立ちが落ちるような現象も subjectification である．したがって，一般にそうであるように，ここでも subjectification は，意味の「観る側（subject）への傾斜」と言うことができる．

　ところで，subjectification について，Langacker (2008) に以下のような件がある．

(18)　In a final means of transcending direct experience, mental operations inherent in a certain kind of experience are applied to situations with respect to which their occurrence is extrinsic. This is called **subjectification**, indicating that the operations come to be independent of the objective circumstances where they initially occur and whose apprehension they partially constitute.
（直接経験を超越する最後の手段として，ある種の経験に固有の心的操作が，その心的操作とは異質の事態に適用される，ということがある．これは subjectification であり，そこでは，ある事態を捉える際に部分的に関与していた心的操作が，その事態から独立し（て，他の異質の事態に適用され）ている．）

(Langacker (2008: 528))

引用の最初の部分に「直接経験を超越する最後の手段として」とあって，transcending「超越する」というような大げさな用語が用いられているので，一見すると，それまでの subjectification とは相当に違ったことを言っていそうである．しかし，(16) に見られるそれと同じである．つまり，ある種の経験（例えば be going to「どこかに向かって移動している」）に固有の心的操作が，その経験から独立し，その経験とは異質の状況（例えば未来を表す be going to rain「雨が降りそう」）に適用され，捉えることを subjectification だというのである．(16a) では，jump across を捉え，その意味の一部でもあった観る側の心的操作が，(16b) の「飛び越えること」とは異質の事態（つまり，テーブルの向かい側にただ座っているという事態）にも，適用されている．ここでの subjectification も同様の過程を言っているのである．この引用付近に，次のような例がある．

(19)　There's a house every now and then through the valley.

(Langacker (2008: 531))

谷間を鉄道で抜けていくような場合，「時折家がある」という風景は当然考えられる．「時折」(every now and then) という時間経過における頻度を捉える際には一定の認知プロセスが生起するが，この例では，その同じ認知プロセスによって，空間内に家屋がぽつぽつ存在する様態が捉えられている．ある事態認知に関わる認知プロセスのみを取り出すということ（これが，観る側への傾斜 subjectification であるが）を活用することによって，まったく別の事態を同じ認知プロセスで捉えることができる，ということである．再度述べておくと，be gonna の場合も同様で，「行く」(go) を捉える際のある種の認知プロセスが，「行く」とは異質の「未来」を捉える際にも機能しているが，同じ原理 subjectification が働いている．

2.5.　subjectivity/subjectification について：　他説との対照

以上のように，認知文法理論の subjectivity は，観る側性の度合に関する概念であり，グラウンディング要素や across 文の観る側性の度合が，MS, IS, OC のような認知的・理論的道具立てによって，適切に意味構造に表示されるというわけである．認知文法の擁する認知モデルは観る・観られ関係 (viewing relationship) に基づいているが，一般の言語使用では，観る側が単

純に観られる側を眺めて叙述するという場合のみではなく，観る側 S が自分自身を眺める場合そうであるように，観る側が同時に観られる側 O にもなるさまざまなケースを，観る側性の度合（subjectivity）として用意周到に捉えている，ということができる．

このように subjectivity は観る側性の度合だから，subjectification は文字通り，意味の観る側性の度合が高まることであり，つまりは「意味の観る側への傾斜」ということになる．意味内容（content）が希薄化して認知プロセスが顕在化すれば，（認知プロセスは観る側のものだから）それは意味の観る側への傾斜ということであり，across 文の from me がない場合も，本来 IS 内に表示されるはずの観る側（私）が，IS の外に表示されると，（〈私〉の）観られる側 O としての度合が落ち，観る側 S としての度合が高まるため，つまりは意味の観る側への傾斜ということになる．

認知文法の subjectivity が「観る側性の度合」であることが明示されると，他の研究者の subjectivity や subjectification との根本的差異が明確になる．

トローゴット（Elizabeth Traugott）の subjectivity は，観る側や話し手の命題に対する心的態度であり，また語用論的読み込みである（Traugott (2010)）．まず法助動詞（*may, can, will, must, ought to, going to*）も (Traugott (1989), Traugott and Dasher (2002: 105-151))，*I think* や *I guess* のような認識的フレーズも（Traugott (1995)），いずれも命題に対する話し手の主観的な心的態度であるので，subjective な意味内容を表しているということになる．これに対して，ラネカーでは，subjectivity は観る側性のことであるから，*I think / I guess* は同じ心的態度であっても IS 内（immediate scope 内）に表示され，観られる側 O のものである．法助動詞の表す心的態度はこれがグラウンディング要素であることからもわかるように，MS 内（maximal scope 内）に表示され，観る側性の度合が高い．

つまりトローゴットでは，*I think / I guess* でも法助動詞でも，主観的な心的態度を表すから subjective であるが，ラネカーの subjectivity は「観る側性の度合」だから，*I think / I guess* の意味は心的態度を観られる側（object of conceptualization）として捉えられているのに対して，法助動詞の心的態度はより観る側（subject of conceptualization）として捉えられている，ということである．ラネカーのこの区別は重要で，どうして法助動詞が同じ心的

態度を表していながらグラウンディング要素であるかが，的確に捉えられている．

　subjectification については，トローゴットでは話し手の（したがって主観的）語用論的読み込みが意味として定着することであり，*John is going to meet her at the station.* のような例で，「ジョンがいま出迎えに行っている」なら「ジョンは出迎えるつもり」だろうという話し手の語用論的読み込みから，主語の意図（含意）が表現の意味として定着していく．さらに「ジョンがいま出迎えに行っている」のなら，「ジョンはやがて彼女を出迎えることになる」だろうという話し手の読み込みが，*going to* の近接未来の意味として定着する．ラネカー（e.g. Langacker (2011)）では，「ジョンの駅への移動が，彼女の出迎えに自然に繋がる」ところを捉える認知プロセスが重要で，ジョンの移動が希薄化しても，彼女の出迎えへと繋がるような認知プロセス（認知プロセスだからプロファイルされない）が生じていれば，*going to* が用いられる，ということである．実際に移動がなくても，主語に意図が認められれば，やがてその意図が出迎えへ繋がるので，*going to* が成立するし，それが使用頻度を増し定着すると「意図」が意味として慣習化することになる．また，黒い雲が立ち込めているような状況は，（何も移動しないが）自然と降雨へと繋がるような認知プロセスが生起するので，*It's going to rain.* と言うし，女性のお腹が大きければ，自然と出産へと繋がるので，そのような場合に *She's going to have a baby.* と言う．というわけで *going to* が「意図」や「後の事態の前兆」を表すとしてしまうと，それは観られる側 O としてのプロファイルされた意味を表していることになる．

　繰り返しになるが，ラネカーの subjectification で決定的に重要なのは，語彙動詞の意味が「観る側へ」傾斜するために，法助動詞や準法助動詞というグラウンディング要素へと文法化していくことが的確に捉えられることである．トローゴットにおいては語用論的に読み込まれた含意は，通常，プロファイルされる意味内容になるので，なぜ法助動詞の場合の意味が，プロファイルされない観る側的意味のままであるのかということが，単に「主観的な心的態度が意味になる」というトローゴットの語用論的読み込み説ではとらえられない．法助動詞について，新たな意味変化の過程を提案するNarrog (2010) にも，同様の問題がある．

subjectivityとの関連で，大きな問題となるのが，事態としての概念内容とそれを捉える概念形成者の距離の問題である．同じ〈イマ・ココ〉の経験のようでも，経験内容に対して距離を取る場合と取らない場合の認知がある．オーギュスタン・ベルクは，フランス語の *J'ai froid.* ('I'm cold') と *Il fait froid.* ('It's cold') について語り，日本語の「寒い！」についても語っている．

(20) a. J'ai froid. ('I'm cold')
b. Il fait froid. ('It's cold')

(a) の場合，主体 je＝私の存在が，寒さの経験（単なる叙述にすぎない）に先行することが予測されている．(b) の場合，実存的主体は姿を隠し，一歩退いて，己の判断の対象を眺めている．(a) における主体の先行性，(b) における場面の客観性，いずれもその結果，主体は対象に対し，ある距離を設けることになる．したがって主体はまさに，あらゆる付随的状況に先立って主体的である限りにおいて，その優越性が確認されることになる． (ベルク (1994: 35-36))

J'ai froid. では，Je すなわち「私」が，寒さの経験に先立って存在する，つまり，私という経験主体がまずあって，その私が寒さを経験しているというわけである．*Il fait froid.* では，主体は，寒いという状況を，一定の距離を持って眺めている，というのである．このような表現では，「私」という主体が，寒さの経験からも，寒いという状況からも独立して，また距離を設けて存在しているという点が重要である．

日本語の「寒い！」については次のように述べている．

(21) 実存的意味での主体と対象が，ある共通の雰囲気に，そこに付随して生じる場面の雰囲気に，同時に参与しているのである．「寒い」という文には，雰囲気が実存的主体によって知覚された姿のまま直接現れ，主語と対象は偶然その場にある関係の中で互いに相手を内包しているのである． (ベルク (1994: 35))

まず「寒い！」は，寒いという感覚の直接的表出であり，経験主体が「寒い」に先行して存在していたり，寒いという状況を，距離をとって眺めていたりはしてはいない．主体は寒さの感覚と同時に存在し，両者は一体化してい

て，経験の場を構築しているということである．

　ラネカー自身，後に示すように，*I'm cold.* と *It's cold.* の認知構造図を示しているが (Langacker (2009: 143))，その認知構造図は，フランス語の *J'ai froid.* と *Il fait froid.* についてベルクが (20) で述べていることを，うまく捉えている（第4節参照）．それらの認知構造図には，概念形成者が，事態に対して距離をとり，対峙している認知のようすが的確に表示されている．しかし，外気が寒いのか自分が寒いのか，そもそもなにかを描写しているというよりは，寒さの身体的表出でもあるような日本語の「寒い！」に対しては，ラネカーの観る側性の度合を導入する認知モデルでも，対処できない．3段階であれ4段階であれ観る側性の度合を導入しても，それは観る側が同時にどの程度観られる側でもあるかということで，観る側 vs. 観られる側という構図は変わらないためである．日本語の「寒い！」という発話の，観る側と観られる側との間に距離がなく，相互に内包しあうような認知を，とらえることはできない．ラネカーの認知モデルは，どこまでも観る側 S と観られる側 O とを対峙させるので，S と O が渾然一体となって生じるような認知には適さないのである．

　言語には基本的に，主客対峙の認知が反映しているのは確かであるが，私たちの外界認識は，観る側が単純に観られる側（外界）を眺めているのではなく，観られる側は，観る側の認知装置や捉え方・認知プロセス (construal) によって構築されるものである．つまり，本来の外界認識では，観る側あっての観られる側であるから，観る側と観られる側は分離できるものではない．言語に反映している認知も連続的で，主客未分の認知から徐々に主客対峙の認知へと進む段階の認知を反映する傾向の強い言語や言語現象もあり，これを適切に捉えるには，主客が対峙せず，主客が未分の形で，渾然一体となってインタラクトするところに生じるような認知モードを導入する必要がある．次の第3節では，このような認知モード導入の必要性を根本的なところから見ていくことにし，第4節では，Kuroda (1973) の non-reportive style の認識的分析にも触れながら，ベルクの言う主観述語の「寒い！」の認知構造を示し，日本語に特徴的な認知モードが反映しているということの詳細を見ることにする．

3. ラネカーの認知モデルと認知モードの導入

　ある学会で「認知モードと言語進化」という発表をした際，発表で言及したチクセントミハイ（M. Csikszentmihalyi）のフロー体験（flow experience）について，ラネカーから質問を受け，発表後もやり取りが続いた．例えばロッククライマーが集中して岩を登るときの岩との一体感をフローというのだが，ラネカーは，その状態でも，クライマーである認知主体と岩である認知対象は明確に区別されるのではないか，と言うのである．私の答えは，マクロ的には，人と岩という対立のようであるけれども，ミクロ的な，岩の肌触り（touch of the rock）というようなレヴェルでは，指先が，岩の持っている客観的な肌触りを，感じ取っているのではなく，センサーとしての指先の状態と岩の表面との相互作用によって，岩の肌触りが創発するのであり，そのレヴェルを徐々に上げていくと，集中している時のクライマーと岩との一体感も，想像できるのではないか，というものであったが，どこまで通じたかはわからない．言語に反映している，観る側 S が観られる側 O を眺める認知構図が，あまりにも強烈で，「私」が外界や内面を眺めているという先入観を払拭することは容易ではなく，その両者が一体であるということなど，一般には思いもよらないのである．

　しかし少なくともミクロ的には，そのような理解が可能であることは重要である．認知文法では，意味は概念化（conceptualization）であり，概念内容（conceptual content）と捉え方（construal）から成る．以下でも述べるように，概念内容の表す事態（コトやモノ）は，捉え方によって構築されるのだから，概念内容は，本質的に，捉え方と不可分である．この点に，観る側と観られる側が分離していない状態の，つまり主客未分の認知の原点がある．したがって，捉え方の束（あるいは集合）としての「私」とそれが捉える事態（コトやモノ）との間も，本来，未分の状態にあると，十分考えられるのである．しかも，その存在を疑いえないような「私」ですらが，一定の相互作用によって造りあげられる構築物だということである．

3.1. 認知モードによる認知像の構築と意味構造

　さて認知言語学が，言語を研究する際に認知・認識を重視するのは，私たちが単純に外界や内面を眺めているのではなく，私たちのもつ認知装置やそ

第1章　Langackerの視点構図と(間)主観性　　31

の働きが，世界のあり方を決定している，ということがあるためである．認知装置やその働きを無視しては，認知の研究は成立しないのである．例えば，「赤色」は，外界に存在する赤色を描写しているのではなく，私たちの色認識装置とその働きによって見える赤色を表している．風船の上昇を認識するときにも，複雑な知覚装置の働きと共に，視線の上昇というような認知プロセスが加わっている．つまり，観られる側Oとしての認知の対象と観る側Sとしての認知装置と捉え方・認知プロセス（construal）は切り離すことができないということである．

　ところが，言語表現では，何らかの対象を描写しているようであり，あたかも客観的に存在する対象を，言語を使用する側が眺めているような構図が出来上がる．これが認知文法の認知モデルの基盤となっている「観る・観られ関係」（viewing relationship）であり，観る側（主体）と観られる側（客体）とが対峙する認知モデルになっている（本論冒頭の (1) 図参照）．

　しかし言語表現には，日本語の「寒い！」のように，その場での感覚を描写するというよりは，感覚が表出するような場合，つまり観る側Sと観られる側Oの関係が成立せず，両者の距離がゼロであるような場合があり，主客が未分であるような認知を反映するような表現があるので，どうしても主客未分の認知様式を言語分析にも導入する必要がある，というわけである．英語のような言語に特徴的にみられるグラウンディング要素や across 文の分析には，主客対峙の認知モデルでも対処できたが，主客が分離していないような認知を反映する表現を分析するには，主客対峙を基本とする認知モデルでは対処できない．

　「太陽の上昇」のような表現を分析する際には，明らかに客観的には存在しない太陽の上昇という事態が，なぜあたかも客観的に存在するかのように表現されたり，理解されたりするのか，その認知の仕組みを示す必要がある．この場合，観る側Sが観られる側Oとしての太陽の上昇を眺めているのではなく，このような認知が生じる場で構築される認知像を，あたかも眺めているような構図になるのだが，その認知構図創発のメカニズムの詳細を示す必要がある．要するに2点明確にする必要がある．1つは，太陽上昇の認知像が創発するメカニズムであり，もう1つは，その認知像を客観的に眺めるようになる認知構図の創発のメカニズムである．

　認知像構築のメカニズムを捉えるのがIモード（Interactional mode of

cognition, 中村 (2004, 2009)) で，太陽の上昇という認知像が構築されるメカニズムは以下のような I モードの図で示される．

(22) I モード認知

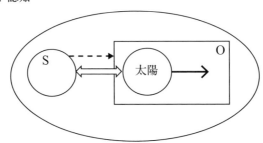

この図で，観る側 S（円 S）と太陽（もう 1 つの円）のインタラクション（両向きの二重線矢印⇔）を通して，つまり観る側 S が自転する地球上にいて動きながら太陽を視野におさめておこうとすると，太陽が上昇するように見える，つまり認知像としての太陽の上昇（四角内の円と太線矢印）が観られる側 O として創発する，ということである．

この場合，観る側 S は，太陽の上昇という観られる側 O の認知像構築にその構成要因として関わりながら，同時にその認知像は，観る側 S の内部で出来上がるものだから，認知像 O が観る側 S を内包し，かつ観る側 S の内部で観られる側 O が成立しているような，相互内包型のインタラクションが生じている．そのような認知が生じる場が，外側の楕円で示される認知の場 (field of cognition) である．

赤色の認知が生じる場合も，観る側 S の知覚装置や知覚プロセスは，赤色という認知像構築の内的構成要因であり，同時に観る側 S の内部で赤色が成立しているようでもあり，相互内包型のインタラクションがある．S と O の距離ゼロ認知を反映する日本語の「寒い！」も，S は寒いという感覚 O を造り上げる要因として関与していると同時に，自分の中に寒さを感じているという具合でもあり，S と O の相互内包型のインタラクションがある．S と O の距離がゼロの認知であるとか，ときに「状況内視点」と言われるような認知は，厳密には，S-O 相互内包型のインタラクティブな認知ということである．

このような S-O 相互内包型のインタラクションを通して生じる認知像を

あたかも客観的な事態であるかのように捉えるのが D モードであり（Displaced mode of cognition, 中村 (2004, 2009)), 次のように，観る側 S が I モードの認知の場から出て (displace), 認知像 O と対峙するかのように O を眺める，というわけである．

(23) D モード認知

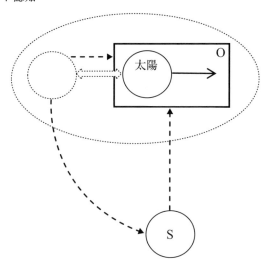

この認知様式によって，観られる側 O が，いわゆる言語表現の意味の概念内容と対応していることは，明らかだろう．D モード認知は，ラネカーの主客対峙の認知モデルと等しいというわけである．

このような認知様式が「状況外視点」と呼ばれることがあるが，太陽の上昇を，例えば，大気圏の外に出て眺めるような場合を考えてみると分かるように，状況の外に出て見たら，太陽の上昇は存在しなくなる．太陽の上昇という認知像の構築に観る側 S が関与しているために，その S が文字どおり外に出てしまえば，当該の認知像は消えるのである．D モード認知で行われていることは，単純に状況の外にでるのではなく，I モード認知をメタ的に眺めて，I モード認知の全体や I モード認知で構築される認知像を観る，ということである．

D モード認知は，言語の意味との関わりで次のように考えることもできる．認知文法では，意味は概念化 (conceptualization) であり，概念内容

(conceptual content) と捉え方 (construal) から成る．私たちの認知が私たちの認知装置とその働きによって構築されるのと同じように，概念内容も捉え方によって構築されるのだから，概念内容と捉え方は不可分である．Dモードでは，捉え方と不可分であるはずの概念内容だけを取り出して，眺めるということが行われている，ということができる．Dモードでは，Iモード認知をメタ的に眺めるという言い方もするが，概念内容（認知像）と捉え方（認知像構築のプロセス）が，それぞれに独立し自律すること (displacement) とした方が，経験的に（例えば脳神経科学的に）検証しやすいかもしれない．これを象徴的に表したのが，Dモードの図であり，ラネカーの主客対峙の認知モデルの図だというわけである．つまりこれらの図は，本質的には，認知像（概念内容）と捉え方（認知プロセス）のそれぞれの自律と分離 (displacement) を象徴的に見せているというわけである．

　ヒトの言語の場合，観る側としての認知プロセスとそれによって捉えられる認知像が分離しているために，意味変化が生じ，多義性が生まれるとも言える．例えば *be going to* は，一定の認知プロセスで捉えられていた「行く」から，その認知プロセスが独立・分離して，別の事態（「近接未来」）を捉え，表すようになっている．また，あるモノの上昇運動 (*rise*) を捉える際の視線の上昇（認知プロセス）が，その上昇運動から独立し独り歩きしだすと，*The hill rises gently from the bank of the river.* (その丘は川の土手のところからゆるやかな上りになっている) のように，なにも上昇するもののない丘の形状をその視線の上昇が捉え，*rise* は静的な形状まで意味するようになる．ヒトが時空を超えた認知像を構築できるのも，分離独立した認知プロセスが（本来不可分であった認知像から離れて）そのような認知像を構築するためである．動物の鳴き声の場合，その身体的な反応としての鳴き声と（天敵などの）対象とが渾然一体としていて分離していないので，基本的に鳴き声の表す対象は変わらないし，多義性も生じないということである．

　要するに，概念内容（認知像）と捉え方（認知像構築の認知プロセス）が融合した認知様式とその両者が分離した認知様式の2つ考慮することが必要だということであり，おそらくヒトは後者の認知様式を進化させているということであり，言語や言語表現によっては，前者の認知様式を多目にとどめているものがある，ということである．

3.2. 認知像とリアリティー

　私たちの本来の認知がIモード認知に創発する認知像だとすると，その認知像を本当だ（リアル）とか，本当でない（ノン・リアル）と言ったりするときの，リアリティー判断はどのようになっているのだろうか．ここでも，「太陽が昇る」という認知像と，Iモード・Dモードに基づく考察が有効である．

　「太陽が昇る」という事態は，地動説の以前と以後とでは，リアリティー判断（本当かどうか）が違うと考えてよいだろう．地動説以前は，リアルであり，以後の，今の私たちの時代であれば，リアルではない，ということでよいだろう．今の私たちが，「太陽が昇る」というのはリアルではない，と判断するのは，地球が自転していて，その地球上からみると太陽が昇っているように見えるだけだということ，つまり太陽の上昇が認知像であることを知っているからだ，と言える．(23) 図に示されるような，Iモード認知をDモード認知で捉え直す認知の仕組みが，私たちに理解されているためだということである．

　一方，地動説以前，太陽の上昇をリアルと判断していたとすれば，それを真実として露ほども疑わないDモード認知に徹していたためであり，それが認知像であることが想像すらできない状況だったということであろう．

　リアリティー認識については次のようにまとめることができる．ある事態がIモードによって生じる認知像であることが感じられるならば，その事態はノン・リアルと判断され，Iモード認知の関与した認知像だということが感じられないならば（つまりDモード認知のみに徹した認知であれば），それは客観的な事態としてリアルと判断される．ちなみに「太陽が昇る」という事態をリアルと判断する際の認知構造は，(24) のようであり，(23) の図の背景にある，Iモード認知の部分がなくなっている．認知主体は，完全に太陽の上昇と向き合っている気になっているわけである．

(24)

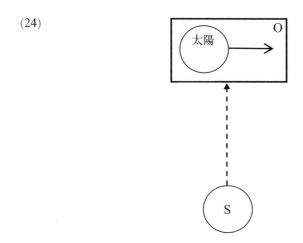

このように「太陽が昇る」という表現には,背景にIモード認知を持つ(ノン・リアルとしての)意味構造(23)とこれを持たない(リアルとしての)意味構造(24)の2種類が与えられることになる.(日常生活では,多くの場合Dモードに浸りきって生活しているが,そのDモードで,本来Iモード認知に創発する認知像を,リアルな事態として眺めているのである.)

関連して,よく取り上げられる例に次のような発話がある.

(25) Kyoto is approaching.(話し手の乗った電車が京都に近づいているときに)

この表現の意味構造は比較的簡単で,京都という地点が動き回ることはないから,「京都が近づいている」という事態が,Iモードによる認知像であることが分かっていて,それをDモードで表現したものである.太陽が動かないものだということが分かっているときの「太陽が昇る」の認知構造と同じである.対象が近づいてきても,こちらが対象に近づいていっても,認知主体Sと京都の間の距離は縮まるのであるが,距離が縮まるというところに,あたかも対象が近づいてくるような認知像が創発し,これを言語化したものが(25)である.このような認知構造の背景には,Iモード認知とそこに創発する認知像が表示され,その事態がノン・リアルと判断されている.(25)の認知構造は以下のようである.

(26)

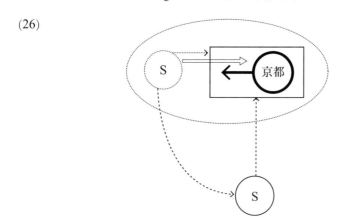

　認知主体Sが京都に近づくというインタラクション（Sから京都へ向かう二重線矢印）が生起しているところに生ずる「京都が認知主体に近づく」（京都からSへ向かう太線黒色矢印）という認知像（つまりIモードに創発する認知像）を，Dモードによって認知の対象として言語化しているというわけである．Dモードの背景として，認知主体が京都に近づいているインタラクションがあるということがIモード認知に表示されているので，「京都が近づく」という事態がノン・リアルとして捉えられているわけである．このようなIモード認知が背景にないと，私たちは当該の事態をリアルと思い込む．
　ここで，私たちがいかにIモード認知に生じる認知像を，逃れようもなく，Dモード認知でそのままリアルとして見てしまうかという例を，よく知られた錯視の例の中から1つ挙げておこう（シェパード錯視）．次の2つのテーブルの天板の形が，まったく違うように見えるのは錯覚（認知像）なのだが，本当は（リアルには）同じ形の天板だ，ということはわからない．天板の辺の長さと角の角度を測るか，切り取って重ねるとわかるように，2つは同じ形の天板である．ゆめゆめ認知像を信ずるなかれ．

(27)

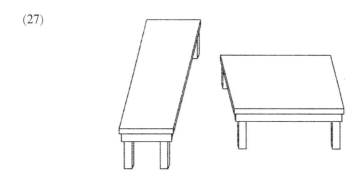

こうしてみると，Dモード認知の後景に，Iモード認知があってそこに創発する認知像だということがないと，その認知像をリアルだと信じ込み，リアルだと確信するということである．

もう1つ，その人の立場が，事情は分かっていながら，外界の対象に客観として（リアルとして）向き合わせるという場合がある．次の寺田寅彦の一節がそれを物語っている．

> 哲学者の中には，われわれが普通外界の事物と称するものの客観的の実在を疑う者が多数あるようであるが，われわれ科学者としてはそこまで疑わない事にする．世界の人間が全滅しても天然の事象はそのままに存在すると仮定する．これがすべての物理的科学の基礎となる第一の出発点であるからである．この意味ですべての科学者は幼稚（ナイブ）な実在派（リアリスト）である．外界の実在を…疑うよりは，一種の公理として仮定し承認してしまうほうがいわゆる科学を成立させる道筋が簡単になる．
> （1931年「物理学と感覚」『寺田寅彦随筆集第一巻』岩波文庫，p. 96）

ただ少し時が下ると，科学者だからこそ，外界の事物が主客のインタラクションに創発する認知像ではないかということを真剣に受け止め，その上で科学的考察を進めるべきでないか，という観点が生まれる．次はハイゼンベルグからの引用である．

現代の精密自然科学の自然像…それは実はもはや自然の像ではなく，自然とわれわれとの関係の像である．一方に時空間内の客観的経路，他方に客観的経路を写し取る精神，この対立的二項に分ける旧来の分析，…デカルト的区別はもはや…適切ではない．…自然科学はもはや観察者として自然に対向しているのではなく，人間と自然との相互作用の一部である．
(W. ハイゼンベルグ，1957，『現代物理学の自然像』みすず書房，p. 9)

さて，認知文法では，リアリティーという概念は重要であるが，その判断がどのようになされるか，その認知メカニズムは示されない．リアリティー領域 R が円で表示され，命題がリアルならその中に，ノン・リアルならその外に，命題が置かれるだけで，その命題がどのようなメカニズムで，リアル，ノン・リアルと判断されるかは示されない．例えば，先に見た (9) (10) の法助動詞の意味構造に見る通り，リアリティー領域 R は，認知主体 C を囲む円 R で示される．リアルな命題はその中に置かれ，ノン・リアルな命題はその外に置かれる．法助動詞の意味は，(認知的コントロール・サイクルに基づいて) ノン・リアルな命題が，どの程度リアリティー領域 R に取り込めると認知主体が判断しているかで表される．*He may/must be waiting.* のような例では，*may* は「彼は待っている」という命題が，ある程度リアリティー領域 R に取り込まれ，*must* はその命題が確実に領域 R に取り込まれると，認知主体が判断している，というような意味を表していることになる (Langacker (2009: 201-206))．リアリティー概念は，さまざまな意味表示に重要ではあるが，その判断のメカニズムは，認知文法には示されていない．認知文法の，主客対峙のみの認知モデルでは対処できないように思われる．

4. 認知モードと主観述語（あるいは日本語一般）の認知特性

日本語の場合，主客未分の I モード認知による意味表示になるという側面を持つが，その表示の核心部分は，いわゆる概念内容 (content) と捉え方 (construal) が本来，どこまでも（観られる側 O として観る側 S として）不可分であり未分であるという一点に，帰着する．その未分性のために，特に観る側 S は，限定のしようがなく，無人称的であり，時間も場所も同様に限

定のしようがなく，無時間的で，場所もどこであってもよい（つまりSやGが確立していないのだから，グラウンディングが不要というか，不能なのである）．例えば「寒い！」では，観られる側Oとしての寒さと観る側Sとしての感覚や感受者が未分であるため，誰の寒さでもありうるし，いつの時点の寒さでもありうるということになる．このように無限定性が特徴なので，よく言われる日本語の「イマ・ココ・わたし」性というのは無限定性に反しており，再考を要する．（Dモード認知では，概念内容と捉え方が（Oとして，Sとして）分離・対峙するため，観る側Sは誰で，観られる側Oの例えば「寒さ」は誰のいつの状態かということが常に問題になり，一定の表示が必要になる．）

　まず「寒い」「寂しい」のような主観述語について，その意味構造がラネカーの認知モデルで与えられないことを示し，認知モードによる表示を試みる．

　ラネカーの認知モデルで表示しようとすると，「寒い！」に一人称主語が伴わない点を，(11b) の *(I) Don't trust him.* (あるいは *(I) Don't really know.* や *(I) Hope not.*) に主語がないときの意味構造と同様に考えて，英語の *I'm cold.* の意味構造から，その主語をプロファイルから外してみるという可能性がある．

　主語のない *(I) Don't really know.* や *(I) Hope not.* の場合，すでに見たように，これらの主語は，ISの外で，OCの中にあるため，プロファイルされず，言語化されないということであった．「寒い！」の場合も同様だとすると，以下の (28a) のような *I'm cold.* の意味構造から（Langacker (2009: 143)），その主語 *I*（*tr* の円）の部分を，IS（最小の四角）の外でOC（角丸の四角）の中にあるように表示すれば (28b)，それが日本語「寒い！」の意味構造になるのではないか，というわけである．（F：フィールド，E：寒さの体験者）

(28) a. 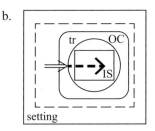 b.

しかしこの意味構造 (28b) が，問題なのである．まず，次のような指摘から始めよう．より根本的なところで，Kuroda (1973) の non-reportive style と reportive style の振る舞いの違いが説明できない．次の (29a) のような non-reportive style では，主観述語の「寂しかった」は三人称の主語メアリを取ることができる．

(29) a. 山寺の鐘を聞いて，メアリは寂しかった．
b. *山寺の鐘を聞いて，メアリは寂しかったよ．

(いずれも Kuroda (1973) より)

しかし (29b) のように「よ」を付けて reportive style にすると，三人称主語は容認されない．主観述語に単一の認知構造を与えるだけでは，この振る舞いの違いは捉えられない．ラネカーの認知モデルで与えられる意味構造は，基本的に D モード認知をとる言語の x is cold に対する意味構造であって，日本語のように，基本的に non-reportive style であ（り，時に reportive style（伝達的）であ）るような言語には，適さない．つまり，ラネカーのモデルによる表示は，自分の感覚であっても，外から眺めて描写するような認知モデルに基づいているので，自分の感覚を主客の区別なく吐露するように表出する日本語（特に non-reportive style の場合）の意味表示には適しない．

non-reportive style の例を少し変えて，「とても眠たかった」を用いる次のような例を見てみよう．

(30) a. 夜はラジオで受験講座をきいた．とても眠たかった．しかしいまが頑張りどきだ．<u>僕</u>はラジオの音量をあげた．
b. 夜はラジオで受験講座をきいた．とても眠たかった．しかしいまが頑張りどきだ．<u>春樹</u>はラジオの音量をあげた．

(30a)の最後の文の主語「僕」を「春樹」にして,「春樹はラジオの音量をあげた」としたのが,(31b)である.この例では,眠たさや頑張りどきだという決意が,春樹のものになる.これは,表現と不可分の眠たさや決意が,誰のものかは無限定だということを示唆している.英語などにも描出話法があるが,その表現形式は部分的には間接話法であり (cf. Banfield (1983)),語り手の一定の解釈が入っているので,(30b)とは違って,語り手と登場人物との声が無限定だというわけではない.

次は,「寒い！」そのものを用いた例である.

(31) a. 寒い！
　　　b. その夜,外に出て見た.寒い！僕はあわてて中に入った.
　　　c. その夜,外に出て見た.寒い！春樹はあわてて中に入った.

(31a)の「寒い！」が,イマ・ココで直に感じている寒さだとすると,(31b)では,同じ直の寒さが,「僕」(=語り手)の回想の中に位置づけられている.(31c)の最後の文の主語は「春樹」であるが,同じ直の寒さなのだが,春樹がその寒さを直に感じたかのようになっている.このような「寒い！」で,(31a)の場合,「寒い！」という発声が,寒さに対する身体反応の一部でもあり,いわば描写と身体反応とが一体化していて,体内に生じる感覚を純粋に対象化し言語化した発話ではない.この点で,観られる側 O と観る側 S の明確な区別がなく,両者は未分で渾然一体としている.(31b)の「寒い」は,語り手の回想の中の身体感覚を表し,(31c)でも「寒い！」は,語り手が,他者の身体感覚を表している.「寒い！」の場合も,表現と身体反応的な感覚は不可分であるが,その(寒さの)感覚が,いつのものか,どこでのことか,誰のものか,無限定である.「寒い！」はイマ・ココ・わたしに限定されていると思われがちだが,そうではなく,表現に感覚が不可分にくっついていることが重要で,時や場所や誰のものかは無限定なのである.無限定だから,(31c)で春樹の寒さに,語り手も共感し,聞き手や読者も共感しやすいということがある.感覚が表現と未分だから,時空や人称について限定のしようがないのである.(日本語の(特に non-reportive style の場合)動詞句に時制や人称が標示されないのは,このためかもしれない.)

この点についてさらに,次の小説からの一節で見てみよう.

第1章 Langackerの視点構図と(間)主観性

(32)　八月の十日前だが，虫が鳴いている．
　　　木の葉から木の葉へ夜露の落ちるらしい音も聞こえる．
　　　そうして，ふと信吾に山の音が聞こえた．
　　　風はない．月は満月に近く明るいが，しめっぽい夜気で，小山の上を描く木々の輪郭はぼやけている．しかし風に動いていない．
　　　信吾のいる廊下の下のしだの葉も動いていない．
　　　鎌倉のいわゆる谷（やと）の奥で，波が聞える夜もあるから，信吾は海の音かと疑ったが，やはり山の音だった．
　　　　　　　　　　　　　　　　　　　（川端康成『山の音』より）

　まず，1行目の「虫が鳴いている」はル形であるが，これは小説の中の過去の状況だから，語り手が過去時の状況を眺めながら描いているようであり，語りの時間と過去の時間を自由に行き来できる，つまり認知の時間が限定されていないのである．2行目の「聞こえる」は，一見語り手の経験のようであるが，これは作中の主人公の経験であり，ここでは，語り手の認知経験と他者の認知経験とが区別されていないのである．
　ちなみにこの部分のサイデンステッカーの英訳は，以下の通りで，誰の，いつの経験かを明示している．

> Though August had only begun, autumn insects were already singing. He thought he could detect a dripping of dew from leaf to leaf.

つまり，英語は，経験者が誰で時間がいつかを，限定する言語だと言ってよいだろう．
　3行目になると，主人公（信吾）が明示されるが，「聞こえる」は主観述語で，本来経験主体の経験しか表せないはずだが，語り手が主人公と同化して自分の経験を回想するように，述べている (non-reportive style)．語り手と主人公との認知経験がいずれかに限定されていないためである．英訳では，以下のようになっていて，

> Then he heard the sound of the mountain.

誰に何がいつ聞こえたかが明示されており，語り手が同じ経験をしたかのよ

うな感じはゼロである.

　4〜5 行目の「風はない. … 木々の輪郭はぼやけている」もル形で，その場に臨場し，経験しているのは主人公の信吾であるはずだが，語り手が臨場しているようでもある．加えて読者も臨場しやすいのは，このような表現の知覚の時と場所と誰の知覚かが限定的でないからである.

　次の 6 行目の「信吾のいる廊下のしだの葉も動いていない」では，語り手は，主人公の周囲の状況を，あたかもそこに臨場して見ているように描いているが，同時に，「しだの葉」が「動いていない」のを見ているのは，主人公でもある．ここでも，語り手は現在と過去を自由に行き来できるし，自分の経験と他者の経験の間を，いわば自由に行き来できるのである．これも，日本語のこのような表現に不可分にくっついている認知の無限定性による.

　最後の 7〜8 行の終わりの部分「信吾は，海の音かと疑ったが，やはり海の音だった」で，「やはり海の音だった」は，語り手の思い直しであるかのような表現で，信吾の思い直しを伝えており，ここでも誰の思い直しであるかが限定されていない．興味深いのは，英訳で，この部分が,

　　Shingo wondered if he might have heard the sound of the sea. But no
　　—it was the mountain.

となっている．最後の "But no—it was the mountain." は，英語でもあたかも語り手の言葉が思い直しを表すようだが，もちろん主人公である信吾の判断の変更である．英語でも，その度合はきわめて低いと思われるけれども，日本語と同じように表現して，語り手の判断と登場人物の判断を限定しない形で，表現しうる可能性があるということである (cf. Banfield (1983)).（本引用部分 (32) の分析に安西 (1983: 154-171) が有益であり，理論的考察が深まった.）

　ここで「寒い！」の認知構造を示してみよう.「寒い！」というように感覚を吐露するような主観述語の場合は，まず観る側 S（描写する側）と観られる側 O（描写される側）が分かれていない．だから「寒い！」という発声は，自分の寒さ（感覚）の描写とも，感覚そのものの身体的表出とも，どちらともつかない現象である（因みに英語の *Ouch!* などは，感覚そのもの身体的表出としての側面が強い）．したがって，日本語の，特に non-reportive style の場合，そのような現象の生じている人は，語り手（話し手）なのか語られて

いる人物なのかも限定されておらず，認知の時間も限定されないので，グラウンド化されようがないということであり，「寒い！」の認知構造はIモードに基づいていて，次のように表示される．

(33)

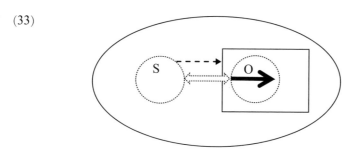

　この図の太線の矢印は，「寒い」という感覚が身体の中に生じていることを示している．「寒い！」という発声の場合，その身体的感覚を眺めて，描写しているのではないから，円Sと円Oは独立していない．そのためいずれの円も点線の円で表示されている．もちろん，通常はインタラクションを表示するはずの両向きの矢印も，SとOが未分なので明確なインタラクションではなく，点線で示されている．また，円Sから出る認識の矢印も，SとOが未分なので，明確な認識にはならなず，点線で示されている．そうすると，インタラクションも認識も明確ではなく，そもそもSとOが未分であるから，「寒い！」の場合の意味構造は，以下のように，SとOを重ねて表示することも十分可能である．

(34)

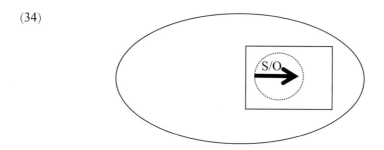

S/Oは，観る側と観られる側の未分性を表し，そのため，点線の円で示されている．S/Oが未分だから，SがOを眺める認知構図も成立しないし，Sは独立していないのだから，認知するSが誰なのか限定できないのである．だ

から「寒い！」は，イマ・ココ・わたしの感覚も表せるし，回想のなかの自分の感覚も表せる．他者の感覚も表せるし，語り手と登場人物の感覚も表せる，というわけである（ひいては，読み手・聞き手までが同じ感覚を共有できる）．ラネカーの認知モデルでは，常にグランド化を要求するため（感覚の所在を特定するので），この図のような表示ができない．グランド化以前のⅠモードを導入すべき所以である．

「よ」のついた reportive style の「寒いよ」の場合，S/O が分離していないような寒さの感覚を，発話時に限定して伝えるのだが，この寒さの感覚は発話時の話し手だけしか持てないので，いわゆる一人称主語しか許さないということである（「*太郎は寒いよ」）．（「よ」の reportive style の認知モードは，三人称主語を許す「太郎が寒いこと」のような名詞化の D モード認知と，単純に同じというわけではない．）これに対して，英語で三人称主語をとる *He is cold.* が可能なのは，英語では，S と O が分離していて，S が身体の寒さの状態 O を，眺めて描写するような形式であり，自分の身体の寒さの状態も他者のそれと同じように眺めて描写・報告できるからである．

先の小説の引用部分の分析からもわかるように，日本語の non-reportive style では，表現される事態には，それに不可分な形で観察者が臨場している．（その極端なケースとして，主観述語の場合の S/O 未分ということがある．英語では，この場合も S と O が分離していて，S が O を眺める形であった．）例えば，引用箇所 (32) の 1 行目の「虫が鳴いている」の意味構造を図示すると次のようになる．

(35) 「虫が鳴いている」の認知構造

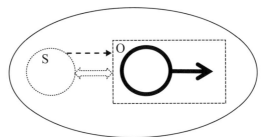

この図で，太線の円とそれから出る太線矢印は「虫が鳴いている」を表している．この事態を眺める S は，この事態と不可分のインタラクションをする

ため，Sは無限定であり，Sは語り手でも登場人物でもあり得，時間は語りの時間でも事態の時間でもあり得る．そのような無限定性を点線の円Sや点線の両向き二重線矢印は示している．つまり，「虫が鳴いている」はイマ・ココのようでも，過去のようでもあり，またそれを体験しているのは（語り手・話し手の）わたしのようでも，登場人物のようでもある．この未分としての捉え方の特徴として，語り手と聞き手が未分となり，聞き手までがその経験を共有し得る，ということがある．（定延 (2004) では，日本語の時制やムードのタ形が情報のアクセスポイントを表すとされるが，アクセスポイントは，状況に語り手が目撃者として臨場することでもあり，認知主体の無限定性（ひいては日本語のIモード性）の1つの現れと言うことができる．）ここでも，「よ」を用いて「虫が鳴いているよ」とすると (reportive style)，一挙に限定的となり，特定の話し手が，発話時の事態を，一定の聞き手に情報として伝えていることになる．

「虫が鳴いている」のような non-reportive style の認知構造に，事態とは不可分の観る側Sが内在することは，次のような現象からも示される．

(36) a. 後ろを振り返ると，ジョンが座っていた．
b. 後ろを振り返ると，ジョンが座っていた．春樹はすぐに話しかけた．
c. Looking back, *John was sitting. （= (30a)）
d. Looking back, I/Haruki saw John sitting.

(36a) の日本語は，「ジョンが座っている」のを眺める観る側（話し手や登場人物と未分）が常に臨場するので，この観る側が「後ろを振り返る」参与体と同一であるという解釈が可能となり，まったく自然な文となる．(36b) のように，「春樹は話しかけた」を続けても，「ションが座っている」のを眺める観る側Sは，限定されていないから，春樹であってもよく，整合的な解釈が可能になる．ところが英語の (36c) *Looing back, John was sittng. が (36a) と同じ意味で用いられないのは，英語では事態全体を眺めるのは観る側Sに決まっていて，振り返る人が，「ジョンが座っている」のを眺める人と同一になる可能性がないためである．(36d) のように，I/Haruki saw を付して，オンステージに「ジョンが座っている」のを眺める参与体を置いてやると，そのトラジェクターが，「後ろを振り返る」参与者と同化して，日本語と

同じ解釈を成立させる，というわけである．日本語の場合は，「ジョンが座っている」のを眺める無限定の観る側 S が常に臨場するので，I/Haruki saw を付けなくても，整合的な読みが成立する，というわけである．

　ここで言う無限定の観る側 S と，太陽の上昇の認知像構築に関与する観る側 S との関連について述べておくと，太陽の上昇では，観る側 S は，太陽と位置的インタラクションを通して，太陽の上昇を認知することになるが，「虫が鳴いている」「しだの葉は動いていない」という認知像は，観る側 S の五感によるインタラクションを通して，構築されたことになる．「寒い！」の場合も観る側 S としてのいわば精神と観られる側 O としての身体と不可分のインタラクションを基に生まれる感覚であり，身体的表出であるので，この場合もインタラクションを通しての認知像ということができる．そうすると，「虫が鳴いている」という認知像を構築する場合も，「寒い！」という認知像が創発する場合も，太陽の上昇の場合同様，主客未分のインタラクションに基づいている，ということになる．

　「寒い！」と「虫が鳴いている」では，自己・他者の無限定性と語りの時間と事態の時間の無限定性を示したが，太陽の上昇の場合にも，日本語表現にすると，この無限定性が生まれる．「やがて東の空を太陽が昇りはじめる．春樹たちは歓声を上げた」のような例では，「太陽が昇りはじめる」のを眺める観る側 S は，語り手と登場人物の厳密な区別はなく，語りの時間と事態の時間の厳密な区別もない．以上のように，太陽の上昇の認知にも，「寒い！」や「虫が鳴いている」や「東から太陽が昇る」の不可分の認知にも，その不可分さ故に生じる無限定性を特徴とする I モードが，いろいろな形で関与している．

4.　結び

　本章では，ラネカーの主客対峙の認知モデルによって，観る側性 subjectivity の問題が解決できることを示した．観る側性とは，観る側がどの程度観る側であるか，という観る側性の度合の問題である．観る側が，若干でも観られる側になれば，その観る側性は落ちる．重要な文法的要素や表現，構文がこのような観る側性と重要な関わりをもつ．観る側性の度合には基本的には 3 段階がある．グラウンディング要素は，観る側が若干観られる側にも

なっていて，その意味表示では，観る側 S（G でもある）が MS の中で IS の外に位置する．across 文の意味構造は，OC の導入が必要で，観る側 S（G でもある）が，IS の外で OC の中に位置するように示される．(*I*) *Don't trust him.* や (I) *Don't really know.* のような主語なし文の意味構造も，観る側 S（話し手でもある）が，IS の外で OC の中に示される．ラネカーの subjectification は，観られる側として捉えられた S が，MS の中に位置し，観る側として捉えれる度合を増す現象であり，また，ある事態を捉える認知プロセスが，独立して，別の事態を捉えることでもある．以上のように，ラネカーの主客対峙の認知モデルは，言語の全域をうまく捉れる認知モデルになっている．

しかし，日本語のように，精神と身体，主体と客体，自分と他者を未分として捉える言語の意味構造を捉えるには，ラネカーの主客対峙の認知モデルは十分ではない．主客未分の認知モードとしてＩモード，そこから認知主体が外置して，外からメタ的に眺めるＤモードを用意し，常に認知主体が認知対象と主客未分の形でインタラクトしているように意味表示をする必要がある．このような認知モードを用意しておけば，そこから外置（displacement）によって生じるＤモードは，ラネカーの主客対峙の認知モデルと等しいので，日本語のような言語も含めたより広範な言語記述が可能になる．

本章では，間主観性については明示的には議論しなかったが，Ｉモードでは，主客未分であるから，主と客あるいは自と他は連続的で，以心伝心的な間主観性の状態にあるといえる．一方，Ｄモードでは，自他は互いに自律しているから，相互に関心を寄せ相手の心を読み，記号的に伝達しあうような間主観性の状態にあるということができる．この問題については，別に論じることにしたい．

参考文献

赤羽研三 (2016)「語りの言語とは何か？：自由間接文体から出発して」『フランス語学の最前線　特集：談話，テクスト，会話』，東郷雄二・春木仁孝(編著)，341-379，ひつじ書房，東京．
安西徹雄 (1983)『英語の発想』講談社，東京．
ベルク，オギュスタン (Berque, Augustin) (1943)『空間の日本文化』（原著

1982)筑摩書房,東京.
Banfield, Ann (1983) *Unspeakable Sentences: Narration and Representation in the Language of Fiction*, Routledge and Kegan Paul, Boston, London, Melbourne and Henley.
Dancygier, Barbara and Eve Sweetser, eds. (2012) *Viewpoint in Language*, Cambridge University Press, Cambridge.
春木仁孝 (2012)「フランス語における事態の認知方策について」『言語文化研究』38, 45-65.
春木仁孝 (2014)「フランス語の時制と認知モード：時間的先行性を表わさない大過去を中心に」『フランス語の最前線2 特集：時制』, 春木仁孝・東郷雄二(編著), 1-44, ひつじ書房, 東京.
本多啓 (2005)『アフォーダンスの認知意味論——生態心理学から見た文法現象——』東京大学出版会, 東京.
池上嘉彦 (2011)「日本語と主観性・主体性」『主観性と主体性』, 澤田治美(編著), 49-67, ひつじ書房, 東京.
Kuroda, Shige-Yuki (1973) "Where Epistemology, Style, and Grammar Meet," *A Festshrift for Morris Halle*, ed. by Stephen R. Anderson and Paul Kiparsky, 377-391, Rainhart and Winston, New York.
Langacker, Ronald (1985) "Observations and Specifications on Subjectivity," *Iconicity in Syntax*, ed. by John Haiman, 109-150, John Benjamins, Amsterdam/Philadelphia.
Langacker, Ronald (2002) "Deixis and Subjectivity," *Grounding: The Epistemic Footing of Deixis and Reference*, ed. by Frank Brisard, 535-577, CSLI Publications, Stanford.
Langacker, Ronald (2008) *Cognitive Grammar: A Basic Introduction*, Oxford University Press, Oxford.［山梨正明（監訳）(2011)『認知文法論序説』研究社, 東京.］
Langacker, Ronald (2009) *Investigation in Cognitive Grammar*. Mouton de Gruyter, Berin/New York.
Langacker, Ronald (2011) "Grammaticalization and Cognitive Grammar," *The Oxford Handbook of Grammaticalization*, ed. by Heiko Narrog and Bernd Heine, 79-91, Oxford University Pres, Oxford.
Narrog, Heiko (2010) "(Inter)Subjectification in the Domain of Modality and Mood—Concepts and Cross-linguistic Realities," *Subjectification, Intersubjectification and Grammaticalization*, ed. by K. Davidse, L. Vandelanotte and H. Guyckens, 385-429, Mouton de Gruyter, Berin/New York.

中村芳久 (2003)「言語相対論から認知相対論へ：脱主体化と2つの認知モード」『研究年報』77-93.
中村芳久 (2004)「主観性の言語学：主観性と文法構造・構文」『認知構文論 II』, 中村芳久(編著), 3-51, 大修館書店, 東京.
中村芳久 (2009)「認知モードの射程」『「内」と「外」の言語学』, 坪本篤朗・早瀬尚子・和田尚明(編), 353-393, 開拓社, 東京.
尾野治彦 (2014)「日本語の体験的把握に表われる〈視覚性〉〈感覚・感情性〉〈共感性〉――対応する英語表現との対比の観点から」『北海道武蔵女子短期大学紀要』46, 1-83.
小野正樹・季奇楠 (2016)『言語の主観性：認知とポライトネスの接点』, くろしお出版, 東京.
Ozono, Masahiko (2008) "Subjective and Objective Auffassung: Zwei Raumauffasungsweizen in kontrastiver Sicht," *Neue Beiträge zur Germanistik* 7(1), 75-90.
王安 (2013)「主体化」『認知言語学：基礎から最前線へ』, 森雄一・高橋英光(編著), 181-204, くろしお出版, 東京.
澤田治美(編著) (2011)『主観性と主体性』(ひつじ意味論講), ひつじ書房, 東京.
Traugott, Elizabeth Closs (1989) "On the Rise of Epistemic Meanings in English: An Example of Subjectification in Semantic Change," *Language* 65, 31-55.
Traugott, Elizabeth Closs (1995) "Subjectificaiton in Grammaticalization," *Subjectifivty and Subjectification*, ed. by D. Stein and S. Wright, 31-54, CambridgeUniversity Press, Cambridge.
Traugott, Elizabeth Closs (2010) "(Inter) subjectivity and (Inter) subjectification," *Subjectification, Intersubjectification and Grammaticalization*, ed. by K. Davidse, L. Vandelanotte and H. Guyckens, 29-71, Mouton de Gruyter, Berin/New York.
Traugott, Elizabeth Closs and Richard Dasher (2002) *Regularity in Semantic Change*, Cambridge University Press, Cambridge.
渡邊淳也 (2014)「叙想的時制, 叙想的アスペクトと認知モード」『フランス語の最前線2 特集：時制』, 春木仁孝・東郷雄二(編著), 177-213, ひつじ書房, 東京.

第 2 章

ラネカーの subjectivity 理論における「主体性」と「主観性」
―言語類型論の観点から―

上原　聡

東北大学

キーワード：　言語類型論，直示表現，文法化，状況没入，体験者主観性，認識者主観性

1. はじめに

　近年の日本の言語学研究における主観性・主観化に関する議論の高まりは，言うまでもなく Langacker (1985) や Traugott (1989) に始まる認知言語学における subjectivity/subjectification 研究の進展に無関係ではない．しかしながら，認知言語学で subjectivity の議論に引用される英語等の言語とは異なる様相を示すことも多い日本語や他言語を対象とする際，認知言語学の subjectivity を日本語の「主観性」と訳しそのままそれに対応するものとしてはならないのは明らかである．筆者は言語類型論の立場から，subjectivity の通言語学的な研究をする際，研究者間の混乱を避けるためはもちろん，単なる日本語と英語のみの対照を越え主観性の類型論的な研究を実りあるものにするために，注意すべき点としてこれまで以下のような点を挙げてきた．[1]

---

[1] ここに挙げた 6 点は，本書の元になる「言語と（間）主観性研究フォーラム in 仙台」に先立つ 2011 年 11 月の日本英語学会第 29 回大会シンポジウム「（間）主観性の諸相」の際に筆者がそのディスカッサントとして指摘しまとめたものである．その際の発表者及び参加者にも謝意を表したい．なお，本研究は学術振興会科学研究費基盤研究 C（課題番号 24520416）の助成を受けている．

1) 認知言語学における subjectivity は日本語（学）における「主観性」か「主体性」か
2) subjectivity は「表現」（言語）についてか「捉え」（認知）についてか
3) subjectification とは通時的な変化か否か
4) subjectivity/subjectification は言語普遍的な現象か否か

また，ラネカーの subjectivity 理論については，上記に加えてさらに

5) 用いられる概念構造図などの図はそれぞれ誰の視点で何を表したものなのか
6) 「the speaker is subjectively construed」となぜ受動態で表され，construer は誰か

を考える必要があるのではないかと指摘した．

　同じく subjectification の研究で著名なトローゴットは，上記 1)-4) の点においてそれぞれ前者であることを明らかにしている．1) については日本語で「主観性」の議論によく登場する Lyons (1982) の定義を自身の subjectivity の定義に用いたと説明しており（Traugott (2010: 33)），2)-4) についてもトローゴットの subjectification が文法化の議論の中で，特定の表現が通時的に意味用法を変え，その変化が言語を越え単一方向性（unidirectionality）を持つとしているなど通言語性を論じているのである．

　本章は，ラネカーの subjectivity 理論に関して上記の点をラネカー自身の議論に基づいて明らかにすることを目的とするが，紙幅の制限もあり，中でも他の点にも関わる重要な問題と考えられる 1) の点を中心に考察し，その言語類型論的意味を議論する．他の点についてはその議論の過程で言及することとする．論点として，ラネカーの subjectivity 理論がその定義から考えて主体性の理論であることを確認した上で，次の 3 点を主張する：i) ラネカーの subjectivity 理論で扱っている文法現象に（少なくとも）2 種類のものがあり，その一方は主観性現象でもある．つまりラネカーの subjectivity 理論には，主観性の議論にも馴染む，主観性理論にも援用可能な部分とそうでない部分がある．ii) その区別に基づくと，ラネカーの subjectification は，通時的・通言語的現象としての文法化に関わる「主観化」と，それとは

異なる「状況没入」の2種に（訳し）分けられる．iii) その主観性現象に関わるラネカーの表現類型は，その言語慣習化の類型として言語間に差異が見られ，言語類型論的な意義を有する．

2. ラネカーの subjectivity は主体性か主観性か

「主体性」より「主観性」のほうが学問的に話題性があるように聞こえるからか，言語学・日本語学系の学会でもラネカー他の subjectivity の研究会や発表等で「(間) 主観性」が使われることが多い．しかしながら，近年ラネカー理論の subjectivity の和訳語には「主体性」が使われることも多くなって来ている．Langacker (2008) の著書を和訳した書籍（山梨（監訳）(2011)『認知文法序説』）が出版されたがその帯紙には「〈主体性〉重視の言語学へのパラダイムシフト」とあり，〈主観性〉ではない．認知言語学における意味論，つまり認知意味論のアプローチを紹介する最近の著作の深田・仲本 2008 の索引で調べるとラネカーの理論への言及は「主体化・主体性」のみに見られ，「観」のほうでは唯一「主観化」に関してトローゴットの理論への言及があるだけである．[2]「間 (inter)」のつく intersubjectivity の訳語に関しても同様であり，例えば本多 (2011a) はその論考「共同注意と間主観性」の題目に「間主観性」を用いながら，「intersubjectivity に対して「間主体性」という訳語は定着していないので，「間主観性」としてある」(p. 143) とその注に断りを入れている．

実際，トローゴットとラネカーの理論を比べて，前者に「観」の字を与えながら，後者には「体」の字を使う，あるいはともに「観」の字を与えながら両者に異なる修飾語句を使う場合が見られる．澤田 (2011) はラネカーと

---

[2] 但し，この日本語の「主体性」にも多義性が見られる．山梨（監訳）(2011) の「主体性」は，認知言語学がそれまでの（生成文法に代表される）言語学とは異なり「外部世界の対象や事態は，認知主体としてのわれわれから独立して解釈されるのではなく，主体の投げかける視点との関連でさまざまな意味づけがなされる」(p. 742) とする「主体性」を基盤とするアプローチであるという意味であり，いわば広義の「主体性」である．この広義の主体性の観点では，言語の表現はその話者のその時点の捉えを反映しているという意味で全て（後述の例文 (2a) も (2b) も等しく）主観的であるいうことになる．この広義の主体性やその意味での（表現の）主観性は本項では論じない．

トローゴットのsubjectivityの理論をそれぞれ「主体性」と「主観性」と位置づけた上で，国語学における近似の理論としてそれぞれ時枝（1941）と金田一（1953）の研究を挙げている．中右（2008）は自身の敬語に関する論考の中で，現代言語学における主観論の2つの流れとしてLyons（1977）他からトローゴットへの系譜を「言語主観論」と呼び，ラネカー流の主観論を「認知的主観論」と呼んで両者を区別すべきとし，後者について「認知一般の側から言語を見るだけでは，言語の内部の根底的な体系性は見えてこない」（p. 23）としている．

これは英語subjectivityの1語に対しての訳語に「主観性」と「主体性」の2語を有することから起きる日本語の問題として述べたが，もちろん英語のsubjectivityのほうでは問題なしなのではない．「subjectivity」／「subjectification」の多義性に隠された，特に上述のラネカーとトローゴットの理論におけるその意味範囲の違いが指摘されてきている．例えばNarrog（2005）は，モダリティとその意味変化に関するCognitive Linguistics誌上の論考で，自身の提案するsubjectificationのモデルがトローゴットのそれと整合性があるとした上で「他方，ラネカーの提唱する「subjectification」の概念とは部分的に逸れるところがある」（p. 691）と述べている．また，本多（2011），本多（本書第3章）に詳しいが，ラネカーとトローゴット両者のsubjectivity/subjectificationの理論を比較してその異同を論じた論文としてDe Smet and Verstraete（2006），Breban（2006），López-Couso（2010）などがあり，ラネカーとトローゴット自身もLangacker（2006），Traugott（2010）等で互いの相違点に言及しているのである．

2.1. ラネカーとトローゴットのsubjectivity

本項の結論から言うと，ラネカーのsubjectivity理論の和訳とすれば，先に紹介した先行研究のいくつかの和訳と同様，「主体性」理論とされるべきである．まず両subjectivity理論の違いに関してラネカー自身がトローゴットの理論との違いに言及した部分（Langacker（2006: 17-18）：本書第3章に該当部分の引用あり）があるが，それをまとめると次の表のようになる．

第2章 ラネカーのsubjectivity理論における「主体性」と「主観性」　　57

表1　トローゴットとラネカーの違いのまとめ（Langacker (2006) より）

トローゴット	ラネカー
表現／意味がsubjective	捉えがsubjective
概念内容の問題	捉えの問題
ある状況が存在する領域に関係	ある要素に対する場面全体における捉え，視座に関係

　ラネカーの上記議論の中で，本章の立場から1点説明を加えておくべき部分がある．それは表中第1行に示した，表現か捉えかに関してラネカーが「私の定義の下では，ある表現やその意味がどの程度 subjective であるかということは意味をなさない」（Langacker (2006: 18)）としている部分である．これは，ラネカー自身その subjectivity の議論の中で「表現」間の差異を論じ，例えば "a framework that clearly reveals the special character of sub-jective expressions and provides the constructs needed to describe them coherently" (1985: 109) や "the problem is resolved by treating epistemic expressions as maximally subjective." (1985: 120) （下線は筆者）と言っていることから考えると，矛盾のように思われるからである．
　これについては，ラネカーの議論は事実「捉え」の subjectivity について論じているのであるが，だからといって「表現」は subjectivity に無関係であるとしているのではないことに注意したい．本多 (2005) に明らかなように，認知言語学では話者の選択する表現はその話者の捉えに動機づけられておりそれを反映するものであると考える．よって，捉えが subjective である場合，その捉えを表す言語表現の形態統語現象がその subjective な捉えに動機づけられている．それ故（ラネカー自身も含めて）表現間の差異を論じる意味があるわけである．また，1つの表現が多義で複数の意味・捉えを表し，その捉えのうち1つだけが subjective である場合，その表現が subjective であるとは言えないことも明らかである．上記引用において，ラネカー自身が epistemic expressions（認識表現）を subjective であるとしているのは，後述するようにそれが subjective な捉えしか表し得ない「表現」であるからと理解することができる．

ラネカーは，どのような「表現」がどのような捉えを表すか，そしてそのうちのどの「捉えが subjective」であるかを議論している．それで様々な表現を吟味し，その捉えの subjectivity を論じているのである．この点は，本章の基本的立場である言語類型論の観点から特に重要となる．言語類型論では，同じ意味機能や事象を表す表現形式（語順など）における言語間の異同や多様性に注目，つまり表現形式に注目するからである（上原 (2011))．本章では，後述するように，ラネカーの捉えの subjectivity の中から捉えの主観性を定義し，主観的な捉えを表す表現として言語慣習化したものを主観的な表現と定義する．

話を元に戻すと，後述するように，本章でも，ラネカー自身が上表に指摘した両者の subjectivity 理論の違いは認められる（上述の両者を比較した諸研究も参照）．また，ラネカー自身の指摘した上表の点以外にも通時性 (Wright (1995: 151)) など) や通言語性（subjectification の一方向性）の点に関する違いについても指摘できる．

しかし，本章で，ラネカーの subjectivity/subjectification の理論を「主体性／化」と訳すとする根拠となっているのは，むしろ上記引用にはない，subjectivity と subjectification の共通語幹「subject」の指示内容におけるトローゴットとラネカーの違いである．このことは，次に引用する Breban (2006) などに指摘がある：トローゴットにとっての主体 (subject) は「発話主体／話者 (speaker)」であるのに対し，ラネカーにとってのそれは「概念化主体 (conceptualizer)」である (Breban (2006: 27))．つまり，両者の subjectivity 理論の定義に関わる subject の意味において，ラネカーはトローゴットとは異なり，「概念化主体」を元にしているということである．これを詳しく見ておこう．

2.2. ラネカー理論の「概念化主体」

ラネカーの subjectivity の理論で鍵概念となっているのは（トローゴットの場合の）「話者」ではなく「概念化主体」である．このことは，その subjectivity の定義に見ることができる．ラネカーはその 1985 年の論考から一貫して，「subjectivity と objectivity とは，概念化者 (conceptualizer) とその人の心に抱く概念との間，つまり概念化 (conception) の主体 (subject) と客体 (object) の間の捉えの関係のことである」(Langacker (1991: 215)) と

第 2 章　ラネカーの subjectivity 理論における「主体性」と「主観性」　　59

している.³ すなわち，ラネカーの subjectivity は，観る観られるの視点構図の中でどの程度概念化の主体であるかの「主体性」の問題であるということができる. もともとラネカーのこの定義には「話者」という言葉は使われておらず，よって，ラネカーのこの subjectivity における概念化の主体は，話者になり得るが話者に限定されていないのである.⁴ よく引用される Langacker (1985) の視点構図 (viewing arrangement)（図 1）や最近（同 2008）の図（図 2）における「S」は，自身 (self) や主体 (subject) としての「S」であって，話者 (speaker) ではないことに注意しなければならない.

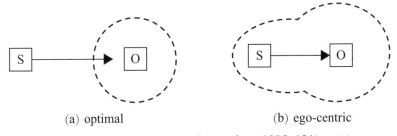

(a) optimal　　　　　　　　(b) ego-centric

図 1　ラネカーの視点構図 (Langacker (1985: 121) より)

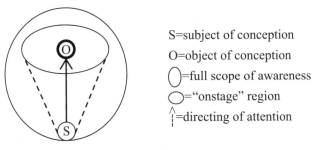

S=subject of conception
O=object of conception
◯=full scope of awareness
◯="onstage" region
↑=directing of attention

図 2

(Langacker (2008: 260))

---

³ ただ Langacker (1985) の時点においては「the conceptualizer and an object of conceptualization」(p. 123) として，conceptualizer（概念化者）という言葉を使っている.「the subject of conceptualization」（概念化の主体）という言葉は，Langacker (1990) になって初めて使用される.
⁴ またその概念化は，話者の発話時の直接的な身体経験に基づかない認知（'disengaged cognition'）(Langacker (2008: 293)) である仮想や追憶の場合も含む.

このようにラネカーの subjectivity は，その定義が「話者」ではなく「概念化主体」の概念に依るものであり，そしてそれで終始一貫しているため，日本語の訳では「主観性」ではなく「主体性」と訳すのが相応しく，彼の議論の中ではその派生形 subjectification は「主体化」の訳語を与えるのが相応しいのである．[5]

3. ラネカーの subjectivity 理論の中の主観性

前項でラネカーの subjectivity 理論は，本人の定義および議論からすると「主体性／化」の理論であることを述べたが，それでは，なぜ日本の学会や日本語の論考などでラネカーの理論が（時にはトローゴットの理論と並んで）「主観性／化」として扱われるのであろうか（上原 (2001) など）．その理由の1つとして挙げられるのが本章の第1の主張であるラネカーがその subjectivity 理論として扱う言語現象は広く多岐にわたり，その中に一般の「主観性」の言語現象をも含むということである．つまり，ラネカーの subjectivity の問題と本章での主観性の問題は排他的関係にあるのではなく，両者の指示する対象をそれぞれ円で示すとすると，図3のように重なり合う部分があるということである．

---

[5] ここでの概念化者の捉えの主体性は，概念化者自身が意識しているのではないことにも注意が必要である（"the role of the conceptualizer S is then subjective to the extent that S loses conscious awareness of this role" (Langacker (1985: 123)))．つまり，主体性の判定は，概念化者をも外から捉える視座（後に「分析者の視座」と呼ぶ）からなされることになる．この点が，ラネカーの subjectivity 理論で概念化者の捉えが受動態で表現されることと無関係でないと考えられる．

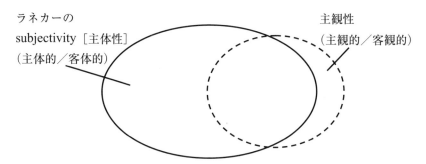

図3 ラネカーのsubjectivity［主体性］と本章の「主観性」の指示範囲の重なり

本章での「主観性」をラネカーの主体性と関連づけて定義すると以下のようになる：

(1) ラネカーのsubjectivityは，概念化者の主体性の問題である．
ただし，その概念内容が，話者として発話時・発話の場で概念化者が直接体験する事態を表す場合，同時に主観性の問題となる．

後述（5.1）するように，ラネカーがsubjectivity理論の中で言語表現に言及する際のキーワード（の1つ）は，「直示（deixis）」である．直示自体が話者を起点とする概念であることから本章の主観性に関わることは明らかであり，実際ラネカー自身subjectivityを扱ったその最初の論文の最初のページに「Interesting problems are therefore posed by decitic expressions」(Langacker (1985: 109), 下線は筆者) と述べているのである．

次項では，時にその例も示しながら，ラネカーのsubjectivity理論の中の主観性に関わる下位範疇を明確にする．

3.1. トローゴット理論とも関わるラネカーのsubjectivity理論の中の主観性

ここでは，ラネカー理論の中の主観性の言語現象について述べるが，その前に，トローゴット理論でも共通して取り上げられている種類の主観性の言語表現についても簡単に述べておきたい．両者のsubjectivity理論の相違点を取り上げる先行研究が多い中，共通点を指摘する意義はあると考えられ

る.

　ラネカーが自身の subjectivity 理論でとりあげている表現類のうち，トローゴットの理論と重なっているのは，命題事象に対する話者の主観的態度を表す表現であり，いわゆるモダリティの表現である（上述の Narrog (2005) も参照）．この種の表現に関して，ラネカーは Langacker (1985) ですでに「認識表現（epistemic predication）」として取り上げている．認識表現は先に挙げたラネカーの「直示表現」の一種とされ「pertain to the speaker's knowledge of other entities and his assessment of their status」(p. 116, 下線は筆者) としており，英語のモダリティ助動詞である *may, should, must* などを例に挙げている (p. 117).[6] これらは，原則的に上記の本章の主観性の定義のとおり話者の発話時のその場の（推量）認識を表す表現になっており，そのことは，例えば英語の *may* は過去形 *might* になっても話者の発話時の推量を表し，後述の日本語の「だろう」は過去形になりえない等の文法現象に示される．後述するラネカー理論の中のもう1つの主観性と区別して，本章ではこれらを「認識者主観性」の表現とする．

　これらのモダリティ表現は，一般言語学的にも話者の主観的な態度を表す表現としてトローゴット理論での位置づけと同様に主観性表現とすることには問題がない．では，ラネカーの理論が主体性の理論であるとすれば，ラネカーはどういう意味でモダリティー表現を主体性に関わるものとして取り上げているのだろうか．実際ラネカーは，認識表現を「radical subjectivity（極度の主体性）」(p. 116) を持つものとしている．この表現の表す捉えの（極度の）subjectivity を何故「主体性」と訳してよいのかを，これもラネカー自身の説明から考えておこう．

　ラネカーの subjectivity 理論で主体性が極度（に高い）ということは，上記図1に引用した視点構図 (a) と (b) でいうと，話者の位置づけが (a) の図の S（概念化主体）的であり，(b) の図の S（概念化客体）的な性質を持たないということである．概念化の客体にならないというのは，モダリティ表現

---

[6] ラネカーの「認識表現」の指示範囲は広く，他に，時制表現（*-ed*），指示詞（*this*），相対数量詞（*all, most, some*）などをも含む．同じく命題事象を客体とする認識表現であるが，モダリティ表現と時制表現では，話者の（発話時発話の場での）推量認識を指示対象とする前者の方が本章での主観的な（捉えを表す）表現となる．ラネカーによる両者の扱いについては，中村（本書第1章）を参照されたい．

の場合には言い換えれば命題内容の中身に入らないということである．これは，日本語のモダリティ表現の1つ「だろう」を例に，ラネカーの指摘する次の3点の文法的特質を持つことで説明できる．「だろう」は

  i) 直前に名詞や動詞等の終止形式を伴わずそれだけでは述部を構成しない（p. 117）：
  「明日は*（晴れる）だろう.」
  ii) 直示形式としてその参照点（この場合は「だろう」という判断をする主体）は常に話者となる（p. 117）
  iii) 「だろう」の判断主体は，非明示でなければならない（p. 118）：
  「（*私は）明日晴れるだろう.」

これら3点は全て，「だろう」の判断主体も判断行為そのものも命題内容に入らない，よって概念化の客体にはなりえないということを示しているのである．（この点については後述の主観性の言語慣習化（文法化）も参照．）

このようにモダリティ表現は，それが命題内容に対する話者の主観的判断を表すという意味で本章の「（認識者）主観性」を表す表現であるが，ラネカーの認識表現（epistemic predications）の1つとして，その表現形式の表す捉えにおいて（話者である）概念化者が極度に主体的であるという意味でラネカー理論上も「subjective（主体的）」となる．つまり主観性の議論にもラネカーの主体性の議論にも馴染むものというわけである．

3.2. ラネカーの視点現象に関わる「subjectification（主体化）」の2分類

ラネカーのsubjectivity理論の中に見られる主観性現象のうち，前節ではトローゴットの主観性の議論と重なるところが，特にモダリティ表現——命題に対する話者の主観的判断を表す形式——において見られることを論じた．対照的に，トローゴットと被らないラネカー独自の主観性現象（ラネカー自身にとっては「主体性」現象の一部）と言えるものもある．それは，命題内容の中身に対する（概念化者としての）話者の関わりの部分である．つまり，視点構図に基づくラネカーのsubjectivityの理論は，命題内容の中身に対する概念化者の関わり——視点現象——も扱うが，その視点現象の一部は，その概念化者が話者として事態に参与する「主観性」現象でもあり得るということである．

ラネカーの subjectivity 理論で統一的に「主体性」の現象として扱われるもののうち，本項で扱う主観性現象でもある部分とそうでない部分の区別（上図3も参照）は，ラネカーが Langacker (1990) で自身の subjectivity を2種類の subjectification の局面に分けた区別に対応している．その2種類のどちらが主観性に関わる部分に対応するかという議論は次項に回し，本項ではまずラネカーの「subjectification」が2種のそれぞれにおいて（「主観化」ではなく）「主体化」の意味で使われていることを確認する．

ラネカーの2種類の subjectification はそれぞれ以下の (2) と (3) に引用する例に示される（Langacker (1990: 17, 20)）:[7]

(2) a. Vanessa jumped across the table.
　　b. Vanessa is sitting across the table from Veronika.
(3) a. Vanessa is sitting across the table from me.
　　b. Vanessa is sitting across the table.

---

[7] 本節のラネカーの subjectification の2分類はラネカー自身 (1990) によるものであるが，Langacker (1991) では，それとは別の2分類を subjectification の type 1 と type 2 として導入している．混同のないよう注意されたい．対応関係は，1991年のものから遡って，それぞれ subjectification を経た後の概念構造の図で見ると以下になる．(subjective motion (1990で第1種，1991で Type 2) 他は省略．文法化については後述．)

1991	1990	1985	本章	
Type 1	第1種 (2a → 2b)	non-deictic	主体性のみの問題	客体の希薄化（文法化に関与）
	第2種 (3a → 3b)	deictic	主体性・主観性の問題	体験者主観性（主観性の2レベル間の転換）
Type 2	modals	epistemic predication	主体性・主観性の問題	認識者主観性（文法化に関与）

ラネカーの subjectivity/subjectification の論考を追って行くと，(1985) と (1990) では明確に区別されていた2分類が，1991以降 (1999: 299, 2006: 22-23 など) 捨象されており，具体的には subjectification が (2a) から (3b) への直接変化として説明されている．この点は，濱田（本書第4章）論文についてその執筆者濱田英人氏と会話する中でより明確になった．氏に感謝する．

上記の4文は，全て主語としての *Vanessa* と経路表現としての *across the table* を共通して持つことに注意したい．*Vanessa* に関する異なる事象・異なる捉えを表す4文が英語では共通して *across* という語で表現される言語現象を，ラネカーはそれぞれ (a) から (b) への *across* の用法の subjectification という変化や拡張として説明しているわけである．

3.2.1. ラネカーの第1種の subjectification における「主体性」レベルの差

ラネカーの subjectivity を「主体性」と解釈すれば，ラネカーの主張では (2) と (3) の2対の例文はどちらも (a) から (b) への subjectification の例であるため，それぞれ (a) 文より (b) 文のほうがより主体的（な捉えを表す文）であるということになる．第1種の subjectification の例文 (2) のほうはそれを理解するのが容易であろう．(2a) では，テーブルをはさんで一方から他方への *Vanessa* の物理的移動を表し，それに伴い概念化主体の視点が移動する．それに対して (2b) では，物理的移動はなく *Vanessa* の位置を特定するのに参照点である *Veronika* からテーブルをはさんでその向かい側まで移動するのは概念化主体の視点のみである．この両文の概念構造をラネカー自身が図に表したものを以下に引用する（図で，tr は主語の *Vanessa*，lm は *across* の目的語としての *the table*，R は参照点としての *Veronika*，t は物理的移動の時間軸であり，G はこの場合概念化主体と考えて良い）．

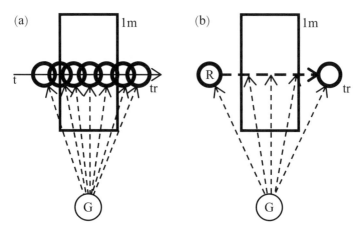

図4 ラネカーの第1種の subjectification の例
(Langacker (1990: 18) より)

つまり，(a), (b) とも同じ *across the table* で表すテーブルの一方から他方への移動があり，前者では *Vanessa* という概念化の客体の（物理的な）移動を意味するのに対して，後者では客体の移動がなく概念化者の視点の移動のみを意味しているのである．よって，(a) より (b) のほうがより「（概念化の）主体的」である．また，(a) と (b) のうち (a) の物理的移動のほうが b の視点の移動より基本的であると考えその a から b への拡張や変化の方向性があるとして，それを「subjectification」（主体化）と呼ぶわけである．ラネカーの言葉でいうと「概念化の客体としての参与者の側の空間移動が概念化者の側の主体的な移動（心的走査 (mental scanning)）におき換わっている」(p. 19) となる．[8]

ラネカーのこの第一種の「主体化」についてはその図に関連して2点ここ

---

[8] ただ，(a) にも物理的な客体の移動に伴う概念化者の視点移動があるという立場に立てば，(a) から (b) への概念化者の主体的な部分（視点の移動）は変わらず，(a) の持つ物理的な移動という客体的な面だけが (b) で消失しているということになり，より正確には「脱客体化」(de-objectification) と呼ぶべきだと考えられる．同様の指摘が森 (1998) にもある．森はラネカー自身も1996年の発表 (Langacker (1998) として出版) でそう修正したとしており，事実 Langacker (2006: 21) にも Langacker (1998) の時点で，意味の「希薄化 (bleeching)」としたほうがよいと考えたとある．

第 2 章　ラネカーの subjectivity 理論における「主体性」と「主観性」　67

で補足しておこう．まず 1 点は，上の図 4 の中ではラネカーは（発話者を表す）G を使っているが，それは話者に限定されるものではないということである．つまり（概念化者を表す）C でもよい．このことは，図の G が発話の場の話者でなくても，例えば話者からテーブルを挟んで反対側にいる人など（もちろん参与者の *Vanessa* と *Veronika* を除いて）他のどの認知主体であっても，（同じ「見え」を表す）同じ表現が可能であり，同じ図が描かれることに示される．もう 1 点は，この図が誰の視座から捉えられたものなのかについてであるが，それは概念化者が図に描かれているため概念化者をも外から見ている視座ということになる．本章では言語分析者の視座としておこう．

3.2.2.　ラネカーの第 2 種の subjectification における「主体性」レベルの差

　(3) に引用した，ラネカーの第 2 種の subjectification に関して，ラネカーは (2) に示した subjectification に「その程度を高めるもう 1 つのタイプの subjectification」(p. 20) とし「further subjectification」(p. 21) と呼んで区別している．第 1 種の (2) の例と同様，(3) の subjectification も「主体化」の例だとするラネカーの論点を確認しておこう．

　(3) の一対の文について注目すべきは，(2) の一対とは異なり (3) の 2 文が，客観的には同一の 2 者（*Vanessa* と話者）の位置関係を表す 2 つの表現であるということである．そのため，まず 2 表現がどういう状況で使用されるのかを知っておく必要がある．ラネカーは，(3b) の話者非明示の文は，会議室に入って自分の席を見つけて着席し目を上げると目の前に *Vanessa* が座っていたというような状況で使用され，(3a) の話者明示の文は，その 2 者の位置関係を第三者に説明しているような状況で使用されるとしている．

　(3) の 2 文の表す概念内容をそれぞれラネカー自身 (1990) の図によって示したものが次の図 5 である．

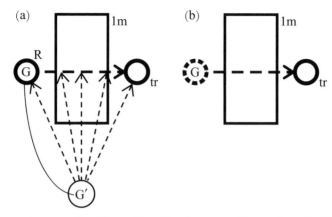

図 5 ラネカーの第 2 種の subjectification の例（Langacker (1990: 18) より一部修正）

　(3a) の概念図である図 5a では，(2b) *Vanessa is sitting across the table from Veronika* を表す図 4b と共通して，tr は主語の *Vanessa*，lm は *across* の目的語としてのテーブル，G は概念化の主体としての話者である．(2b)／図 4b と異なる点としては，(3a)／図 5a では参照点 R が第三者の *Veronika* ではなく話者（G）自身であり，その話者自身を対象として他者の視座から観る話者の分身（G'）がそこにあり，その話者とその分身が同一であることを示す線で結ばれていることである．

　対照的に，(3b) の概念図である図 5b では，テーブルを挟んで向かい側に *Vanessa* を観る（概念化主体である）話者（G）が視座であるテーブルの手前に存在するだけで，話者自身を対象として観る他者は存在しない．その G を表す円が実線ではなく点線になっているのは，話者自体が (3b) に表現されておらず，「ある程度の主体性」（p. 21）を持つからと説明されている．[9]

---

　[9] (3b) が表す捉えは (2) や (3a) のものと本質的に異なる．ラネカーの図 5b が示すように，事態の外に認知主体がいないからである．(3b) は，言わば他者（聞き手）を意識して他者の視座からの概念化がしやすいよう整えることなく発せられたものである．
　また，図 5b で注意しなければならないのは，この図は他の図と同じく分析者の視座から描かれた図ではあるが，他とは異なり，分析者の視座からは本来見えないもの，つまり話者の視点が同時に描かれ（ることが意図され）ていることである．G のまわりの点線がそうである．これは，客観的には（分析者の「見え」には）存在する話者を，その話者の「見え」

以上の説明から，なぜラネカー的には (3a) と比べて (3b) が「主体性」のレベルが高いということになるのかが明らかであろう．(3a) では話者は（現実には概念化の主体でありながら）表現が他者の視座からの捉えを表すためその他者の概念化の客体となっている，つまりその客体性を有する．それに対して，(3b) では話者は概念化の主体であり，唯一その視座からの捉えを表しているため，他者の概念化の客体ではない，つまり (3a) の話者にある捉えの客体性を全く有さない．よって，(3b) のほうが主体的である．さらに，両者のうち (3a) を基本としそこから (3b) への拡張があると考えるラネカーは，(3a) から (3b) への転換を「主体化」とするのである．[10]

以上が，(3) の例がラネカー理論において (2) の例とともに「主体性」の問題であることの説明である．ここで確認しておきたいのは，ラネカーの subjectivity/subjectification の理論は，最初から最後まで「主体性」「主体化」の理論として筋が通っているということである．つまり，その定義と議論の展開において，ラネカー自身「主体性」の理論として全くぶれていないのである．しかしながら，それが日本語で「主観性」と訳されることが多いのは，ラネカーの「主体性」の問題であるこの第2種の subjectification が同時に「主観性」の問題で<u>も</u>あるからというのが本章の主張である．その点を次に見ていこう．

には話者自身が存在しないことと同時に表そうとしたものである．ラネカーが後に Langacker (2008: 468) で，同種の話者非明示の表現の概念構造の図に objective content という概念を導入したのも，この「客観的には存在する話者」を描こうとした試みと理解することができる．

　ラネカーの subjectivity の議論のうち，池上 (2003: 34) や野村 (2011) がそれぞれ「説明の仕方がこの点で曖昧になっている」や「ラネカーの迷走」と評した部分は，この図に関してであることに注目したい．この点のラネカーの図示の変遷については町田（本書第5章）も参照されたい．

[10] (3a) の表す捉えには主体性が全くないのではないかとの指摘は中村芳久氏（個人間話）による．氏に感謝する．この指摘に基づくと，ラネカーの第2種の「主体化」は，(3a) から (3b) へと客体性が主体性に置き換わるものであるため，(2a) から (2b) へと主体性はそのままで客体性が消失する（「脱客体化」と呼ぶべき）第1種の「主体化」とは異なるものということになり，同じラネカーの「主体化」であっても両者が大きく異なるとする本章の論点を強めることになる．

3.3. ラネカーの視点現象に関わる subjectification 理論の中の主観性

ラネカーの 2 種類の subjectification を表す例をここに再掲する．

(2) a. Vanessa jumped across the table.
　　b. Vanessa is sitting across the table from Veronika.
(3) a. Vanessa is sitting across the table from me.
　　b. Vanessa is sitting across the table.

上記 (2) と (3) の文は，それぞれラネカーの第 1 種と第 2 種の主体性レベルの差を表すペアであるが，この 2 つのペアは次の 2 つの点で大きく異なっている．まず第 1 の点は，(2) のペアは述部動詞が異なることから明らかなように，全く異なる 2 つの事象を表現した 2 文であるのに対して，(3) のペアは前述したように全く同一の事象を表す 2 文となっているということである（上原 (2010), 本多（本書第 3 章）も参照）．より具体的には以下の表 2 の通り：

表 2　例文に見るラネカーの「主体性」2 種間の相違点

	(2) —第 1 種		(3) —第 2 種	
	述部動詞	参与者	述部動詞	参与者
a	*jump*	*Vanessa*	*be-sitting*	*Vanessa* + 話者
b	*be-sitting*	*Vanessa + Veronika*	*be-sitting*	*Vanessa* + 話者

つまり (3) の（第 2 種の subjectification の）2 文は，ラネカーの言葉を借りると「全く同一の空間上の配置を表す」(p. 20) 2 つの表現であるため，その (a) と (b) の意味の違いは概念化者である話者の捉えの違いということになる．

　ラネカーの subjectification の 2 種間のもう 1 つの違いは，その表現の表す事象に話者が参与しているかどうかである．(2a) は *Vanessa* の動作を表し (2b) は *Vanessa* と *Veronika* の位置関係を表すなど，(2) はどちらも話者の参与する事象を表すものではない．自身の参与しない事象を表現／概念化の客体として捉えたものと言える．(3) は対照的に，前段で述べたように

第 2 章　ラネカーの subjectivity 理論における「主体性」と「主観性」　　71

(a) と (b) は同一の事象を表し，その事象に話者が物理的に参与している．そして，表現の表す事象へのこの話者の参与者としての関わりが，(2) のペアとは異なり，(3) のペアが主体性だけでなく主観性の現象でもあることにつながっているのである．[11] (3) は話者が体験者として参与する事態の (2 つの) 捉えを表すため主観性の問題となる．よってこの種の主観性を「体験者主観性」と呼ぶことにする．

　ラネカーは (2) と (3) に示される言語現象をともに「主体性」の (下位分類の) 現象として扱っていながらも，(3) のほうの主体性現象がこの話者の (文の表す事態への) 参与によって特徴づけられること——つまり本章でいう「主観性」の現象として (2) の現象とは異なるものであること——は彼自身認識している．それは，(3) の主体性現象に対してのみ「直示 (deixis) 表現」として言及していることに明らかである．[12] ラネカーは直示表現を「発話の場やその要素をその表現内に含むもの」(Langacker (1985: 113)) と定義し，

---

[11] Langacker (1990) では，後に Matsumoto (1996) 他が日本語でも見られるとした種類の subjective motion の表現の 2 分類にも，自身の 2 種の subjectification に関係付けて言及している．第 1 種に関係するのが以下の (i) の (b) の類であり，第 1 種と第 2 種の「合成」(p. 21) に対応するのが (ii) の (b) の類である．
　(i) a.　The hiker climbed up the hill. (ハイカーはその丘を上った．)
　　　　　　　　　　　　　　　　　　　　　　　　　(Langacker (1990: 19))
　　　b.　The new highway climbs from the valley floor to the senator's mountain lodge. (その新しい高速道路は谷底からその上院議員の山荘のところまで上っている．)
　(ii) a.　She drove through the tunnel. (彼女は車でそのトンネルを通り抜けた．) (同上: 21)
　　　b.　The guardhouse is through the tunnel. (衛兵所はそのトンネルを通り抜けたところにある．)
(i) の例において，主語の指示物が「空間の経路に沿って移動する」(a) に対して，(b) では「表現のもたらす"動き"は，走査によって心的経路を辿る概念化主体による主体的移動にのみ帰すことができる」(p. 19) とし，第 1 種 (本章 (2)) の例との違いを認めながら同じ種類の subjectification (主体化) としている．また (ii) では，「参照点が主体的に捉えられた発話の場となる」(p. 21) としている．
　本章の分類に従えば，どちらの subjective motion も「主体的移動」と訳してよいが，後者の (ii) には「主観的移動」という訳も与えてよいことになる．他の「主観的移動」として町田 (本書第 5 章) も参照されたい．
[12] むしろ，ラネカーは本章で扱う「主観性」とそれ以外の言語現象に通底する原理を「主体性」の理論として構築したと言えよう．

(3a) とともに (3b) のような話者非明示の across の用例も「直示 (deictic)」(p. 115, p. 141) としている．

同じラネカーの「主体性」の問題でありながらも，本章での「主観性」の問題でもある (3) の表現とは異なり，(2) は「主体性」だけの問題であり「主観性」の問題ではない．(2) の表現に関しては，ラネカー自身「非直示 (non-deictic)」(同上) と表現しており，実際，命題の表す事象に話者が参与していない．

3.4. 体験者主観性に関わる 2 つの捉え

ラネカーの subjectivity 理論の視点現象のうち主観性にも関わる (3) に限定して話を進めよう．この体験者主観性に関わる表現に，客観的には同一の位置関係を表す上で (3a) と (3b) の 2 つあるということを見た．客観的には同一の（話者の参与する）事象に対する 2 つの表現であるため，両者は事態体験者としての話者の 2 つの「捉え」を表し，この 2 表現はラネカーの主体性の 2 つの捉えを表すと同時に本章の主観性の 2 つの捉えも表すことになる．よって本章では (3) の一対の表現を他と区別して「主観性の最小対 (minimal pair)」と呼ぶ．その両表現の形式上の差は一人称代名詞の明示／非明示である．

主観性の最小対であるから，2 表現のうちどちらが主観的な（捉えを表す）表現であるかを明らかにする必要があるが，本章では，ラネカーが話者の「主体的」な捉えを表すとする話者非明示の (b) の方が「主観的」であり，より「客体的」な捉えを表す話者明示の (a) の方がそれに比して「客観的」とすることになる．ラネカーの subjectivity 理論のうち第 2 種の subjectification 現象に限り，本章の「体験者主観性」を表すものと整理することによって，ラネカー理論と池上 (2003, 2004) の「把握の主観性」および中村 (2003, 2004) の「認知のモード」との関わりが明らかになる．前者は，話者非明示の (b) をまさに「主観的把握」，話者明示の (a) を「客観的把握」の例としており，後者では (b) の方が体験者の状況密着型の「I モード」的，(a) が状況の外に身を置く型の「D モード」で捉えられたものと考えることができる．[13]（後者の 2 つの認知のモードの図 (中村 (2004: 36-37)，中村 (本書

---

[13] 池上 (2003, 2004) の「把握」は，「事態把握」という言葉が使われるように，概念化の

第 2 章　ラネカーの subjectivity 理論における「主体性」と「主観性」　　73

第 1 章））がラネカーの図 5 に近似している点にも注目.）
　この 2 つの表現の（表す捉えの）主観性の差を表すものとして，筆者は以下図 6 に示すような図を用いてきた．ラネカーの図とは異なり，この図は話者の視座で捉えられる見えを表したものであることに注意されたい．意味を捉えとする認知言語学の考え方に基づけばこれらの図は，この 2 表現それぞれの意味（を表したもの）と言ってもよいであろう．

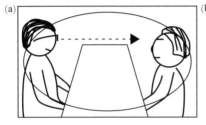 

Vanessa is sitting across the table from me!　　Vanessa is sitting across the table!

図 6　(3a) (3b) それぞれの表現の表す見え (Uehara (1998b, 2006a) より)

　図 6 について 2 点補足しておこう．まず，これらが話者にとっての見え／意味を「表す」という証拠はラネカー自身の以下のような議論の中に見出すことができる．ラネカーは，(3b) のような表現に関して，「portrays the situation as seen 'through the eyes of' the speaker」(1985: 141) や「the speaker is describing what he actually sees」(1985: 138) と特徴づけており，よって，(3a) には典型的な，その 2 者の位置関係を第三者が写真に撮りその写真を見ながら話者が話しているような次の (4) のような状況では，(3b) の表現は非文となると説明している (Langacker (1990: 20) より引用)．他者の観る話者の姿が，(4) の後に続く表現の意味には必要である．

客体としての事態のほうに焦点を当てた特徴づけになっていることに注意されたい．ラネカー理論にも近似の観点は見られる：the degree of subjectivity or objectivity with which the conceptualizer construes a particular entity or situation (Langacker (1990: 6))．
　中村 (2004)，中村 (本書第 1 章) は英語を D モード型言語とし，(3b) も D モードでの捉えを表すものとしている．同じ英語の表現でありながら本章で (3b) の方を僅かなりとも I モード的にぶれた捉えを表すものと特徴づけることは，筆者の私見であることを断っておく．

(4) Look! My picture's in the paper!
    a. And Vanessa is sitting across the table from me!
    b. ?And Vanessa is sitting across the table!

　補足のもう1点は，この話者にとっての見え＝捉えこそその表現の意味であるとすれば，ラネカー（1985: 126）の主張する，意味とその表現の間の類像性（iconicity）の原理——意味上の話者の有無がその表現上の話者の明示・非明示と対応する——が図6には明確に示されるということである．(a) では，概念化者としての話者にとっての見え（意味）に話者自身が存在するためそれが明示の表現という形に現れ，(b) では，その意味の中に話者が存在しないため表現としてもゼロ／非明示の表現になっている．

4. ラネカーの subjectivity と subjectification の通言語性と通時性

4.1. ラネカーの第2種の subjectification ［(3a)⇒(3b)］について

　ラネカーの2種類の subjectification のうち，第1種の言語現象における (2a) から (2b) への方向性については「－化（-fication）」として通言語的・通時的変化（文法化の一種）と位置づけることが可能であることは上に述べた．物理的な移動から非物理的・抽象的な移動への拡張であり，言語を越えて同じ方向の多義化・通時的意味変化が見られても不思議ではない．では，第2種のものについても，(a) と (b) の関係を（第1種と同じように (a) より (b) の方がそれらの表現の表す捉えの主体性・主観性のレベルが高いとは言え）通時的に (3a) から (3b) の方向へと変化するものと考えて良いであろうか．また第2種が主観性にも関わる言語現象であることから，「主観化」とも読みかえてトローゴット他の主張するそれと同等のものと考えて良いであろうか．本章では，そのどちらの問いにも否定で答える，つまりラネカーの第2種の subjectification に関わる言語現象に関しては，主体性・主観性のどちらであれ「－化」は通時的・通言語的な変化や拡張の方向性を表すものでないことを主張する．むしろ，ラネカーが「－化」の基準とする言語のモデルには，(3a) の表す（objective な）捉えを基調とするタイプの（英語を含む）言語が想定されていること，そして「－化」は，そのタイプの言語における基調からの一時的な逸れという，表現（捉え）のバリエーションの方向

第 2 章　ラネカーの subjectivity 理論における「主体性」と「主観性」　　75

性を指すものであることを示す．論拠を以下に挙げる．

　まず，2 つの捉えの間の関係性である．ラネカー自身の議論の中に見出せるものとして，事態に参与する体験者兼話者の発話としての話者明示型 (3a) と非明示型 (3b) の表す捉えのうち，(3a) は (3b) における話者が転移 (displacement) したものと特徴づけられている点がある (Langacker (1985: 143))．つまり，ラネカー自身，(3b) から (3a) への方向性を displacement として (3a) の方が (3b) からの拡張であるとしているのである．このことは，本章で (3a), (3b) 両者の違いが関連するとしている中村 (2003, 2004) の認知主体の認知のモードの違いでも言える．本章では上述のように (3b) が中村の I モード的，(3a) が D モード的としているが，中村は，その I モードを主体が客体とのインタラクションを通して認識を行う状況密着型のモードとし，対照的に D モードの特徴を「認知主体がインタラクティブな認知のドメインから外に出て，あたかも外から客観的に眺めるような視点をとる過程にある．この過程を de-subjectification（脱主体化）と呼ぼう」(中村 (2003: 83)) としている．つまり，(3b) の，認知主体にとっての認知の場（本章での体験者としての話者の発話の場：図 6b）の捉えがまず存在し，(3a)（図 6a）はそこからの de-subjectification という過程を経た拡張であるということになる．

　もう 1 つの点は，認知主体明示型表現の (3a) と非明示型表現の (3b) のどちらが基本となるかについては，言語による異なりが見られるということである．両者の主観性に関する捉えの違いということで，池上 (2003)，中村 (2003) のそれぞれ把握と認知のモードの違いに対応することを上述したが，それらをはじめ，より限定的な表現類の対応関係の分析に至るまで，日英語対照の観点から (3a) の明示型が英語に典型的で，(3b) の非明示型が日本語に典型的であることを指摘する研究は多い．[14]

　より具体的な表現類の両言語間の対応関係を本多 (2005) から引用して表 3 に示す．

---

[14] 日英語の一人称代名詞の明示非明示の対応関係の研究として他に以下のようなものが挙げられる．

表3　日本語と英語の好まれる表現構造（本多 (2005: 151) より）

日本語的	英語的
状況中心	人間中心
人間の一部	人間の全体
存在表現	所有表現
なる的	する的
推移表現	移動表現
自動詞構文	他動詞構文
存在表現	知覚表現
状況表現	知覚表現
状況表現	所有表現
ゼロ形／場所表現	一人称代名詞

本多による2言語間の表現の対応関係をまとめると，日本語は「話し手を音形のある名詞句で明示しない傾向」(同上：120) があり，英語は「一人称代名詞ないしは話し手を含めた一般人称の you を使用する傾向」(同上) があるということになる．

本項の議論をまとめると，本章で（体験者）主観性に関わるとしたラネカーの第2種の subjectification の現象に関して，概念化主体である話者の

	本多 (2005)	早瀬 (2007)	町田 (本書)	Uehara (1998a)
話者非明示：日本語	状況没入型	内の視点	事態内視点	Subjective view
一人称代名詞：英語	状況非没入型	外の視点	事態外視点	God's eye view

もちろん，上表に挙げた諸研究の対となる概念は全ての研究者の間で同じ概念を指すものではない．ここでは，それぞれの概念の話者非明示のほうの傾向を示すのが日本語であり，一人称代名詞使用のほうの傾向を示すのが英語である点で共通していることを表している．

明示と非明示の表現 (3a) と (3b) がそれぞれ客体的・客観的と主体的・主観的な捉えに対応することは認められるが，2 つの捉え／表現のどちらが基本でありどちらが非基本的・拡張になるかは，言語によって異なるということである．よって，ラネカーが subjectification としたこの話者明示型表現から非明示型表現への「拡張」は，明示型が好まれる表現／捉えである英語を典型とした言語について言えることであり，通言語的な歴史的変化の方向に該当するものではない．[15] むしろ，話者が「発話の時点」で，その場の状況に「没入する」／その場の状況に没入した主体的かつ主観的な捉えを（無意識的にも）「選択する」ことに外ならない．（上記本多 (2005) の「状況没入」および森 (1998) の「主体の没入」も参照されたい．）つまり，ラネカーのこの第 2 種の subjectification は，英語のような話者明示型を基調とする言語において，特定の効果・ニュアンス（臨場感や没入感など）を持つ表現（文学などで意図的に使用される場合の表現技巧："rhetorical devices" (Langacker (1985: 126)) の一種と考えられる（早瀬 (2007) の「外の視点」表現中心の英語における日本語的な「内の視点」表現もこれに当たる）．次のラネカー自身による（話者）非明示表現の特徴づけがそれを示している：As a literary device, the subjectifying impact of implicit reference can be exploited even for third-person expressions (Langacker (1985: 140))．

　誤解を招かぬよう 2 点補足する．前段では，ラネカーの第 2 種の subjectification を本章で「話者が状況没入の捉えを選択する」という概念操作であると位置づけ，同時に，彼がこれに「-fication」（-化）の言葉を用いた理由を理解する上で，彼は objective な捉えを基調とする言語（英語等）を想定しているためその基調からの一時的な逸れとしての subjective な捉えの選択を subjectification と位置づけたと説明した．しかし当然ながら，i) この「状況没入の選択」は，元々 subjective な捉えの傾向の強い言語（日本語等）においても，そのミクロなレベルでの「ジャンル」や「モード」の基本として objective な捉えがあり，そこからの一時的な逸れとして subjective な捉え

---

[15] ラネカーが (3a) から (3b) へと拡張があるとした理由と思われるもう 1 つの点は，*across* の意味が，(3a) から (3b) において非直示から直示になっていると主張していることである (Langacker (1985: 115))．これについては，Uehara (2012) は，(3b) の文の持つ直示の意味は *across* を含む構文の意味であり，単語 *across* の語彙的意味（例：*come*）ではないと議論している．

に移行する場合もその例となる（その場合にも，そのミクロなレベルでのsubjectification の起りやすさはマクロなレベルでの「言語」としての捉えの傾向に影響されると考えられる）．また，ii) その「状況没入の選択」が概念操作 (conceptual operations: Langacker (1998: 88)) であることを考えれば，認知主体がそれを言語として表現せずとも，つまり認知のレベルだけでも起こり得るわけである．この i), ii) の例として深田（本書第 10 章）の「お話への入り込み」を参照されたい．

4.2. ラネカーの subjectification のうち通時性を有するもの

前節で，ラネカーが話者の明示表現から非明示表現への変換という [(3a) => (3b)] を例に示した第 2 種の subjectification は，話者の客観的な捉えに対して，話者の状況没入型である主観的（より I モード的）な捉えの選択であり，通時的・通言語的な意味での「主観化」ではないことを述べた．この種（(3b) の表現の表す捉え）の主観性は，上述 (3.3) のように「体験者主観性」である．それに対して，本章 (3.1) でトローゴットと重なる「認識者主観性」に関わる捉えを表す表現，すなわち認識表現について述べたが，その認識表現を結果段階とする変化過程を指す種類の subjectification もある．同じラネカーの subjectification でもこの認識表現を生み出す変化過程は，典型的な（通時的・通言語的変化を指す）「主観化」である．以下の引用に見られるところである．

> Having examined the nature of subjectivity and established its linguistic significance, let us now explore it from the diachronic standpoint. My central claim is that subjectification represents a common type of semantic change, and that it often figures in the process of grammaticization, ...
> (Langacker (1990: 15-16))

この種の通時的変化としての subjectification については，紙幅の関係から，上記引用論文よりラネカーの挙げた英語の助動詞の歴史的変化についての記述と例文 (pp. 25-29) の一部を以下 (5) に引用するにとどめる．(5) ではmay が，(a) に示した古英語以前の，主語名詞（客体）の属性を意味した本動詞から，人称変化を失い，事態の将来の生起可能性に関する認知主体の判断を表すようになり，(b) では発話時の事態についての認知主体である話者の

推測を表す表現へと変化していることがわかる．

(5) a. *may* の語源：本動詞で「(主語名詞に) 何かをする力や身体能力がある」の意
(cf. 人称変化を持つ独語の助動詞：*ich darf* 'I may', *du darfst* 'you may' 他)
b. *He may be finished by now.* '彼はもう今は終わっているかもしれない．'

本章の論点から重要なことは，ラネカーの subjectification には，(5) や (2) のような通時的な文法化の現象に関わるものと，(3) に代表される通時性には直接関わらない「話者の状況没入」の両方が含まれるということである．両者の違いは以下の表のようにまとめることができる．

表4 ラネカーの subjectification の通時性による2分類

	事象内容	事象参与者	(b) の主観性のタイプ	(a) → (b)
(3)：状況没入の subjectification	(a) と (b) で同じ	話者	体験者主観性 (場の捉えの選択)	捉えの転換 (非通時的)
(5)：文法化の subjectification	(a) 客体の属性 (b) 事象一般	(典型的には) 話者以外	認識者主観性 (認識表現の成立)	客体の希薄化 (通時的)

付言すると，上記のようにラネカーの subjectification を歴史的変化 (文法化) とその場の状況没入に分けることは，言語進化の議論での混乱を避けることにもつながる．中村 (2009) は言語の進化の方向として I モードから D モードへの認知のモードの変化を言語が反映することになると述べ，その現れとして文法化／文法的要素の進化にも言及している．上表の「文法化」とともに「状況没入」(D モード的 (3a) から I モード的 (3b) への捉えの転換) をも歴史的変化としてしまうと，言語進化に逆行していることになるのである．

次節では，この状況没入の方のsubjectivity（-ficationではなく）の議論に絞り，その言語慣習化・語彙化の言語間差異について話を進めて行く．

5. 主観的捉えの語彙化・言語慣習化と言語対照
5.1. 主観的捉えを表す表現のラネカーによる3類型

ラネカーのsubjectivity理論において，概念化主体が話者として概念内容に含まれる場合を本章では主観性の問題であるとしたが，そういった概念内容に話者を含む表現全体をラネカーは「直示表現」と呼んでいる（Langacker (1985: 113))．[16] 直示表現のうち話者が客体化されず非明示となるものを本章では主観的捉えを表す表現としているが，それはラネカー理論のもと次のような文法的特徴を持つ3類に分けることができる．

- A) 構文的直示［非明示の概念主体に話者が想起され明示化でき，三人称も可］
- B) 直示述語［非明示の概念主体に話者が想起され明示化でき，三人称は不可］
- C) 認識表現［非明示の概念主体は話者に限られ明示化不可］

上記3分類は，（ラネカーの直示の定義のもととなる）話者が表現の概念内容に含まれる義務性の度合に基づいており，A) からC) の順でC) が最も義務性が高い．以下に例を見ながら解説する．

　C) の認識表現については3.1項で詳述した．3.1ではその典型的な例としてモダリティ助動詞（(*私は) 太郎が明日大学へ行くだろう．）を挙げ，その文法的特徴として，参照点が話者に限られること（p. 118）と参照点としての話者が非明示でなければならないこと（p. 118）などを示した．

　A) の，本章で構文的直示と呼ぶ類の表現の特徴は，同じく直示表現でありながら「認識表現のそれと対照的である」（p. 142）．ラネカーは上述の英

---

[16] 一般に言われる「直示」がそのまま主観的な捉えを表す表現とはならないことに注意したい（3.4を参照）．一人称代名詞は直示であるが，(3a) と (3b) の文のうち一人称代名詞のある（話者明示の）(3a) の方が客体的で客観的な捉えを表す表現となっている．
　直示から主観性を考えた研究に澤田淳（2011）がある．参照されたい．

語の *across* や *all around* を使った構文表現（本章例文 (3b)）を例に挙げ，C) の認識表現とは対照的にその直示性が義務的でなく（'optional' (p. 118), 'non-obligatory' (p. 141)），「参照点としての話者の明示化も可能である (*across the table from me*)」(p. 142) と特徴づけている．つまり話者が非明示の時，その表現は典型的には概念化者としての話者の「主体的」な捉えを表し (The conventions of English permit the locus of the speech event to be construed as point of reference in such expressions <u>even in the absence of previous mention.</u> (Langacker (1985: 115)，下線は筆者)），本章の意味で「主観的」である．しかし，その捉えを語彙・形態的に規定するものはなく（'not intrinsic' (p. 134)），参照点の話者を客体化することも話者以外の他者に置き換えることも可能である（本章例文 (2b)）．

　B) の直示述語は，A) の構文的直示と同様，概念化者が明示化可であるという点で C) の認識表現とは異なるが，構文的直示よりは直示の義務性が高い（'more strongly deictic' (p. 115)）．ラネカーは *come*（<u>*Let's come over there.</u>）を例として挙げ，「移動の到着点に発話の場参与者以外の者を置く捉えを表しにくい」(p. 115) と説明している．

　直示述語の典型的な例として日本語の内的状態述語（例：「嬉しい」）が分かりやすい（上原 (2001), Uehara (2006) など）．以下に見られるように人間の発話時の内的状態を表す日本語の「嬉しい」は，その概念化者が非明示で経験者である話者に限られ，その話者は客体化・明示化可である．

　(6)　(*花子は／私は) <u>嬉しい</u>．　(cf. (花子は／私は) <u>優しい</u>．)

実際，上記の例のように「私は」と話者が明示の形で使われるのは談話上他者との対照の時などに限られる (Uehara (1998a))．この表現は，その基本形で典型的には概念化者としての話者の主体的な捉えを表し，本章の意味での主観的な捉えを表す表現として言語慣習化している．

5.2.　主観性の言語慣習化の度合とその言語間差異

　ここで注意しなければならないのは，前項で述べた主観的な捉えを表す表現の 3 類型は（語彙化・構文化を含む）<u>言語慣習化</u>の 3 類型を表すということである．上記 3 種の表現は，いずれも話者非明示の主体的／主観的な捉えを表すが，それらが，どの程度他の（より客体的／客観的な）捉えをも表し

得るように言語慣習化されているかに差がある．すなわち，C) の認識表現は，概念化主体としての話者の推量認識を表すそれ専用の表現，つまり話者が刻み込まれた表現になっているのに対して，A) の構文的直示は対照的に個々の単語・形態素に話者が刻み込まれたものは何もなく，事実その話者を明示・客体化した客観的な捉えにも，話者以外の他者を参照点に置いた話者が不参与の事態を表す表現としても使用可能である．B) の直示述語は，語彙的に話者が刻み込まれている（そのままで3人称の主語が不可）表現であることは上述したが，その話者を明示化し客体化した捉えも可能であるという点で，A) と C) の中間に位置づけられる．

　このように主観的な捉えを表す表現の3類型を考えた上で，本章で言語類型論的に注目したいのが B) の直示述語である．これは Talmy 他が通言語的に考察した語彙化の様相 (lexicalization patterns) の1つとして，同じ概念内容を表す語彙が言語によって直示述語として語彙化するか否かを見ることができるからである．例として上述の内的状態述語のうち思考動詞の語彙化に関して日本語と（同じく代名詞省略型言語である）中国語のそれとを比較してみよう．

　　(7)　日本語：　（私は）明日雨が降ると<u>思う</u>．
　　　　中国語：　我　<u>想</u>　　明天　会　　　下雨．
　　　　　　　　　私　思う　明日　助動詞　雨が降る

上の2文は，どちらも明日の天気が雨であるという発話時の話者の推測を表しており，概念内容としては同じである．ところが，同じ主節の述語としての「思う」と「想」には，言語／文法の面で2つの違いがある．1つは，日本語の「思う」は話者を示す代名詞「私」が省略可で実際非明示で使われることが多いが，中国語の「想」は（同じ代名詞省略型言語であるとされているが）話者を示す代名詞「我」は省略不可，つまり明示されなければならない（*ø <u>想</u>明天会下雨）．それと関連するもう1つの相違点は，「思う」はそのままの形で第三者の「太郎」などをその思考主体とすることはできない（太郎は明日雨が降ると*思う／思っている）が，「想」はそれが可能である（太郎想明天会下雨）．

　この2点は，日本語の思考動詞「思う」が直示述語として語彙化しているのに対して，中国語の思考動詞「想」はそうではない，つまり直示性を持た

ない一般の述語として語彙化していることを示している．言語間で同じ概念内容を表す表現の語順の異なりを調べる言語類型を「語順類型」(動詞後置型など) というが，言語間で同じ概念内容が直示述語として語彙化する度合の差を見ることで「主観性類型」ができると考えられるのである．

5.3. 主観性の語彙化の言語間差異—日本語とタイ語の対照

前項で述べた主観性の語彙化に関する言語類型論的研究は，筆者（上原 (2001, 2011)，Uehara (2006) など）が行っているところであるが，そこでは，日英語だけでなく中国語・韓国語他を取り上げ，移動表現や内的状態表現などに見られる直示述語化の度合が言語によって異なることを示している．それらを参照されたい．本項では，紙幅の制限もあり，本章の論点が明確に現れる日本語とタイ語における内的状態表現だけを例に取り上げることとする．日英語の対照はよく見られるが，日英語では基本的に代名詞省略を許す度合が異なるため（日本語はいわゆる代名詞省略型言語であるが英語はそうではない），ラネカーの理論における「話者の非明示」(いわゆる1人称代名詞の「省略」) の議論をそのまま両言語の対照に持ち込むには無理がある．その点，タイ語は代名詞省略型言語ということでは日本語と同じである．以下では，代名詞が文法的に省略可能な言語における話者の非明示の持つ意味を考え，両言語の文法（形態統語）現象に，主観性の言語慣習化のパターンの差異が見られることを示す．

日タイ語の内的状態述語で明確な違いが指摘できるのは，日本語には見られる人称制限[17]がタイ語には見られないことである．代名詞省略型の言語であることと合わせて考えると，このことは内的述語の主語が非明示であった場合，日本語ではそれが話者であることが確定するがタイ語では話者に限定されず三人称でもあり得るということである．

(8) 日本語： (私は／*彼は) 嬉しい／悲しい．[18]
タイ語： (chǎn/khǎw) dii-cai/sǐa-cai.

---

[17] ここでは一般的な「人称制限」という言葉を使用するが，日本語の内的状態述語は疑問文で2人称主語をとる (上原 (2011)) ため，より正確には「体験者・概念化者一致原則」ともいうべきである．

[18] 他の例文は割愛するが，日タイ語の人称制限の有無の差は感情の表現の外にも欲求

すなわち，タイ語では，主語が非明示であってもそれを一人称と決定するものは述語形式にはなく，先行文脈があって初めて非明示の主語が一人称であるか（三人称であるかも）決定するのである．形態統語上近似の表現形式を日本語に求めると，それは内的状態述語に有標の形式（「のだ」等）を伴った(9)のようなものであることがわかる．

 (9) (私は／彼は) 嬉しいんだ（よ）．

 興味深いのが，タイ語の内的状態述語でも人称制限を示す以下のような場合である．caŋ '本当に' を伴うと，日本語のそれと同じように体験者が一人称に限定される．日本語の場合と同様，基本用法として主観的な捉えを表す表現であると言えよう．[19]

 (10) (chăn/*khăw) dii-cai caŋ. '(私は／*彼は) 本当に嬉しい！'

同じ人称制限を持つ表現であるとしても，(8) の日本語ではそれが語彙的・無標であり他の形態（「のだ」など）を伴って初めて三人称も可能な表現になるのに対して，(10) のタイ語では無標の表現に人称制限がなく他の形態 (caŋ) を伴って初めて一人称専用の表現になるというように，基本とするデフォルトが異なるのである．

 内的状態述語でも，感覚表現になると他の違いも見られる．痛みを表す語彙で，日本語の「痛(い)」は，他者への伝達を目的とした描写モード (11a) でも，独り言を含む詠嘆モード (11b) でも使うことが可能であるが，前者の時に独り言でないことを明確に示すために「よ」等の有標の形式を伴うことさえある．対照的に，タイ語の cèp は，描写モード (11a) でのみ使用が可能で，詠嘆モード (11b) での使用は不自然である．日本語のほうが独話的・モノローグ的（池上（2000））・私的自己中心（廣瀬（本書第 11 章））であり，タイ語はその形式が聞き手を想定した表現になっていることに注目したい．

 (11) a. 新米看護師の下手な注射を受けて痛みを感じ，その看護師に：
    日本語： 痛い（よ）！ タイ語： cèp!

(－たい／欲しい／yàak), 思考 (思う／khít) の表現でも同様である．Uehara (2012) 参照．

[19] caŋ 構文では，同じタイ語の一人称代名詞でも待遇度の高い phŏm は使えず，また，例で明示可能とした一人称代名詞 chăn も会話で通常明示されることが少ない．

第 2 章　ラネカーの subjectivity 理論における「主体性」と「主観性」　　85

b.　1 人で道を歩いていて何かに躓いて倒れ，脚に痛みを感じて：
　　日本語：　痛（い）！　　　　タイ語：　*cèp!

このような両言語の内的状態述語の表す捉えの言語慣習化のパターンの違いを説明するのに，以下のラネカーの解説を引用する．

> suppose I experience an emotion, such as fear, desire, or elation. If I merely undergo that experience non-reflectively, both the emotion and my own role in feeling it are subjectively construed. But to the extent that I reflect on the emotional experience—by analyzing it, by comparing it to other such experiences, or simply by noting that I am undergoing it —the emotion and my role therein receive a more objective construal.
> (Langacker (1990: 8))

すなわち，話者が感情など何らかの内的状態を体験したとき，少なくとも 2 種類のレベルの捉えが可能であり，それらはより主体的／主観的なものとより客体的／客観的なものである．この 2 種類の捉え／認知のモードは基本的に人間に共通して備わったものと言ってよいであろう（中村 (2003) も参照）．しかし，どちらの捉えを表す言語表現が頻用され（好まれる言い回しとされ），さらにはどちらの表現に語彙化・言語慣習化するかは，言語によって異なるわけである．本項のデータを見る限りでは，語彙化のレベルとして日本語は前者に，タイ語は後者に傾きが見られる．

話者の感情を表す日本語とタイ語の表現を主観性のレベルのスケール上に並べると以下の表 5 のようになる．

表 5　主観性のスケールと表現の類型

	subjective ←	→ objective
	話者主体限定	三人称主体可
	主体表出不可　　　　主体表出可	主体表出可
日本語	嬉し（い）	嬉しい のだ
タイ語	*dii-cai caŋ*	*dii-cai*

日本語では感情表現がより主観的な話者主体限定の形式に語彙化し，より客観的な三人称主体可の表現が有標・複合の形で言語慣習化する．対照的に，タイ語では語彙化がより客観的な後者においてなされ，より主観的な表現の方が有標・複合の形で言語慣習化するのである．

同様のデータを他の東アジアの代名詞省略型言語に求めると表6のような言語類型ができる（データ等の詳細は上原（2011）を参照）．[20]

表6　代名詞省略型言語である東アジア4言語の内的状態述語

	内的状態述語	
	日本語・韓国語	タイ語・中国語
人称制限	一人称制限	なし
述語タイプ	直示述語	非直示述語
基本的モード	詠嘆のモード／独話的 Iモード的	描写のモード／対話的 Dモード的
捉え方	主観的／体験者型	客観的／傍観者型

6. おわりに

本章では，ラネカーの subjectivity/subjectification の理論を言語類型論の観点から解釈・検討し，それが「主体性」か「主観性」かの問題を中心に，その日本語学や言語類型論上の意義や示唆を論じた．

参考文献

Athanasiadou, A., C. Canakis and B. Cornillie, eds. (2006) *Subjectification: Various Paths to Subjectivity*, Mouton de Gruyter, Berlin.

---

[20] 表では対照的な2つの類／レベルに分けて示しているが，言語慣習化のパターンに明確なレベル分けがあるわけではなく程度性が見られる．詳細は別稿に譲るが，表の各類の2言語間にも，直示述語の数や一人称代名詞明示の義務性等に差があることに注意されたい．

Breban, T. (2006) "Grammaticalization and Subjectification of the English Adjectives of General Comparison," in Athanasiadou, Canakis and Cornillie (eds.), 241-277.

De Smet, H. and J.-C. Verstraete (2006) "Coming to Terms with Subjectivity," *Cognitive Linguistics* 17(3), 365-392.

深田智・仲本康一郎 (2008)『概念化と意味の世界: 認知意味論のアプローチ』研究社, 東京.

早瀬尚子 (2007)「英語懸垂分詞における「主観的」視点」『ことばと視点』, 河上誓作・谷口一美(編), 77-90, 英宝社, 東京.

本多啓 (2005)『アフォーダンスの認知意味論——生態心理学から見た文法現象』東京大学出版会, 東京.

本多啓 (2011a)「共同注意と間主観性」澤田治美(編), 127-148.

本多啓 (2011b)「Subjectification を三項関係から見直す」『日本英語学会第29回大会 Handbook』

池上嘉彦 (2000)『「日本語論」への招待』講談社, 東京.

池上嘉彦 (2003/2004)「言語における〈主観性〉と〈主観性〉の言語的指標 (1)/(2)」『認知言語学論考』No. 3, 1-49, No. 4, 1-60.

池上嘉彦 (2006)「〈主観的把握〉とは何か——日本語話者における〈好まれる言い回し〉」『言語』35(5), 20-27.

Iwasaki, Shoichi (1993) *Subjectivity in Grammar and Discourse: Theoretical Considerations and a Case Study of Japanese Spoken Discourse*, Benjamins, Amsterdam/Philadelphia.

Kuroda, S.-Y. (1973) "Where Epistemology, Style, and Grammar Meet: A Case Study from Japanese," *A Festschrift for Morris Halle*, ed. by Anderson and Kiparsky, 377-391, Holt, Rinehart and Winston, New York.

Langacker, Ronald W. (1985) "Observations and Speculations on Subjectivity," *Iconicity in Language*, ed. by John Haiman, 109-150, John Benjamins, Amsterdam.

Langacker, Ronald W. (1990) "Subjectification," *Cognitive Linguistics* 1, 5-38.

Langacker, Ronald W. (1991) *Foundations of Cognitive Grammar Vol. II: Descriptive Application*, Stanford University Press, Stanford.

Langacker, Ronald W. (1998) "On Subjectification and Grammaticalization," *Discourse and Cognition: Bridging the Gap*, ed. by Jean-Pierre Koenig, 71-89, CSLI Publications, Stanford.

Langacker, Ronald W. (1999) *Grammar and Conceptualization*, Cognitive Linguistics Research 14, Mouton de Gruyter, Berlin.

Langacker, Ronald W. (2006) "Subjectification, Grammaticization, and Concep-

tual Archetypes," in Athanasiadou, Canakis and Cornillie (eds.), 17-40.
Langacker, Ronald W. (2008) *Cognitive Grammar: A Basic Introduction*, Oxford University Press, Oxford.
Lopez-Couso, M. J. (2010) "Subjectification and Intersubjectification," *Handbooks of Pragmatics, Vol. 8: Historical Pragmatics*, ed. by A. H. Jucker and I. Taavitsainen, 127-163, Mouton de Gruyter, Berlin.
Matsumoto, Yo (1996) "Subjective Motion and English and Japanese Verbs," *Cognitive Linguistics* 7, 124-156.
森雄一(1998)「「主体化」をめぐって」『東京大学国語研究室創設百周年記念国語研究論集』186-198, 汲古書院, 東京.
中村芳久(2003)「言語相対論から認知相対論へ：脱主体化と2つの認知モード」『研究年報』No. 17, 77-93, 日本エドワード・サピア協会.
中村芳久(2004)「主観性の言語学：主観性と文法構造・構文」『認知文法論II』3-51, 大修館書店, 東京.
中村芳久(2009)「認知モードの射程」『「内」と「外」の言語学』, 坪本篤朗・早瀬尚子・和田尚明(編), 353-393, 開拓社, 東京.
Narrog, Heiko (2005) "Modality, Mood, and Change of Modal Meanings: A New Perspective," *Cognitive Linguistics* 16(4).
野村益寛(2011)「認知文法における主観性構図の検討」『日本英語学会第29回大会Handbook』
中右実(2008)「敬語と主観性（下）——現代言語学の主観論を背景に」『言語』37(11), 20-27.
大江三郎(1975)『日英語の比較研究——主観性をめぐって』南雲堂, 東京.
澤田治美(編)(2011)『ひつじ意味論講座5：主観性と主体性』ひつじ書房, 東京.
澤田淳(2011)「日本語のダイクシス表現と視点, 主観性」澤田治美(編), 165-192.
田中茂範・松本曜(1997)『空間と移動の表現』研究社, 東京.
Traugott, E. C. (1989) "On the Rise of Epistemic Meanings in English: An Example of Subjectification in Semantic Change," *Language* 65(1), 31-55.
Traugott, E. C. (2010) "(Inter)subjectivity and (Inter)subjectification: A Reassessment," *Subjectification, Intersubjectification and Grammaticalization*, ed. by K. Davidse, L. Vadelanotte and H. Cuyckens, 29-71, De Gruyter Mouton, Berlin/New York.
Uehara, Satoshi (1998a) "Pronoun Drop and Perspective in Japanese," *Japanese/Korean Linguistics* 7, 275-289.
Uehara, Satoshi (1998b) "Subjective Predicates in Japanese: A Cognitive

Approach," paper presented at the 4th Australian Linguistic Institute Workshop: Cognitive Research Issues for Cognitive Linguistics, University of Queensland, July, 1998. [Published as Uehara (2006a)].

上原聡 (2001)「言語の主観性に関する認知類型論的一考察」『認知言語学会論文集』1, 1-11, 日本認知言語学会.

Uehara, Satoshi (2006a) "Internal State Predicates in Japanese: A Cognitive Approach," *Cognitive Linguistics Investigations across Languages, Fields and Philosophical Boundaries*, ed. June Luchjenbroers, 271-291, John Benjamins, Amsterdam/Philadelphia.

Uehara, Satoshi (2006b) "Toward a Typology of Linguistic Subjectivity: A Cognitive and Cross-linguistic Approach to Grammaticalized Deixis," in Athanasiadou, Canakis and Cornillie (eds.), 75-117.

上原聡 (2010)「Langacker (1985) の subjectivity 理論から通言語学的な主観性の理論へ」日本英文学会中部支部第 62 回大会シンポジウム『ラネカーの視点構図の射程』口頭発表 (2010 年 10 月 17 日, 金沢大学)(『日本英文学会第 83 回大会 Proceedings』2011 年 240-242 頁所収).

上原聡 (2011)「主観性に関する言語の対照と類型」澤田治美(編), 69-91.

Uehara, Satoshi (2012) "The Cognitive Theory of Subjectivity in a Cross-linguistic Perspective: Zero 1st Person Pronouns in English, Thai and Japanese," *Typological Studies on Languages in Thailand and Japan*, ed. by Miyamoto, Ono, Thepkanjana and Uehara, 119-136, Hituzi Syobo, Tokyo.

Wright, Susan (1995) "Subjectivity and Experiential Syntax," *Subjectivity and Subjectivisation: Linguistic Perspectives*, ed. by Stein and Write, 151-172, Cambridge University Press, Cambridge.

第3章

Subjectification を三項関係から見直す*

本多　啓

神戸市外国語大学

キーワード：　主体化，主観化，共同注意，三項関係

1. はじめに

　本章の目標は，Langacker および Traugott の subjectification（主体化／主観化）を共同注意（三項関係）との関係から見直すことである．まず subjectivity/subjectification に関する Langacker と Traugott の議論の中核部分を確認する（第2節／第3節）．次に Langacker の議論を Traugott の立場の研究者はどう見ているか，また Traugott の議論を Langacker の立場から見たらどう見えるか，を検討する（第4.1節／第4.2節）．そして共同注意を準拠枠として両者の議論を位置づける（第5節）．

　以上の議論により，Langacker と Traugott の subjectification と subjectivity の内実を明らかにし，これらを認知科学の文脈に位置づける．

2. Langacker の主体性と主体化

2.1. Langacker (1990) の議論の構成

　主体化（subjectification）についての Langacker の議論を検討するにあ

---

*本章は本多 (2011b) をもとに改訂したものである．内容は一部本多 (2011a) と重なる．また本多 (2012, 2013) とも関連する．発表の段階および原稿の段階でコメントを下さった方々，特に編者の中村芳久，上原聡両先生に謝意を表します．

たって,まずその構成を確認しておきたい.Langacker (1990) において主体化に関わる諸概念は次の順序で提示されている.

(1) a. objective/subjective construal ... 知覚／概念作用
b. Ground ...「話し手」の導入
c. 主体化

すなわち最初に導入されるのが objective construal と subjective construal である.これは知覚 (perception) および概念作用 (conception) のレベルの概念として導入されるものであり,原理的には話し手 (speaker) とは独立しているものである.このことを概念作用の場合について,"Construal Relationship" を記述した Langacker 自身の図にもとづいて確認しておく.

(2)

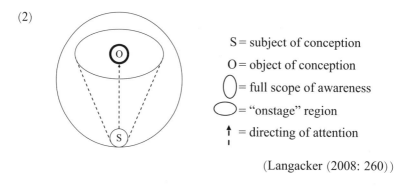

(Langacker (2008: 260))

ここに明示されているように,この「S」は話し手ではなく主体であり,概念作用の主体である.

Objective construal は何かを認識(知覚／概念作用)の客体ないし対象 (object) として捉えるということであり,subjective construal とは認識の主体 (subject) であるということである.このことは,subjectively construe されうるものは認識の主体と認識それ自体(認知過程ないし概念化)であるということでもある.[1]

---

[1] このほかに,対象の個別性が低く輪郭がぼやけていると objectivity が低くなり (Langacker (1990: 28), Langacker (2008: 260-261)),それが subjective な認知プロセスを駆動する事例がある (Langacker (1999: 164)) としているが,本章ではこの点には立ち入らない.

第3章 Subjectification を三項関係から見直す 93

話し手が導入されるのは次の Ground の議論の段階である．言語表現一般の意味構造における話し手の位置づけ（グラウンドと scope of predication の関係）は，1990 年の段階では次のように示されている．

(3)

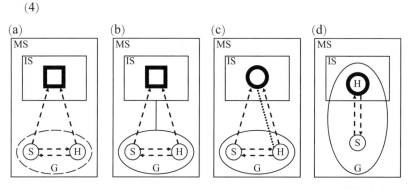

(Langacker (1990: 10))

この図の (3a) ではグラウンドが最大スコープの外側に配置されている．このことは，言語表現の意味構造が実質的に話し手から独立している場合が存在すると Langacker が考えていたことを示している (Langacker (1990: 9))．

この図は 2008 年の段階では次のように精緻化および修正が施されている．

(4)

(Langacker (2008: 261))

この「S」は話し手である．この図ではすべての場合において，グラウンドが最大スコープの内部に配置されている．つまり，あらゆる言語表現の意味構造の中に話し手（および聞き手および両者を含む状況）が位置づけられると考えられている，ということである．[2]

主体化は以上を踏まえたうえで規定される．純粋な概念規定の話としては，主体化は objective construal と subjective construal の関係の変化である．したがってこれは，原理的には（話し手とは別のレベルの）概念化者（conceptualizer; 概念化の主体）のレベルの概念である．しかしながら言語との関連で言うと，グラウンド（あるいは話し手）はつねに概念化者でもある．そこで，主体化に関わる Langacker の議論も事実上はグラウンド（話し手）のレベルの話として展開されることになる．

2.2. 2種類の主体化

Langacker (1990) は主体化の基本型として次の2つを例示している．[3]

(5) 主体化 (I)
   a. The hiker {went/ran/climbed} up the hill.
   b. The new highway {goes/runs/climbs} from the valley floor to the senator's mountain lodge.

(Langacker (1990: 19))

(6) 主体化 (II)
   a. Vanessa is sitting across the table from me.
   b. Vanessa is sitting across the table.

(Langacker (1990: 20))

以下，便宜上，(5) のタイプの主体化を「主体化 (I)」と呼び，(6) のタイプを「主体化 (II)」と呼ぶ．

主体化 (I) については，広く認識されているように Langacker (1990) と Langacker (1998b, 1999) 以降で異なる分析が提示されている．Langacker (1998b, 1999) 以降の定式化では，(5a) には the hiker の移動（objectively

---

[2] この見方は Langacker (2006: 18) ですでに実質的に採用されている．
[3] 本節の内容は本書第2章の上原氏論文とも重なる．あわせて参照されたい．

construe された概念化の対象の移動）とそれを認識するプロセスとしての主体の移動（subjectively construe された移動）がある．つまり (5a) には移動について objective construal と subjective construal の双方が存在する．一方 (5b) には the new highway のあり方を認識するプロセスとしての主体の移動（subjectively construe された移動）があるが，objectively construe された移動は存在しない．

　この場合の主体化とは (5a) から (5b) への移行，すなわち objectively construe された移動（ないし移動に対する objective construal）が弱化・消滅して subjectively construe された移動が顕在化することである．これを筆者の観点から別の言い方で言えば，(5) は異なる事態に対して同一の捉え方をしている例と言える（本多 (2003: 116, 118-121)）．

　主体化 (II) については Langacker (1990: 21) は基準点 (reference point) の主体化の例としている．すなわちもともと objectively construe されて *(from) me* と明示されていた基準点が subjectively construe されるグラウンドと一致するようになるというものである．主体化 (II) を基準点の主体化と見る Langacker のこの見方では，(6a) と (6b) は Langacker (1998b, 1999) の枠組みでは扱えないと思われる．実際このペアは Langacker (1998b, 1999) では直接には言及されていない．

　ここで考えなければならないのは，Langacker が問題にしているのが (7) ではなくて (8)（= (6)）だということである．基準点の主体化を問題にするのであれば，一人称代名詞を含む (8) を例として取り上げるより，*Vanessa* を含む (7) を例とした方が，議論が明確になるはずである．だが Langacker はそうはしていないのである．

(7) a.　Vanessa is sitting across the table from Veronica.
　　b.　Vanessa is sitting across the table.
(8) a.　Vanessa is sitting across the table from me.
　　b.　Vanessa is sitting across the table.　　　　　　　　　（= (6)）

　これはつまり，Langacker の議論で問題になっているのが基準点の概念化というよりは話し手自身の概念化であるということである．このように見直せば，主体化 (II) も主体化 (I) と同様の解釈が可能になる．

　(8a) では話し手自身が概念化の対象となっている．つまり話し手が objectively construe されている．また，この例では同時に概念化の主体としての話し手もいる．この話し手は subjectively construe されている．つまり (8a) には話し手についての objective construal と subjective construal の双方が存在する．一方 (8b) では，話し手は概念化の主体としてのみ機能しており，話し手についての subjective construal があるが，objectively construe された話し手は存在しない．

そしてこの場合の主体化とは (8a) から (8b) への移行，すなわち objectively construe された話し手 (ないし話し手に対する objective construal) が弱化・消滅して subjectively construe された話し手のみが残存することである．

主体化 (II) において objective/subjective construal が問題になるのは，本節および第 2.6 節で述べるように基準点または話し手であって事態ではない．ただこれを事態把握との関連で言えば，(8) は同一の事態に対して異なる捉え方をしている例と言える．

以上から，Langacker (1990) の言う主体化の 2 つの基本型は本章の見方では次のように一般化してまとめることができる．[4]

(9) a. 異なる対象に同じ捉え方を適用して捉えることが，異なる対象に同じ言語表現を適用することが可能になる仕組みの 1 つである．
   (主体化 (I) (5))
   b. 同じ対象に異なる捉え方を適用して捉えることが，同じ対象に異なる言語表現を適用することが可能になる仕組みの 1 つである．
   (主体化 (II) (6) = (8))

2.3. Langacker (2008) における主体化 (I) 概念の拡張

(9a) からはさらなる論点が生じる．これが主体化 (I) の核心にあるとしたら，主体化 (I) はより広範な現象，たとえば文法範疇としての名詞の規定などにも関わってくる可能性があるということである．

認知文法では文法範疇としての名詞は「thing をプロファイルするもの」

---

[4] 本多 (2003: 116, 118-119) は (9a) を多義性の基盤の 1 つとし，主体化をその例に含めている．

と規定される．そしてこの thing には grouping と reification の産物であればあらゆるものが該当する（Langacker (1998a: 19)）．Langacker の言う grouping とは「ある複数の事物を他の事物と区別したうえで相互に関連づけて概念作用の対象とすること」であり，reification は「grouping した事物を 1 つのまとまりとして扱うこと（それによりそのまとまりをより高次な認知操作の対象とするが可能になる）」である（Langacker (1998a: 18)）．ここでは grouping と reification をひとまとめにして便宜的に「まとまり認知」と呼ぶことにする．[5]

認知文法の規定では，名詞が thing をプロファイルするとされていることから，この品詞を一見「何を指示対象とするか」に基づいて規定しているかに見える．しかしながら thing はそれ自体さらに定義されている．そしてその定義は指示対象の事物の性質に基づくものではなく，まとまり認知という認知操作に基づくものである．すなわち，認知文法における名詞は「事物をどのように捉えるか」に基づいて規定されているわけであり，「捉えられた事物がどのようなものであるか」は不問ということになる．それにより，*tree* のような具体物を指すもの，*explosion* などのような出来事を指すもの，*kindness* のような性質を指すもの，*love* のような抽象的なものを指すもの，といった多種多様なものが名詞という文法範疇の成員でありうることが保証されることになる．

そしてここで事例として *tree* と *constellation* を考える．*tree* の指示対象は具体物であり，それ自体でまとまり性を持っていると言える．そして概念化者がこの，それ自体まとまり性を持つ対象を，まとまり認知によって捉えて表現したものが *tree* という名詞である．一方 *constellation* の指示対象は複数の星であり，それ自体はもともとはまとまり性を持たないものである．しかしながら概念化者はこの，それ自体まとまり性を持たない複数の星を，まとまり認知によって捉えて *constellation* と表現するわけである．

このことから，*tree* と *constellation* の関係は (5a) の *go/run/climb* と (5b) の *go/run/climb* との関係に並行していると言える．

---

[5] 名詞のプロファイルとしての thing を grouping と reification の産物とする見方は Langacker (2008) でも踏襲されているが，Langacker (2015a) では reification が削除されて grouping のみが言及されている．

ここから，次の論点が生じる．

(10) *tree* のようなプロトタイプ的な名詞から *constellation* のような名詞への文法範疇としての名詞の拡張は，主体化 (I) の事例と言えるか？

これに関して，Langacker (2006) は「Yes に近い No」とする立場を取っているが，Langacker (2008) の立場は明確に「Yes」である．

Langacker (2006) では主体化 (I) を，当該言語表現が歴史の中で意味・用法の拡張・変化を経ている場合にのみ適用されるものとしている．この立場においては文法範疇としての名詞の構造に主体化が関わっていると考えることはできない．「grouping と reification の産物をプロファイルする」という文法範疇としての名詞という品詞の意味構造が歴史的な変化・拡張を経ているわけではないからである．ただし Langacker (2006) は，*tree* と *constellation* の関係が (5a) の *go/run/climb* と (5b) の *go/run/climb* との関係に並行するという立場を取っているとは考えられる．Langacker (2006) においては主体化を原型的な概念と周辺事例の関係の一種と考えており，名詞の意味構造はそれに該当すると考えているからである（Langacker (2006: 33-34)）．

一方 Langacker (2008) の立場は明確に「Yes」である．Langacker (2008) における主体化の規定は以下のとおりである（訳および下線は本多による）．

(11) a. 直接経験を越える手立ての最後の１つとして，<u>ある種の経験に必然的に内在する心的操作をもともとその操作が関わらない状況に適用する</u>ということがある．これを**主体化**と呼ぶ．これは，<u>ある状況を対象として概念化する際に生じてその認識過程の一部を構成している心的操作が，その状況から独立する</u>ことを指すものである．　　　　　　　　　　　　　　(Langacker (2008: 528))

b. **主体化** (§14.2.1)：　<u>ある種の経験に必然的に内在する心的操作を，その経験の内容を捨象して使用し，他の状況に適用すること．</u>　　　　　　　　　　(Langacker (2008: 537))

c. このプロトタイプとスキーマの関係は明らかに，主体化に他なら

ないものである．それはすなわち，原型的な概念の構築に関わる概念作用に内在する心的操作を，その概念内容を捨象して使用し，他の状況に適用することである．
(Langacker (2008: 539))

そして Langacker は (11c) の例の1つとして名詞の意味構造を挙げている．

(12) 4. 最後に挙げる例として名詞がある．名詞は thing をプロファイルするものだが，この thing は grouping と reification の産物と定義される．この grouping と reification という2つの認知操作は名詞のプロトタイプである具体物の概念化に内在するものである．
(Langacker (2008: 539))

以上から，Langacker (2008) においては主体化 (I) は，文法範疇としての名詞の規定なども含めた広範な現象に適用される概念として位置づけられていると言える．

先に提示した (9a) は，Langacker (1998b, 1999) の主体化 (I) 概念に対する見方としては，Langacker 自身の意図を越えた過剰な一般化を行っていると言える．その意味で本多 (2003) における位置づけは勇み足と言わざるを得ない面がある．しかしながら Langacker (2008) においては Langacker 自身の意図が実質的に (9a) と同じになっていると言うことができる．

そして Langacker (2008: 539) は，この意味での主体化 (I) の例として，文法範疇としての名詞の具体物からそれ以外への拡張の他に，以下のものを挙げている．

(13) a. 所有表現の参照点表現への拡張
    b. 動作主—被動者からそれ以外への主語—目的語関係の拡張
    c. 動作主—被動者からそれ以外への他動詞の適用対象の拡張

すなわち Langacker (2006, 2008) においては，主体化はいわゆる「事態把握」にとどまらない広大な射程を持つ概念となっているわけである．

ただし本書の性格上，本章では以下，主として「事態把握」との関連で主体化を検討していくことにする．

2.4. 一人称代名詞と Subjective/Objective Construal

すでに述べたように，subjective construal とは認識の主体であるということである．したがって主体化における objective construal と subjective construal の関係の変化に関連して問題になるのは，具体的には概念化者あるいは概念化の過程ないしグラウンドがどのように construe されるかということである．そしてそれは (8) の議論に典型的に見られるように，主としてグラウンドないし話し手の対象化と一人称代名詞の生起の関係として議論されることになる．

確認しておくと，話し手自身の construal は次のようにまとめられる．

(14) a. 対象化されない主体としての話し手： subjective construal
   b. 対象化された客体としての話し手： objective construal
   (ただし程度問題)

認識の主体としての話し手はどのような場合にもつねに存在するわけであるから，話し手自身についての subjective construal はつねに生じていることになる．他方話し手自身についての objective construal は対象化が生じた場合にのみ生じる．

そして話し手自身についての subjective construal にくわえて objective construal が生じるとき，一人称代名詞が生じる．他方話し手自身に関して subjective construal のみが生じるときには，一人称代名詞は生じない．つまり，話し手自身についての objective construal の有無 (subjective construal に加えて objective construal も生じているか，それとも生じているのは subjective construal のみか) が，一人称代名詞の生起の有無と相関するわけである．

この相関関係に着目する際に認識論のレベルに注目しないで言語表現だけに注目してしまうと，すなわち subjective/objective construal が認識の主体と対象に基づいた概念であることを考慮に入れないと，Langacker の主体性が一人称代名詞の生起の有無の問題に還元できるように見えてしまうことになる．この問題に陥っているのが後で検討する De Smet and Verstraete (2006: 369-370) の議論である．

2.5. モノや状況が Subjectively Construe される場合
2.5.1. 「自己」の広がりと Subjective Construal

ここでいったん議論の本筋から離れて，subjectively construe されうるものは認識の主体と認識それ自体（認知過程ないし概念化）であるということに反するように見える事例について述べておきたい．

Langacker (1990: 6-7) は眼鏡が subjectively construe される場合があると述べている．しかし，眼鏡は人間とは独立した存在物である（「所有」概念の分類に則って言えば「分離可能」な所有物である）ため，人間にとっては概念化の対象であって主体ではないはずである．そのようなものが subjectively construe されるということがありうるということは，矛盾と見えるかもしれない．

Langacker (1990: 6-7) は次のように述べている．

(15) 私が眼鏡をはずして目の前に持ち，その眼鏡を見つめて調べる場合には，眼鏡についての construal は本論での言葉の使い方で言えば最大限に objective である．というのは，眼鏡は知覚の対象としてのみ機能していることがはっきりしており，知覚器官の一部としての機能はまったく果たしていないからである．これとは対照的に，眼鏡をかけて別の物を見つめて調べる際には，眼鏡は私の知覚経験のあり方を左右する役割を果たすものの，私の自覚的な意識からは消え去っている．このとき眼鏡についての私の construal は最大限に subjective になっている．このとき眼鏡は知覚の主体の一部としてのみ機能している——つまり知覚器官の構成要素の1つになっていて，それ自体は知覚の対象ではなくなっている．

たしかに眼鏡は人間とは独立した存在物である．しかし眼鏡をかければ世界の見え方は変わる．その意味で，かけられているときの眼鏡は知覚過程の一部を構成していると言える．知覚過程の一部になるという意味で，眼鏡は subjectively construe されうるものと言えるわけである．

この Langacker の議論は直接には日常的な経験の観察に基づく直観的なものであるが，このように「自己」の境界が身体を越えて環境の中に広がっていく現象については，現在の認知科学では「環境に広がる心」や「身体ス

キーマの変容」といった脈絡で議論されている.[6]

たとえば Adam and Galinsky (2012) は，身につけている服が認知過程に影響を与えることを示し，これを "enclothed cognition" と呼んでいる．また Dotov, Nie and Chemero (2010) はハイデガーの用具性の概念との関連で，コンピュータを使用している際に人間とマウスとモニターが全体で1つのものになっていることを示している．

「自己」の境界が身体を越えて環境の中に広がっていく現象が言語表現に現れた例として (16) がある．

(16) a.　He ran into *me* (=my car).　　　　　　　(Neisser (1988: 40))
　　 b.　おれスタッドレスはいたことないねん．

(16a) は Neisser (1988) によるもので，車を運転していた人物による発話としての解釈である．また (16b) は自動車販売に携わる人物による発話である．[7] いずれの場合も運転者は車と一体となって環境との相互作用を行っており，車は運転者からは「延長された身体」のようなものとして捉えられている．Langacker の枠組みで言えば，いずれの場合も運転者は車を subjectively construe していることになるはずである．

2.5.2.　客体化による Objective Construal

前節では同じ1つの物が場合により subjective construal と objective construal のどちらも受けうる場合について述べた．この節では，物ではなく状況がどちらにも捉えられる事例を確認しておきたい．そのような事例として Langacker (1990: 8) は「感情」を挙げている．

(17)　… 私がある感情を経験しているとする．たとえば恐怖，欲求，高揚感などである．その感情が非反省的に私に生じているだけであれ

---

[6]「環境に広がる心」(extended mind) の考え方は Clark (1997), Clark and Chalmers (1998) に提示されているものである．これについての解説となる文献として河野 (2005), Barrett (2011) がある．また「環境に広がる心」という捉え方を巡っての論争について，宮原 (2013) に紹介がある．「身体スキーマの変容」については，古くは Polanyi の観察などがある．
[7] この例は神戸市外国語大学大学院生の萩澤大輝君による．

ば，その感情も，その感情を感じる人としての私自身も，ともに subjectively construe されている．しかしその感情経験について反省的に考えれば——分析したり，類似のほかの経験と比較したり，あるいは今その感情が生じているということに注意を向けたりするだけでも——，その程度に応じてその感情とそれを経験する人としての私が，より objective な construal を受けることになる．

感情は認知過程の一種と見られるものであり，(2) の図で言えば「S」の内部で生じる現象である．したがって感情という状況（感情経験）は本来的には subjectively construe されるものである．しかしその経験は対象化ないし客体化されることで，図の「O」として扱われうる，つまり objectively construe されうるものとなるわけである．

感情の場合に限らず，自らの認知過程についての認知すなわちメタ認知は一般に，もともと subjectively construe されていた認知過程についての objective construal を含むことになる．

2.6. 事態把握と Subjective/Objective Construal

議論を本筋に戻す．(14) は話し手自身についての捉え方（construal）の2つの可能なあり方であった．これが話し手自身についての捉え方であるということは，言い換えれば，これは本来的には事態に対する捉え方の区別ではない，ということになる．そこで事態把握にこの区別がそのままの形で適用できるかどうかが問題になる．

Langacker の枠組みでは，subjectively construe されうるものは認識の主体と認識それ自体（認知過程ないし概念化）である．一方，事態というものは認知能力をもつ実体ではない．したがって，一般に事態は認識の対象であって主体にはなりえない．つまり事態は一般には subjective construal されることはない．Langacker の枠組みにおいては一般には事態に対する捉え方は objective construal しかないことになる．

もっとも，事態の中にも subjectively construe されうるものがないわけではない．たとえば感情経験はそれ自体が「出来事」であり，「事態」と見なすことができる．一方，これらは認知過程であるから前節で述べたように subjectively construe されうるものである．その限りにおいて，事態に対す

る捉え方としての subjective construal がありうることになる．しかしながら，そのような認知過程それ自体について言う場合を除けば，Langacker の枠組みにおいては事態に対する捉え方は objective construal しかないことになる．

ところで，話し手自身の対象化の有無は話し手自身をどこから「見る」かの問題であり，これはさらに，事態に話し手自身が関わる場合に話し手がその事態をどこから見るかと相関することになる．そこで話し手自身についての subjective/objective construal は，事態把握における話し手の立ち位置（「視座／観察点／立脚点」）とも相関することになる．そこで "subjective construal" という用語を「事態に対する捉え方」の1つと見る解釈が出てくることにもなる．もっともその場合，subjectively construe されるものとして想定されるものが，「話し手自身」から「事態」へとずれていることになる．

Subjective construal という術語の出発点における用法では，construe されるのは認識の主体ないし話し手自身（および認知過程ないし概念化）であり，事態ではない．事態把握のあり方が話し手自身についての objective construal の有無と相関することから，subjective construal を事態把握のあり方を指す用語に転用する可能性も出てくるわけであるが，その転用は本章では採用しない．

2.7. Subjectively Construe という術語とヴォイス

Langacker の議論においては "subjectively construe" という術語は基本的に受動態でのみ使われている．これには理論的な必然性があると思われる．また，"objectively construe" も受動態で使われる．これには必然的な理由はないと考えられる．おそらくは "subjectively construe" に合わせているものと思われる．[8]

---

[8] 本節の内容は日本英語学会第 29 回大会シンポジウム「(間) 主観性の諸相」(2011 年 11 月) における上原聡氏のコメントに含まれていた問題提起:「construe するのは誰？」を踏まえている．すなわち，Langacker が "The speaker IS CONSTRUED subjectively" と言う際の，表現されていない "by WHOM" に当たるものを明確にする必要があるのではないか，というのが上原氏の論点である．上原氏のこの問に対して，「そもそもなぜ "construed subjectively" のように基本的に受動態に限定されるのか」を考えることで回答する試みが本節の議論である．

"Subjectively construe" が基本的に受動態で用いられることの理論的な必然性を探るにあたっては，これを (18) のように能動態で用いた場合にどのようなことが生じるかを考えることが有効である．

(18) NP_1 construes NP_2 subjectively.

まず NP_2 に何が来るかを考える．これは次の受動態の文の NP_2 の位置に何が来るかを考えることと等価である．

(19) NP_2 is construed subjectively.

(6b) のように一人称代名詞の有無が問題になる場合には，NP_2 に来るのはグラウンド特に話し手である．(5b) のような場合には，グラウンド特に話し手の概念化の営み（あるいは construal それ自体）である．

次に NP_1 を考えると，ここに現れるのは概念化者つまり実質的にはグラウンド特に話し手である．

ということは，(18) においては NP_1 も NP_2 もいずれも実質的にグラウンド特に話し手ということになる．つまり "subjectively construe" の術語を能動態で用いた場合，グラウンド特に話し手が construe の主体であると同時に客体でもあるということになる．これは subjectively construe されたグラウンドが概念化の対象とはならず，概念化の主体のみであることと矛盾することになる．

一方 "subjectively construe" を受動態で用いて動作主の by 句を表示しなければ，グラウンドが同時に概念化の主体と客体になるという形の表現は避けられることになる．

Objective construal の場合には，construal の主体と客体は別のものであるため，"objectively construe" は能動態で用いられても支障はないはずである．しかしながらこちらの方も，実際には基本的に受動態で用いられている．これは "subjectively construe" に合わせたものと考えられる．

Langacker の議論において "subjectively/objectively construe" が基本的には受動態で用いられる背景は，このようなものと考えられる．

3. Traugott の主観化

3.1. Traugott 自身の規定

次に Traugott の主観化 (subjectification) について検討する．主観化についての Traugott 自身の規定は次の通りである．

(20) a. 語用論的な意味が話し手・聞き手間の意味交渉のなかで再分析され，意味論的な意味としてコードに組み込まれることを含む
 (Traugott (2010: 29))
 b. 話し手が既存の意味を用いて態度・信念 (attitudes and beliefs) をコード化・調整する仕組み　　(Traugott (2010: 36))

これによって言語表現の意味は次のように変化するとされる．

(21) 非／低主観的 ＞ 主観的 ＞ 間主観的　　(Traugott (2010: 36))

主観性と主観化についての Traugott の議論においては，次の点が重要になる．

(22) a. 話し手関与性 (speaker-relatedness, speaker-involvement)
 b. 語用論レベルのものかコードに組み込まれた意味論レベルのものか
 c. 語用論的強化（ないし語用論的主観化）と意味論化
 d. 話し手・聞き手間の意味交渉

まず Traugott が主観性という術語で捉えようとしているのは，言語の意味構造への話し手の関わり方である ((22a))．これは，主体性という術語で認識の対象と主体の関係の問題を捉えようとする Langacker とは別のものを捉えようとしていると言える．また (22b) は意味論と語用論の区分を前提としている．

Traugott においては，話し手の関わりが語用論レベルの推論から意味論レベルのものに移行することが主観化である．それは具体的には (22c) であるが，(22c) の 2 つを同じ概念として扱うかどうかは論者によって異なる．

(22d) は，主観化が生じる場としての話し手と聞き手の関わり合いを重視するということである．

3.2. 語用論レベルの主観性

意味論レベルの事柄として言語表現の意味構造に組み込まれているかどうかを別とすれば，話し手の関与はあらゆる言語表現に生じることである（先の (3) と (4) の対比も参照）．このことを De Smet and Verstraete (2006: 370) は次のように指摘している．

> (23) … 本質的には**あらゆる**言語使用が話し手経由で行われるものであり，それゆえ話者関与性を持つ．語を選択する行為は例外なく，その語を含めて話者が構築する談話において行われるのであり，それゆえ話し手の態度と修辞方略を指し示すものとなる．この意味では，主観性は表現の**使用**に関わるのであって，その表現がもつ概念内容に関わるのではないのだ．
>
> (De Smet and Verstraete (2006: 370)) （強調原文）

この語用論レベルの主観性 (pragmatic subjectivity) については，Traugott 自身は言及していない．

なお，Langacker (1990) の図 (3a) においてグラウンドが最大スコープの外側に配置されていたのは，この語用論レベルの主観性と同様の洞察によるものである (Langacker (1990: 9))．

3.3. 語用論的強化と意味論化

(22c) については，Traugott (2010) と De Smet and Verstraete (2006) は見解を異にしている．(24) に示すように Traugott (2010) が語用論的強化と意味論化=主観化を別と見なしているのに対して，(25) に見るように De Smet and Verstraete (2006) は同一のものとしている．

(24)　非主観的　　　＞　　　主観的
　　　　↑　　　　　　↑
　　　語用論的強化　意味論化=主観化　　　　　(Traugott (2010))

(25)　語用論レベルの主観性　　＞　　意味論レベルの主観性
　　　　　　　　　　　　↑
　　　　　　　語用論的強化=意味論化

(De Smet and Verstraete (2006))

3.4. 意味論化としての主観化

前節のいずれの立場においても，主観化は意味論レベルの問題である．De Smet and Verstraete (2006) は次のように述べている．

(26) 話し手が意味構造に含まれている表現とその表現が話し手の目指す修辞上の目標に合うかたちで状況を提示したり「捉え」(**construe**) たりするという理由で話し手が選択する表現を区別することは，それほど難しいことではないように直観的には思われる．

(De Smet and Verstraete (2006: 370-371))　（強調本多）

これは，語用論レベルの主観性と意味論レベルの主観性の区別を指摘したもので，この立場では前者から後者への移行が主観化である．

Traugott 自身も，主観化を意味論レベルの問題と見ていることを次のように明示的に述べている．

(27) 主観的な意味の語用論的強化が主観化の前提条件であることは間違いないものの，主観化それ自体は語用論化ではなくて意味論化である（語用論と意味論が区別されるという想定を前提とする）

(Traugott (2010: 35, n. 8))

4. Langacker と Traugott の関係

4.1. Traugott 的な立場からみた Langacker
4.1.1. 概要

以上を踏まえて本節では，Langacker と Traugott が相手の言う「主観化・主体化」と自身の「主体化・主観化」の関係を互いにどのように捉えているかを確認する．

Traugott (2010) は De Smet and Verstraete (2006) の見解を次のようにまとめて好意的に紹介している．

(28) 主観化についての Langacker の見方を De Smet and Verstraete (2006: 369) が次のように対比的に述べているのが有用である：「ラネカーの用語では，相違は話し手に関係しているかどうかにあるのではなく，話し手に対する言及がどれほど明示的に発話の形式に現

第 3 章 Subjectification を三項関係から見直す

れるかにある」　　　　　　(Traugott (2010: 30, n.2))　（強調本多）

De Smet and Verstraete (2006) 自身の解説は以下の (29) であり，それに基づいて彼ら自身が示しているのが (30) である．

(29) まず問題になるのは，主観性と主観化についての二人の著名な研究者がこれらの概念について**少し異なる定義をしている**ことである．これは両者が Langacker (2003) と Traugott (1995) で**互いの概念について書いている**（数少ない）説明からもうかがい知ることができる．問題の一端は次のように言うことができる: Langacker (1985, 1990) の用語法では「主観的」は「客観的」と対比されるが，「客観的」は通常の期待には反して，「話者関与的ではない」という意味ではない．**「主観的」「客観的」という用語のここでの区別は，ある語彙項目なり構文なりで話し手が明示的に言及されるかどうかという問題に関わるものである．**…
　　　　　　　　(De Smet and Verstraete (2006: 369))　（強調本多）

(30)

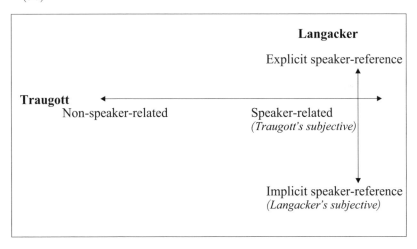

ここで 1 つ問題を設定することができる．すなわち，このような Traugott 流の Langacker 理解は果たして妥当と言えるかということである．

4.1.2. Traugott 流の Langacker 理解に欠落しているもの

Traugott 流の Langacker 理解を評価する前に，いま一度 Langacker の議論の構成を確認しておく．

(1) a. objective/subjective construal ... 知覚／概念作用
  b. グラウンド ...「話し手」の導入
  c. 主体化

これに照らして前節の議論を見たときに明らかになるのは，De Smet and Verstraete (2006) が言語形式としての一人称代名詞の有無だけに注目しているということである．すなわち (1b) のグラウンドだけに注目しているわけである．言い換えれば，知覚/概念作用に共通する construal の構造の議論 ((1a)) についての検討が完全に欠落している．

このことの具体的な帰結としては，たとえば次のようなありふれた文について想定される Langacker の議論を，De Smet and Verstraete (2006) らの理解は適切に位置づけることができないことになる．

(31) 教室にたくさん人がいる．

この文は教室の状況を認識・表現の対象としている．すなわち教室の状況についての objective construal が成立している．他方，その状況を認識する主体（概念化者であると同時に話し手でもある）がいるが，それは一人称代名詞で明示的に表現されていない．つまり subjective construal も成立している．つまりこの文においては（他のあらゆる文と同様）objective construal と subjective construal が同時に成立している．[9] Langacker の分析ではそのようになるはずである．

しかしこのことは (30) では捉えることができない．De Smet and Verstraete (2006) らはこの文を (30) の図で "non-speaker-related" に位置づけると思われる．が，同時にこの文には subjective construal（図で言えば implicit speaker reference（話し手に対する暗黙の言及））も関わっている．つまり図の左端に位置づけられるのか右下に位置づけられるのかが原理上不明になるという問題が生じる．

---

[9] このことは話し手の立ち位置が室内であるか室外であるかに関わらず成り立つ．

そしてすでに述べたように，主体化は原理的には construal のレベルの概念である．したがって (1a) に関わる議論が欠落するのは原理に関わる重大な問題であると言える．

上に述べたように，Traugott の枠組みにおいては主観性は言語的な意味に対する話し手関与性の問題である．De Smet and Verstraete (2006) はこのことを暗黙の前提として，その前提に合わせて認知と言語に関する Langacker の議論を解釈しているように見える．その結果，Langacker の議論のうち，この前提で捉えることができる言語表現上の側面のみを捉えて論じているように見えるわけである．

4.2. Langacker 的な立場からみた Traugott
4.2.1. Langacker 自身の見方（Langacker (2006: 17-18)）

次に逆の観点から，Traugott の主観化についての Langacker の議論を検討する．Langacker (2006: 17) は次のように述べている．

(32) Traugott の場合，**主観化**という用語は意味が**主観的**（subjective）になっていくという仮説上の傾向性を指す．これはより細かくは3つの傾向性に分解することができる（Traugott 1989: 34-35）．
(Langacker (2006: 17))（強調原文）

ここで問題になるのが主観的（subjective）という術語の実質についての理解であるが，それについては次のように述べている．

(33) 主観性と主観化についての Traugott の定義は，状況が存在する**領域**（**domain**）の問題である（したがって概念**内容**の問題である）．それゆえ表現の意味が主観的になっていくという言い方も意味をなすことになる．一方筆者（Langacker）の場合，主体性・主体化は視座の問題である（つまり **construal** の問題である）．表現なりその意味なりがどれくらい主体的かということは筆者の用語法では意味をなさない．問題にできるのは，ある要素が事態全体の中でどのような地位を占めるかだけである．表現の意味はつねに，subjective construal を受けた要素と objective construal を受けた要素の両方からなるものである． (Langacker (2006: 17-18))（強調原文）

これは実質的には，Traugott が取り上げている現象を Langacker 自身が分析しなおしたものと言える．

4.2.2. Langacker による Traugott 理解をめぐる問題

Langacker による Traugott 理解については疑問点を 2 点指摘することができる．

まず第一は，Langacker が取り上げている研究が Traugott (1989) であることである．Traugott のより最近の研究について Langacker がどのように評価しているかは不明である．

また，上にも述べたように (33) は Traugott が取り上げた現象を Langacker が自身の枠組みで再分析したものである．言い換えると，これは Traugott の主観化についての原理的・定義的な観点からの検討ではないということである．現象の再分析と理論的な道具立てについての原理的な検討は異なるはずである．その観点から見ると，Traugott の主観化について Langacker がどのように考えているかは不明ということになる．[10]

ここで二番目の問題を設定することができる．すなわち，Traugott の主観性と主観化を Langacker の図式で捉えるとどうなるか，ということである．

4.3. Traugott の主観性を Langacker の図式で捉える

先ほどと同じように，まずは Traugott の主観性と主観化の要点を確認しておく．

(22) a. 話し手関与性
　　 b. 語用論レベルのものかコードに組み込まれた意味論レベルのものか
　　 c. 語用論的強化（ないし語用論的主観化）と意味論化
　　 d. 話し手・聞き手間の意味交渉

---

[10] さらなる問題点として，Langacker 自身が (Traugott と同様に) subjectification を領域の問題に適用してきているということが挙げられる (Langacker (1990: 28-29), Langacker (1999: 156, 158), Langacker (2003))．これは重要な問題を含んでいると思われるが，本章ではこれ以上立ち入らない．

これを Langacker の図式で捉えるとどうなるかということであるが，筆者の見解では，これのかなりの部分が (3)（下に再掲）で捉えることができる．この図の (a) では話し手（グラウンド）が意味構造（最大スコープ）の外側に位置している．これは第 3.2 節で述べたように語用論レベルの主観性の段階を捉えたものと言える．(b) (c) では話し手が意味構造の内部に位置している．これは意味論レベルの主観性の段階と言える．したがって，(a) から (b) ないし (c) への変化が主観化ということになる．

(3)

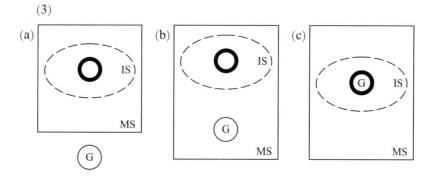

ただし，この図で脱落するものもある．この図は意味構造における話し手の位置を静的に捉えたものであるため，変化を引き起こす仕組みとしての語用論的強化ないし意味論化，およびそれ（ら）が生じる場としての話し手・聞き手間の意味交渉については捉えることはできない．[11]

4.4. ほかの人の見方

Langacker と Traugott の関係についての見方としては，ほかに次のようなものもある．これらはいずれも本章の見方と軌を一にするものである．[12]

(34) Traugott の場合，主観の持ち主とは「話し手」のことであるが，

---

[11] 話し手・聞き手間の意味交渉は部分的には改訂版である (4) によって捉えることができる．しかしながらこちらの図では語用論レベルの主観性の位置づけが不明確になる．また (3) と同様に段階を静的に記述したものであるため，動的な仕組みとしての語用論的強化・意味論化は捉えられていない．

[12] Langacker と Traugott の subjectivity について本章とは異なる観点から整理・評価をした論考として小柳 (2014) がある．

Langacker の場合には主体とは「概念化者」のことである．いずれのアプローチにおいてもそれは最後は同じ「発話の背後にいる人物」になるわけだが，この人物が果たす役割の実質は異なる．Traugott の場合に話し手がするのは「表現」である（そして二次的には表現内容の組織化である）が，Langacker の場合に主体がするのは 'construe' である． (Breban (2006: 271-272))

(35) a. Traugott の場合，主観化とは，話し手の態度がコードに組み込まれることによって表現の意味が主観的になっていくということであるが，Langacker の場合，意味は objective construal を受けた要素と subjective construal を受けた要素の両方からなる … したがって，問題になるのはある特定の要素が状況全体の中で subjective construal を受けるか objective construal を受けるかである． (López-Couso (2010: 145))

b. 言い換えれば，主観性を Traugott 流に話し手関与性として理解するならば，Langacker の言う主体的なものと客体的はいずれも話し手関与性を持つので，Traugott の用語で言えばどちらも主観的ということになる． (López-Couso (2010: 145))

(36) 以上，ラネカーとトローゴットの主体化・主観化における主な主張を概観してきた．これまで見てきたように，両者とも言語表現に見られる意味変化や意味拡張の現象における言語主体の役割に注目している点で類似している．一方，両者の主な違いは次の 2 点である．一つは，本節の冒頭でも述べたように，ラネカーの主体化は言語表現に反映されている主体の視点及び概念化の過程に着目しているのに対し，トローゴットの主観化は語彙などの意味変化や意味拡張を動機づける話者の推論の役割に力点を置いている．二つ目は，トローゴットは文法化進展の流れとして主観化の問題を扱っており，「主観化」に対して通時的な見方をとっている．それに対し，ラネカーの主体化は事態の捉え方に主な関心があり，通時的な問題にさほど重点を置いていない．要するに，ラネカーの主体化とトローゴットの主観化は互いに矛盾するものではなく，事象とその説明の力点の置き方の違いと言える． (王 (2013: 189))

5. 共同注意と Langacker/Traugott

5.1. コミュニケーションについての議論の準拠枠としての共同注意

前節までの議論を踏まえて本節では，Langacker と Traugott の主体化・主観化を発達心理学でいう共同注意ないし「三項関係」との関連で捉え直すことを試みる．

共同注意とは，もっとも短く規定すれば「他者と一緒に同じものに注意を向けること」である．日本の発達心理学では「三項関係」とも呼ばれる．これは「他者の視線を追いかけてその人が見ているものを自分も見る」「指さし，声かけなどによって，他者の注意を自分が注意を向けているものに向けさせる」などの行動によって成立する．このきわめて日常的で，一見ごく当たり前の現象が，現在の心の科学（認知科学）では人間の人間らしさの基盤をなす重要な要素であると認識されており，精力的な研究がなされている．特に認知発達・言語発達との関連が指摘されている．

共同注意は具体的には，相互に関わりあう2つの二項関係からなる三項関係として成立する．2つの二項関係とは〈人〉—〈人〉と〈人〉—〈事物〉である．

(37)

(http://www.myu.ac.jp/~xkozima/carebots/development.html)

共同注意はまた，認知文法においても言語によるコミュニケーションの基本構造をなすと位置づけられている．このことは (4) に共同注意の構造が埋め込まれていることからもうかがえる．[13, 14]

---

[13] よりくわしくは本多 (2011a) および本多 (2012) で論じた．

以上から，共同注意はコミュニケーションの構造に関わる事項を考える際の準拠枠と見なすにふさわしいものと言える．

そこで三つ目の問題を設定することができる．すなわち，Langacker と Traugott の主体化・主観化をこの枠組みに位置づけたらどうなるか，ということである．

5.2. Langacker の主体化と三項関係

主体化についての Langacker の議論の構成をさらにもう一度確認しておく．

(1) a. objective/subjective construal ... 知覚／概念作用
 b. グラウンド ... 「話し手」の導入
 c. 主体化

先に述べたように，主体化は原理的には objective construal と subjective construal の関係の変化である．これは construal relationship に関わるものであり，共同注意を構成する2つの二項関係のうち，〈人〉—〈事物〉の二項関係[15] に関わるものである．他方，〈人〉—〈人〉の二項関係[16] は言語との関連では話し手と聞き手の関係ということになる．こちらについても Langacker は共同注意との関連で念頭に置いているわけだが，主体化の文脈では議論の前面には出てこない．

以上から Langacker の主体化の議論は，共同注意を構成する2つの二項関係のうち〈人〉—〈事物〉の二項関係に重点を置いていると言うことができる．

5.3. Traugott の主観化と三項関係

ふたたび繰り返しになるが，Traugott の主観性と主観化の要点は以下の通

---

[14] より最近の論文では，Langacker (2015b) の Figure 2 にも共同注意の構造が組み込まれている．

[15] この面に関わる言語の機能は Langacker (2015b) では "descriptive function" と呼ばれている．

[16] この面に関わる言語の機能は Langacker (2015b) では "discursive function" と呼ばれている．

りである．

(22) a. 話し手関与性
b. 語用論レベルのものかコードに組み込まれた意味論レベルのものか
c. 語用論的強化（ないし語用論的主観化）と意味論化
d. 話し手・聞き手間の意味交渉

　第4.1.2節で述べたように，Langackerの主体化についての議論においては，Traugottに連なる論者はconstrualに関わる事柄を完全に看過していた．その意味では，Traugottたちのconstrualに対する関心は低いことになる．
　他方，Traugottの主観化の議論は，話し手・聞き手間の意味交渉の中で生じる事物に対する態度・信念のコード化を問題にしている．これはTraugott自身の問題意識の中では言語変化に結びつけられている．〈人〉と〈人〉のインタラクションの仲立ちとなり，そこで変化していくものとして言語を捉えているわけである．
　しかしこれをTraugott自身の問題意識と独立に三項関係との関連で見直すと，異なる位置づけが可能になる．事物に対する態度・信念はconstrual（同一の事物に対する多様な捉え方）に関わるものであり，この点で〈人〉—〈事物〉の二項関係に関わるものでもある．これが話し手・聞き手間の意味交渉の中で生じると見ることは，〈人〉—〈人〉の二項関係におけるやり取りによって〈人〉—〈事物〉の二項関係に変化が生じていくダイナミックな側面に注目していることになる．[17]

6. 結語

　以上，本章ではLangackerおよびTraugottのsubjectification（主体化／主観化）とsubjectivity（主体性／主観性）を共同注意（三項関係）との関係から見直してきた．現在の認知科学において共同注意はヒトのコミュニケーションの構造の原初的・基本的な骨格をなすと考えられている．そして言語は，コミュニケーションに支えられて立ち現れるものであり，またコミュニ

---

[17] この点に関する詳しい議論は本多 (2012) で示した．

ケーションを支えるものでもある．したがって Langacker および Traugott の理論が，言語を考える際に言語を自覚的にコミュニケーションとの関わりの中に位置づけて検討する機能言語学の議論として有効であるならば，両者の議論を共同注意との関連で位置づけることには重要な意義があるはずである．

本章がそのような目論見を達成できていることを望む．[18]

参考文献

Adam, Hajo and Adam D. Galinsky (2012) "Enclothed Cognition," *Journal of Experimental Social Psychology* 48, 918-925.

Athanasiadou, Angeliki, Costas Canakis and Bert Cornillie, eds. (2006) *Subjectification: Various Paths to Subjectivity*, Mouton de Gruyter, Berlin/New York.

Barrett, Louise (2011) *Beyond the Brain: How Body and Environment Shape Animal and Human Minds*, Princeton University Press.［小松淳子（訳）(2013)『野性の知能：裸の脳から，身体・環境とのつながりへ』インターシフト，合同出版（発売）．］

Breban, Tine (2006) "Grammaticalization and Subjectification of the English Adjectives of General Comparison," in Athanasiadou, Canakis and Cornillie (2006), 241-277.

Clark, Andy (1997) *Being There: Putting Brain, Body, and World Together Again*, MIT Press, Cambridge, MA.［池上高志ほか（訳）(2012)『現れる存在: 脳と身体と世界の再統合』NTT 出版．］

Clark, Andy and David J. Chalmers (1998) "The Extended Mind," *Analysis* 58, 7-19.

De Smet, Hendrik and Jean-Christophe Verstraete (2006) "Coming to Terms with Subjectivity," *Cognitive Linguistics* 17, 365-392.

Dotov, Dobromir G., Lin Nie and Anthony Chemero (2010) "A Demonstration of the Transition from Ready-to-Hand to Unready-to-Hand," *PLoS ONE* 5-3, March 9. Available from http://journals.plos.org/plosone/article?id=10.

---

[18] 本章とは独立の問題意識によるが，これまで気づかれていなかった間主観性現象についての筆者の見解を本多（2016）に提示してある．あわせてご参照いただければ幸いである．

1371/journal.pone.0009433

本多啓 (2003)「認知言語学の基本的な考え方」『認知言語学への招待』(シリーズ認知言語学入門 第 1 巻), 辻幸夫(編), 63-125, 大修館書店, 東京.

本多啓 (2011a)「共同注意と間主観性」『ひつじ意味論講座 5 主観性と主体性』, 澤田治美(編), 127-148, ひつじ書房, 東京.

本多啓 (2011b)「Subjectification を三項関係から見直す」日本英語学会第 29 回大会シンポジウム「(間) 主観性の諸相」における口頭発表 (2011 年 11 月 13 日, 新潟大学).

本多啓 (2012)「Langacker および Traugott の subjectivity と共同注意」「言語と(間)主観性研究フォーラム in 仙台」における口頭発表 (2012 年 3 月 24 日, 東北大学).

本多啓 (2013)「言語とアフォーダンス」『倫理:人類のアフォーダンス』(シリーズ知の生態学的転回第 3 巻), 河野哲也(編), 77-103, 東京大学出版会, 東京.

本多啓 (2016)「間主観性状態表現——認知意味論からの考察——」『日英対照 文法と語彙への統合的アプローチ——生成文法・認知言語学と日本語学——』, 藤田耕司・西村義樹 (編), 254-273, 開拓社, 東京.

河野哲也 (2005)『環境に拡がる心——生態学的哲学の展望』, 勁草書房, 東京.

小柳智一 (2014)「「主観」という用語——文法変化の方向に関連して——」『日本語文法史研究 2』, 青木博史・小柳智一・髙山善行(編), 195-219, ひつじ書房, 東京.

Langacker, Ronald W. (1990) "Subjectification," *Cognitive Linguistics* 1, 5-38.

Langacker, Ronald W. (1998a) "Conceptualzation, Symbolization, and Grammar," *The New Psychology of Language: Cognitive and Functional Approaches to Language Structure*, ed. by Michael Tomasello, 1-39, Lawrence Erlbaum Associates, Mahwah, NJ and London.

Langacker, Ronald W. (1998b) "On Subjectification and Grammaticization," *Discourse and Cognition: Bridging the Gap*, ed. by Jean-Pierre Koenig, 71-89, CSLI Publications, Stanford.

Langacker, Ronald W. (1999) "Losing Control: Grammaticization, Subjectification, and Transparency," *Historical Semantics and Cognition*, ed. by Andreas Blank and Peter Koch, 147-175, Mouton de Gruyter, Berlin/New York.

Langacker, Ronald W. (2003) "Extreme Subjectification—English Tense and Modals," *Motivation in Language—Studies in Honor of Günter Radden*, ed. by Hubert Cuyckens, Thomas Berg, Renée Dirven and Klaus-Uwe Panther, 3-26, John Benjamins, Amsterdam.

Langacker, Ronald W. (2006) "Subjectification, Grammaticalization, and Conceptual Archetypes," in Athanasiadou et al. (2006), 17-40.
Langacker, Ronald W. (2008) *Cognitive Grammar: A Basic Introduction*, Oxford University Press, Oxford.
Langacker, Ronald W. (2015a) "On Grammatical Categories," *Journal of Cognitive Linguistics* 1, 44-79, The Japanese Cognitive Linguistics Association.
Langacker, Ronald W. (2015b) "How to Build an English Clause," *Journal of Foreign Language Teaching and Applied Linguistics* 2(2). Available from http://eprints.ibu.edu.ba/2904/
López-Couso, Maria Jose (2010) "Subjectification and Intersubjectification," *Handbooks of Pragmatics, Vol. 8: Historical Pragmatics*, ed. by Andreas H. Jucker and Irma Taavitsainen, 127-163, Mouton de Gruyter, Berlin/New York.
宮原克典 (2013)「「頭の外」で考えることはできるか?」『身体：環境とのエンカウンター』(シリーズ知の生態学的転回第1巻), 佐々木正人 (編), 197-218, 東京大学出版会, 東京.
Neisser, Ulric (1988) "Five Kinds of Self Knowledge," *Philosophical Psychology* 1, 35-59.
Traugott, Elizabeth Closs (1989) "On the Rise of Epistemic Meanings in English: An Example of Subjectification in Semantic Change," *Language* 65, 31-55.
Traugott, Elizabeth Closs (2010) "(Inter)subjectivity and (Inter)subjectification: A Reassessment," *Subjectification, Intersubjectification and Grammaticalization*, ed. by Kristin Davidse, Lieven Vadelanotte and Hubert Cuyckens, 29-71, De Gruyter Mouton, Berlin/New York.
王安 (2013)「主体化」『認知言語学　基礎から最前線へ』, 森雄一・高橋英光 (編), 181-206, くろしお出版, 東京.

第4章

Langackerの言語観と主観性・主体化
―事態認知の本質―

濱田　英人

札幌大学

キーワード：　主観性，主体性，主体化，知覚と認識，認知モード，日英語話者の事態認知

1. Langackerの言語観

　Langackerの提唱する認知文法が言語現象の記述に主眼があることは言うまでもないが，その記述が説得力を有しているのは，人間が固有に有している基本的な認知能力を活性化してその取り巻く世界を一定の仕方で切り分け，解釈する認知プロセス（概念操作）の視点から言語現象を捉えているからであると言ってよい．そして，この人間の基本的な認知能力にどのようなものがあるのかについてLangacker (1999) は以下のものを挙げており，また，人間が事態を解釈する概念操作をどのように身につけていくのかという基本的な問いに対して日常の「知覚体験」をその原点と考えている．

(1) 人間の基本的な認知能力
　　a. 状況の中のどこかに視点をおき，相対的にその他を背景として認識する能力，また，焦点化されたものを背景から切り取って認識する能力
　　b. 2つのモノや事態を比較し両者の類似性や相違点を見つける能力
　　c. 何かを目印にしてあるモノを見つける能力
　　d. 複数のモノを類似性や近接性等に基づいてカテゴリー化する能力

e. モノや事態を抽象化，一般化して捉える能力

(Langacker (1999: 2-3) 参照)

つまり，我々人間は日常の知覚体験を基本的な認知能力を用いていわば構造化し，その構造化された概念を用いて事象を理解しているわけである．ここでいう構造化とは知覚体験が抽象化され，スキーマ化あるいはイメージ・スキーマ化されるということであり，それが語の意味や事態を理解する場合に重要な働きをするのである．

1.1. 人間の知覚作用と概念操作の並行性

人間がこのように知覚世界の具体的なモノや事態から細部を捨象してスキーマあるいはイメージ・スキーマを形成することができるのは，我々には「モノや事態を抽象化し，一般化して捉える」という認知能力があるからだということになるのだが，Langacker (2008) はこのように知覚対象であるモノや事態がスキーマ化されたものを "simulation" と呼んでおり，我々は日常の様々な知覚体験を抽象化し脳内に蓄えているからこそ，ネコや赤ん坊のなき声，歩く，泳ぐというような行為をイメージすることができるのであると述べている．そして，このことからも Langacker の言語観の根底にあるのはある対象物を観るという「知覚作用」を基盤とし，この「知覚作用」と「概念操作」の並行性であることが分かる．次の図1，図2はこの並行性を図示したものであるが，Langacker (1995) では "viewing" という用語を知覚作用における「観察者 (V)」と「知覚の対象 (F)」の観察関係（破線矢印）と概念操作における「概念化者 (C)」と「プロファイル (P)」の解釈関係（破線矢印）の両方に用いていることもこのことを裏付けていると言える．

第4章 Langackerの言語観と主観性・主体化　　　123

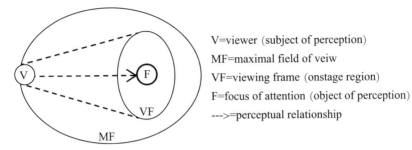

図1　*Some constructs that apply to visual perception.*

(Langacker (1995: 155))

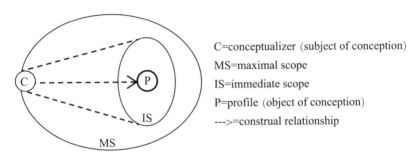

図2　*Conceptual notions corresponding to the perceptual notions of Figure 1.*

(ibid.: 156)

そして，知覚世界と概念世界における「観る側」としての知覚者や概念化者と「観られる側」の知覚対象と概念対象の関係について，Langacker (2008) は知覚者が知覚対象をどのように知覚するのかということと概念化者の概念操作を対応させて，その関係を以下のように述べている．

(2) An expression's meaning is not just the conceptual content it evokes—equally important is how that content is construed. [...] It is hard to resist the visual metaphor, where content is likened to a scene and construal to a particular way of viewing it. Importantly, CG does **not** claim that all meanings are based on space or visual perception, but the visual metaphor does suggest a way to classify the many facets of construal, if only for expository purposes. In viewing a

scene, what we actually see depends on how closely we examine it, what we choose to look at, which elements we pay most attention to, and where we view it from. The corresponding labels I will use, for broad classes of construal phenomena, are **specificity**, **focusing**, **prominence**, and **perspective**.　　　　　　(Langacker (2008: 55))

つまり，我々人間は対象物を観る場合にどのくらい近づいて観るのか，どこに視点を置くのか，その中の何に注目するのか，また，それをどこから観るのかという知覚作用を通してその対象を観るわけであるが，概念世界で我々がモノや事態を認識する場合にもこれと同様の概念操作 (specificity, focusing, prominence, perspective) によってそれを認識しているということである.

　この認知操作の中で本章で特に重要なのは perspective であり，これは上の説明からも分かるように，概念世界における概念化者と事態の解釈関係 (viewing arrangement) ということであり，概念化者が事態をどの位置から解釈するかという vantage point が事態の意味解釈に大きく影響するわけである. 本章での具体的なテーマである subjectivity/objectivity という概念は次の (3) の主張からも分かるように，この vantage point に関係するものであることをここで確認しておきたい.[1]

---

[1] Langacker (2008) は "perspective", "vantage point" について以下のように述べている.

(i) If conceptualization (metaphorically) is the viewing of a scene, perspective is the **viewing arrangement**, the most obvious aspect of which is the vantage point assumed.　　　　　　(Langacker (2008: 73))

(ii) A **viewing arrangement** is the overall relationship between the"viewers"and the situation being"viewed". For our purposes, the viewers are conceptualizers who apprehend the meaning of linguistic expressions: the speaker and the hearer. (ibid.)

(iii) One component of the viewing arrangement is a presupposed **vantage point**. In the default arrangement, the vantage point is the actual location of the speaker and hearer. The same objective situation can be observed and described from any number of different vantage points, resulting in different construals which may have overt consequences. Many expressions undeniably invoke a vantage point as part of their meaning.　　　　　　(ibid.: 75)

(3) Closely related to vantage point is a subtle but important aspect of construal known in CG as **subjectivity** vs. **objectivity**. (ibid.: 77)

以下ではこれまで述べてきた Langacker の認知文法の基本的な考え方を踏まえて，彼のいう主観性・主体性 (subjectivity) とはどういうことであり，主体化 (subjectification) とはどのような認知操作であるのかを述べたい．

1.2. 言語表現と概念化者の主観性

言語表現と概念化者の主観性の問題を考える場合に重要なことは，(4) に述べられているように言語表現には概念化者の主観性が色濃く現れており，完全に neutral な表現はあり得ないということであり，このことは Langacker の「意味は概念化にある (meaning resides in conceptualization)」という主張にすでに表れているということである．

(4) Our concern is with conceptualizations evoked as the meanings of linguistic expressions, in which case the primary conceptualizers are the speaker and the addressee. Their conception and portrayal of a situation can never be wholly neutral, for they must always *construe* it in some specific fashion, out of countless alternatives that are in principle available. (Langacker (1999: 206))

先に見た (2) の specificity, focusing, prominence, perspective というのは事態の捉え方 (construal) であり，(5a, b) のようにモノや事態をどの程度細かく捉えているのか，(6) のように何を Figure と認識し何を Ground として認識するのか，また，(7a, b) のように事態の中の何を tr (つまり primary figure) と認識し，何を lm (つまり secondary figure) と認識するのか，更に (8a, b) のように事態をどちらからどちらへ心的走査 (mental scanning) するのかという事態解釈の仕方は，まさに概念化者の主観性の表れである．従って，あらゆる言語表現は一般的に言われる意味で概念化者の主観が反映されているのである．

(5) a. rodent → rat → large brown rat → large brown rat with halitosis
    b. Something happened. → A person perceived a rodent. → A girl saw a porcupine. (Langacker (2008: 56))

(6) Walking along the street, I came across a strange group of musicians.
    　　　Ground　　　　　　　　　　　Figure
                                        (Hayase (1997: 37))
(7) a. The lamp is above the table.
       　　tr　　　　　　lm
    b. The other guests all left before we arrived.
       　　　　　　tr　　　　　　　　　lm
                                        (Langacker (2008: 71, 72))
(8) a. The hill gently rises from the bank of the river.
    b. The hill gently falls to the bank of the river.
                                        (ibid.: 82)

2. Langacker の Subjectivity（主体性）と Subjectification（主体化）

2.1. Langacker の主体性・客体性の考え方

これまで述べてきたことからも明らかなように，Langacker の 'subjectivity' とは「主観性」ではなく「主体性」であり，(9) に定義付けられ，(10) に説明されるように「主体としての概念化者と客体としての事態との解釈関係」のことである．

(9) The notions subjectivity and objectivity pertain to the **construal relation** between a conceptualizer and the conception he entertains, i.e. between the **subject** and **object of conception** (Langacker 1985; Vol. I, 3.3.2.4).　　　　　　　(Langacker (1991: 215))

(10) An entity is construed objectively to the extent that it is put onstage as a focused object of conception. By definition, an expression's profile is construed with a highly degree of objectivity, being the focus of attention within its immediate scope. At the opposite extreme, an offstage conceptualizer is subjectively construed to the extent that it functions as the subject of conception without itself being conceived.　　　　　　(Langacker (1999: 297))

つまり，概念化者と対象の位置関係であり，概念化者が対象をどの位置

第4章 Langackerの言語観と主観性・主体化　127

(vantage point) から捉えるのかということであるが，ここで重要なことは，Langackerはこの位置関係を図3に示される「典型的事態のモデル (canonical event model)」を反映している図4の「最適視点構図 (optimal viewing arrangement)」を基本としているということである．

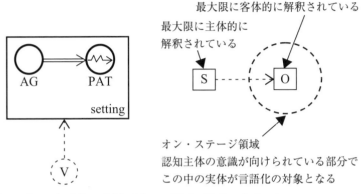

図3　Canonical Event Model　　図4　Optimal viewing arrangement
　　(Langacker (1991: 285))　　　　　(Langacker (1985: 121))

より具体的に言えば，Langackerの主張する概念化者と対象の基本的な視点構図は，ある事態を解釈してそれを言語化する場合，記述対象の事態は比喩的にオン・ステージ上にあるものとして捉えられ客体的に解釈されている (objectively construed) のに対して，それを解釈する概念化者はその解釈している自己自身を意識することはないので，それを比喩的にオフ・ステージにいるものと考え，主体的に解釈されている (subjectively construed) というわけである．そして，まさにここに図3を 'canonical' と名付け，図4を 'optimal' と名付けた理由があるのである．

2.2. Langackerの「自己中心的視点構図」の存在理由と転位された概念化者 (G′)

Langacker (1985) では，概念化者と対象の位置関係を表す視点構図として，先に見た「最適視点構図」と併せて次の図5の「自己中心的視点構図」が挙げられており，この2つの視点構図はLangackerの主体化 (subjectification) を考える上で極めて重要である．というのは，Langacker の「最適視点構図」では概念化者は事態を認識している自分の概念操作を自己認識はしておらず，主体的に解釈されているわけであるが，言語の意味には概念化者自身やその概念操作がその意味を担っている場合もあるわけであるから，このことを説明するためにはLangackerの理論では概念化者をオン・ステージ領域に位置付け，その概念操作を客体視し，認識することが必要であり，そのために「自己中心的視点構図」が必要ということになるのである．

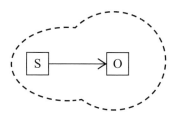

図5　Egocentric viewing arrangement

(Langacker (1985: 121))

事実，Langacker (1991) はグラウンド（ここでは概念化者を指している）の主体性の度合いを図6(a-c) のように示している．

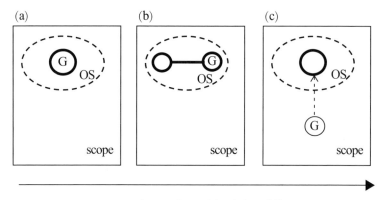

図6　increasing subjectivity of G

(Langacker (1991: 94))

ここで図6(a)は概念化者（'I', 'you'）が言語化の対象となっている場合であり，図6(b)は 'Vanessa is sitting across the table from me.' のような場合に相当し，最後の図6(c)は 'this' のような直示的表現の場合である．そこで，このLangackerの理論上極めて重要なことは，図6(a), (b)ではGがオン・ステージに位置付けられて「観られる側」となっているわけであるが，それを誰が認識しているのか（つまり，誰が「観る側」としての役割を担っているのか）ということである．結論的にはこのことは，図6では表されていないが，次の図7に示されるようにGを認識している「転位した概念化者（G′）」が存在するということである．つまり，概念化者は「観られる側（G）」と「観る側（G′）」の両方の役割を担っているのである．

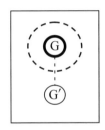

図7　DISPLACEMENT　(Langacker (1985: 128))

そこでこのことを踏まえ，図6(a-c)におけるGの主体性（subjectivity）の度合いについて考えてみると，それは概念化者Gが記述対象の意味に不可欠な（構成）要素となっている場合のGの主体としての関与（意味的貢献）の度合いのことであると言ってよい．つまり，概念化者自身が自らをオン・ステージ領域に位置付け，記述対象として認識されていればGの客体性は高いことになるが，そのGが意味の構成要素であることを認識するためにG′の概念操作が関与することでは主体性が高まるわけであり，また，Gがオフ・ステージで，その概念操作が語や表現の意味に不可欠な（構成）要素となっている場合はGの主体性は更に高いといえる．より具体的には，図6(a)では概念化者Gが自己を客体化し，それをG′が認識しているために主体と客体の非対称性が弱まり，その分Gの客体性が低くなっているわけである．そして図6(b)では，ある実体を捉えるために概念化者Gが自己を客体化し，転位したG′はGをその実体を特徴付けるための参照点とし，

それを経由してその実体を自己Gとの関係で認識（つまり，参照点・ターゲット認知という概念操作で認識）している．この場合，客体化されたGの存在と主体的に解釈されているG'の概念操作が記述対象を特徴付けている（つまり，意味の一部を担っている）ためにその分主体性が高まっているといえる．更に図6(c)ではGは主体的に解釈されており，'this'の意味を確立するために概念化者Gが不可欠である．この場合は(b)とは異なりGが客体化されていないので，(b)よりも主体性が高いことになるのである．

2.3. Langackerの主体化の本質

そこで，以上のことを踏まえてLangackerの主体化（subjectification）とは何かを考えてみると，その本質を理解するためには次の(11), (12), (13)に示される主体化の定義が極めて重要である．

(11) Subjectification can now be characterized as the realignment of some relationship from the objective axis to the subjective axis.
(Langacker (1990b: 326))

(12) **Subjectification** (discussed more fully in Langacker 1990b) is a semantic shift or extension in which an entity originally construed objectively comes to receive a more subjective construal.
(Langacker (1991: 215))

(13) A revised characterization of **subjectification** can now be offered: An *objective* relationship fades away, leaving behind a *subjective* relationship that was originally *immanent* in it (i.e. inherent in its conceptualization). (Langacker (1998: 75))

そこでまず，(11)の主体化の定義についてであるが，ここで述べられている主体化とは次の図8に示されるように，ある関係概念が'objective axis'から'subjective axis'に再編成されるということである．

第 4 章 Langacker の言語観と主観性・主体化

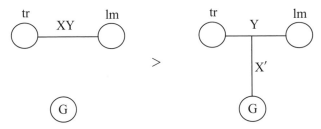

図 8　　　　　(Langacker (1990b: 325))

そして，この (11) の定義は (12) で更に明確となり，主体化とは元々は客体的に解釈されていた実体 (entity) が主体的に解釈される (subjectively construed) ことによっておこる意味転換 (意味拡張) (semantic extension) であるということが分かる．Langacker (1991) では次の図 9 (b, c) に示されるように，主体化を 2 つのタイプに下位区分し，(14), (15) を例に具体的に論じている．

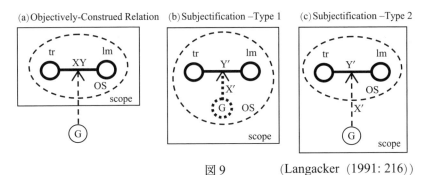

図 9　　　　　(Langacker (1991: 216))

(14) a. Harvey crawled across the table.
　　 b. A famous movie star is sitting across the table.
(15) a. The balloon rose slowly.
　　 b. The hill gently rises from the bank of the river.　(ibid.: 217-218)

つまり，(14a) は概念化者が事態をスコープの外から観てそれを言語化したものであり，この場合は概念化者は主体的に解釈されており，意味を担っているのは図 9(a) のように客体的に解釈されている事態の物理的な移動である．では Langacker のいう主体化のタイプ 1 とタイプ 2 はどのような点で

異なっているのだろうか．結論から言えば，タイプ1とはGが客体化された関係概念の一局面を担っている場合の主体化ということであり，その事例として挙げられている(14b)の言語表現からも分かるように，概念化者と対象('a famous movie star')との位置関係を言語化したものである．従って，概念化者そのものは言語化されていないが，図9(b)に示されるようにその概念化者の存在と認知操作（図中の'subjective path'を表している破線矢印）がなければこの表現は成り立たない．ここにGがオン・ステージ上にある理由があるわけである．[2] つまり，(14b)では，実体の「存在」が概念化者の認知操作によって実体と概念化者との「関係概念」として捉え直されているわけである．それに対してタイプ2は，本来的には主体的に解釈されている概念化者の認知操作が顕在化することによって起こる意味転換（意味拡張）である．具体的には，'rise'は本来的には(15a)に示されるように実体の物理的な移動を表わす表現であるが，(15b)では，'rise'は概念化者の心的走査（mental scanning）が顕在化し，それが'rise'の意味を担っているのである．図9(c)でGがオフ・ステージ上に位置付けられているのは，この(15b)の状況が概念化者の認知操作とは無関係に独立的に存在しているからであるが，そのGがスコープ内にあるのは，この意味転換（意味拡張）が概念化者の認知操作の顕在化に因るものであるからである．従って，この2つのタイプの主体化の違いは，本来的には概念化者に属している認知操作を経ることで意味が確立するのか，あるいは独立的に存在している事態を認識する概念化者の認知操作が顕在化し，それが意味を担うようになるのかの違いであるということである．

ここで興味深いことは，Langcker (1990b)が上記の2つのタイプの主体化とは別のレベルで，次の(16)と(17)を異なる2種類のタイプとして，それぞれを図10(a-c)のように図示して説明していることである．

(16) a. Vanessa jumped across the table.
　　 b. Vanessa is sitting across the table from Veronica.

---

[2] Langacker (1991)ではこのことを次のように述べている．
　(i) [...] G now anchors one facet of the designated relationship, [...]. The subjective path is an essential part of the profiled relationship, for it determines its configuration. (ibid.: 216-217)

(17) a. Vanessa is sitting across the table from me.
　　 b. Vanessa is sitting across the table.

(Langacker (1990b: 326-328))

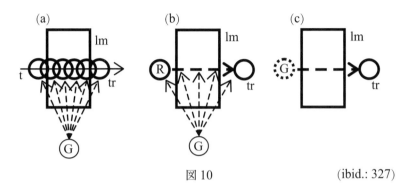

図 10　　　　　　　　　　　　(ibid.: 327)

具体的には，(16a, b) の違いは，(16a) では 'across' は客体的に解釈されている 'Vanessa' の物理的な移動の経路を表しているのに対して，(16b) では 'Vanessa' と 'Veronica' の静的な位置関係を捉える概念化者の 'subjective path' が 'across' の意味を担っているということである．一方，(17a, b) では，概念化者（話者）が客体的に解釈され，言語化されているか否かという違いであり，この場合の主体化では，実体の「存在」が，概念化者の認知操作によって，実体と概念化者との「関係概念」として捉え直されているということである．そしてこのことを共通の概念基盤として，(17a) では概念化者が客体化されて 'from me' と言語化されており，それに対して (17b) では図 10(c) の破線の円で示されるように概念化者は主体的に解釈され，その認知操作（'subjective path'）が 'Vanessa' と概念化者との位置的関係概念を表す意味を担っているわけである．[3]

では，なぜ Langacker (1990b) の主体化のタイプ分けと Langacker (1991) のタイプ分けが異なっているのだろうか．具体的に言えば，(16a, b) では，客体としての動的な関係と静的な位置関係から，(16b) では概念化者

---

[3] この Langacker (1990b) の 2 種類の主体化，特に (17a, b) の認知メカニズムに違いについては，上原（本書第 2 章）で言語類型論の視点から詳細に分析，考察されており，非常に興味深い主張がなされている．

の 'subjective path' が 'across' の意味を担っていることを明らかにし，(17a, b) では (16b) と同様の位置関係を表す参与者の一方を概念化者（話者）として，その言語化と非言語化の認知メカニズムを明らかにしているというように，自然な議論の流れとなっているにも関わらず，なぜそのタイプ分けを変更したのかということである．結論から言えば，この問題を解く鍵は Langacker (1991) が次のように述べていることから窺い知ることができる．

(18) There is reason to believe that epistemic predications can indeed arise in this fashion, and that the full progression (a) > (b) > (c) of Fig. 5.6 represents a possible course of historical evolution.

(Langacker (1991: 216))（下線筆者）

というのは，(18) の Fig. 5.6 は本章の図 9 に対応しているが，言語進化を人間の事態認識の発達過程との関係から考えると，この図 9 の (a) から (c) への移行が自然な流れであるとも考えられるからである．具体的に言えば，まず対象を知覚・認識するという段階があり，やがて対象を認知主体自身との関係で認識するということができるようになり，そこから更に自己と対象の関係をメタ認知的に捉え直すことができるようになるというのは，我々の事態認知の発達過程とも一致しており，これが図 9(a) から (c) の言語進化であると考えることも可能であるということである．そしてこのように，概念化者が自己との関係で対象を捉える 'mental path' がメタ認知されることで，この認知操作が客体的に解釈されるようになり，それが事態認知の在り様として一般化されるというのは，ごく自然な人間の認知処理の発達過程であるわけである．そのために，(15b) のような概念化者とは独立的に存在する対象の事態把握を事例として，そこに本質的に関わり，本来的に存在しているが，主体的に解釈されている概念化者の認知操作が前景化することで起こる意味転換（意味拡張）を図示したものが図 9(c) ということであると考えられる．

そして，このように見てくると，Langacker (1998) の (13) の 'a revised characterization of subjectification' の意図がよく理解できる．というのは，(16a) から (16b) への主体化について Langacker (1990b) は (19) のように，概念化者の 'mental scanning' を 'the manifestation of the realigned relationship' と述べているが, 実はこの (16a, b) を図示した図 10(a, b) のどちらにも破線矢印で示されている概念化者の 'subjective path' はあるのであり, 従って, 関係概念が 'objective axis' から 'subjective axis' に再編成されたのではないからである.

(19) The only "movement" over this path is subjective, residing in the conceptualizer tracking along it mentally in order to locate the trajector vis-à-vis the reference point. <u>This mental scanning is the manifestation of the realigned relationship along the subjective axis, and thus corresponds to X' in Figure 6.</u>[4]

(Langacker (1990b: 327)) (下線筆者)

そして, この (13) のように示された主体化の定義は認知文法では非常に重要な意味をもつ. というのは, 'objective relationship' が希薄化して概念化の中に本来的に存在する 'subjective relationship' がその後に残り, それが意味を担うという背景化／前景化という認知メカニズムとして主体化を位置付けることで, 人間の認知の営みとその言語的な表出との関係をより自然に捉えることができ, そこから言語の在り様をより明晰に記述することが可能となるからである. 事実, Langacker (2008) では, (20) に述べられているように, 主体化という認知メカニズムが文法化 (grammaticalization) やプロトタイプとそのスキーマの関係にも深く関わっていると論じ, この視点から Langacker (2009) では所有構造のプロトタイプとそのスキーマの関係を明らかにしている.

(20) Subjectification is thus a factor in the diachronic process of **grammaticization**: the evolution of grammatical elements from lexical sources. [...] Clearly, this relation between the prototype and the schema is nothing more than subjectification: mental operations immanent in the archetypal conception come to be used in abstraction from its content and applied to other circumstances.

(Langacker (2008: 538-539))

---

[4] この Figure 6 は本章の図 8 に対応している.

2.4. Langcker の主体化の認知的根拠

これまで述べてきたように，Langacker の主体化とは 'objective relationship' が希薄化し，'subjective relationship' がその後に残るという背景化と前景化の認知メカニズムに基づく意味転換（意味拡張）であり，本来的には認知主体に属している概念操作を経ることで意味が確立するか，あるいは認知主体の概念操作が顕在化し意味を担うことである．そこで，この節ではこの主体化という現象の認知的根拠について明らかにしたい．

このことに関してまず言えることは，言語が人間の認識作用の反映であり，言語の意味を概念化 (conceptualization) にあるとする認知文法の考え方からすれば，この「主体化」という現象も「世界」をどのように捉えるか，また，どのように切り取るかに深く関与する人間の認知能力と無関係ではありえないということである．そこで，この観点からこの「主体化」という認知操作の原点を考えてみると，それは (21) に定義付けられる「参照点能力 (reference point ability) に関する Langacker (1995) の記述の中に見出すことができる．

(21) the ability to invoke the conception of one entity for purposes of establishing mental contact with another.　　(Langacker (1993: 5))

Langacker (1995) はこの参照点能力を図 11 ように図示し，また，この能力を反映した構造を「参照点構造 (reference point constructions)」と呼んでおり，このことは身近な例として次の (22a, b) のようなものを考えてみても，この能力が我々の知覚作用や概念操作に非常に一般的なものであることが分かる．

第4章　Langackerの言語観と主観性・主体化　　　　　　　　137

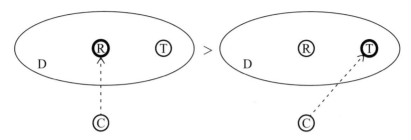

図11　*Two-part representation of the reference-point function.*

(Langacker (1995: 188))

(22) a. 北斗七星 → 北極星［視覚的に北斗七星をRとして北極星を見つける］（知覚作用）
   b. John's car［心的にJohnをRとして車を特定する］（概念操作）

そこで，このLangacker (ibid.) で注目すべきことは，この参照点構造ではTが次の実体のRとして機能し，それが繰り返され連鎖をなしている場合があるとして，(23) のような例を挙げ，このときの認知操作を図12(a) のように図示した上で，その際の概念化者の認知的役割を (24) のように述べ，それを図12(b) のように図示していることである．

(23)　Bill's friend's cousin's wife's lawyer's new car　　　(ibid.: 190)

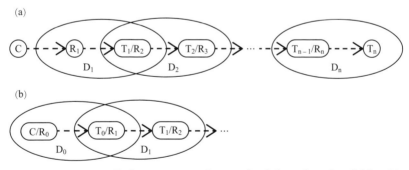

図12　*Reference-point chains of indefinite length.* (ibid.: 189)

(24)　*C*'s actual conceptual experience may simply comprise a series of conceptual foci. Whereas each reference point and target is focused and hence *objectively construed* at some point in the sequence, *C* has the *subjective* role of an offstage conceptualizer. Despite *C*'s special status, there is a clear sense in which it too functions as a kind of reference point. [...] As the subjective viewing presence, *C* is not itself in view, but the same is true of an objective reference point once it fulfills its function and the focus shifts to the target. These considerations are reflected in Figure 19(b), which shows the beginning of a reference-point chain with *C* as its origin. <u>*C* is thus depicted as being both the conceptualizer and the initial reference point, R_0, the chain's subjective anchor.</u>

(ibid.: 188-189) （下線筆者）

つまり，この参照点連鎖では図12(b)のように「Cが概念化者であると同時に連鎖の主体的な支点（anchor）として最初の参照点であるという二重の役割を果たしている」ということであり，この概念化者が参照点として機能するということが「主体化」を考える上で非常に重要な意味をもつのである．というのは，主体化とは先にも述べたように概念化者の認知操作が前景化することであるが，この前景化には概念化者自身がその認知操作を認識することが必要だからである．これを参照点構造に当てはめて考えると，John's car では一見，John's が参照点で，ジョンの所有している車がターゲットという構図であるが，その際には図12(a)の概念化者（C）から参照点（R）への破線矢印で示されている概念化者のその実体への心的接触が不可欠である．つまり，John は概念化者がそれを想起することで初めてその存在が確立するわけであるから，概念化者が John の参照点として機能しているということになるのである．このようなわけで，図12(a)は，図12(b)に示されるように，認識上の出発点として C が参照点となり，R がターゲットという構図で R が認知され，その R を参照点として T が認知されるということを表わしているともとれるわけである．これは概念化者の自己知覚（自己認識），つまり，メタ認知であり，この参照点としての自己の客体化，これが自己の他者化の原型であり，その客体化された自己の事態に対する認知プロセス（認知操作）が存在するという認識に繋がり，これが「主体化」という現象の第一歩であるわけである．もっと言えば，Langacker (ibid.) では参照

点・ターゲット認知について述べているわけであるが，実は人間の事態認識の本質を言い当てているのである．

3. Langacker の言語理論における知覚（体験）の重要性

これまで述べてきたように Langacker の事態把握は「最適視点構図」を基本として理論が構築されており，「主体領域」と「客体領域」が截然と区別され，「観る側」として認知主体がオフ・ステージに位置付けられ，「観られる側」の対象がオン・ステージに位置付けられており，言語化の対象となるのは認知主体が意識を向けている注意の焦点としてのオン・ステージ領域の実体（entity）に限られている．ではなぜこの視点構図を基本にして理論が構築されているのかというと，結論的にはこのことは，すでに述べたように Langacker の認知文法の言語観が「意味は概念化にある (meaning resides in conceptualization)」ということであり，「概念化とは概念化者の認知プロセスである (conceptualization resides in cognitive processing)」(Langacker (2008: 31)) という根本原理から説明がつく．つまり，言語の意味構造を記述するということは「概念領域」での認知主体の概念操作を明らかにするということであり，そのために「観る側」「観られる側」の関係として認知主体と記述対象を捉える必要があるからである．

しかし，ここで付け加えるべきこととして，このことは確かに Langacker の言語理論の中核をなすものであるが，その根底には人間の言語活動や言語の本質として，先に第 1 節で見た人間の「知覚（特に視覚）作用」とそれに対応する概念的相似物としての「概念操作」があるということを忘れてはならない．[5] つまり，我々は日常の知覚体験を基本的な認知能力を用いていわば構造化し，その構造化された概念を用いて事象を理解しているわけであ

---

[5] このことに関して Langacker (1995) は次のように述べている．
 (i) I suggest that certain aspects of visual perception instantiate more general features of cognition, so that we can validly posit abstract analogs for numerous constructs useful in describing vision.　　　　　　　　　　(Langacker (1995: 155))
 (ii) Numerous aspects of construal that are quite important linguistically can reasonably be interpreted as general conceptual analogs of phenomena well known in visual perception.　　　　　　　　　　　　　　　　　　　　　(ibid.: 156-157)

り,(25)で述べられているように,我々の日常の身体的経験から抽象化されたイメージ・スキーマが概念化者の事態把握に関与する認知操作を説明するために極めて重要であるということである.事実,Langacker (2008: 33-34) は image schema の概念を 'minimal concepts' 'configurational concepts' 'conceptual archetypes' の3種類に区別しているが,そのどれもが我々の身体性から得られるものであると述べている.

(25) Cognitive linguists incline more to imagistic accounts. The best-known proposal posits a set of **image schemas**, described as schematized patterns of activity abstracted from everyday bodily experience, especially pertaining to vision, space, motion, and force.
(Langacker (2008: 32))

このように,Langacker の言語観は,我々の実体(モノや事態)の把握は第一義的にその対象との直接的なインタラクションを通しての知覚体験に根ざしているのであり,ここに先に見た図1の意義があるわけであるが,ここで興味深いことはこの図1についての以下の記述である.

(26) In examining Figure 1, we see both the viewer (V) and the focus (F), linked by the dashed arrow representing the perceptual relationship. It is important to realize, however, that V does not enjoy the same bird's eye view of the situation that we do as outsider observers. For us, all of Figure 1 falls within the viewing frame and constitutes the focus. But V is not looking at Figure 1—rather, V is *in* Figure 1 looking at the 'stage' (the area labeled VF in the diagram), and specifically at F, from an offstage vantage point. By directing his gaze outward in this fashion, V effectively excludes himself from VF (the locus of attention and region of visual acuity) and places himself at the extreme margin of the maximal field of view. V thus has only a vague and partial view of himself, at the periphery, if he sees himself at all. This viewing arrangement therefore maximizes the asymmetry between V's role as the *subject* of perception and F's role as the focused *object* of perception. To the

extent that this asymmetry obtains, I say that *V*'s role in the perceptual relationship is **subjective**, and that *F*'s role is **objective**. [...] <u>If this viewing arrangement is regarded as canonical, there are nonetheless other options. For example, we can lessen the subject/object asymmetry by directing our gaze so as to bring a portion of our own body into *VF* as the focus of attention.</u>

(Langacker (1995: 161-162))（下線筆者）

つまり，この (26) の記述から，Figure 1（本章の図 1 に対応）の perception では知覚者（viewer）は周辺にその一部がぼんやり見えるだけで，「見え」の範囲である viewing frame には自分自身はなく，また，その「見えの範囲」がどこに視線を向けるかで変化するということである．従って，この viewing frame は図 13 の Gibson (1986) の visual ego と基本的には同じであり，図 1 は「見え」のままの認識を図示したものであるということである．

図 13　Visual Ego（Gibson (1986: 113)）

そして，このことを踏まえたうえで，(26) で Langacker が知覚者と知覚対象の関係を 'subjective/objective asymmetry' と述べ，「観る側」と「観られる側」の関係として捉えているのは，「知覚」には単に対象を「感覚器官を通してその存在を感じる」というだけでなく，それが何であるのかを認識するということが当然含まれているわけであるから，知覚者が知覚対象を認識する際には，概念世界上でその対象と対峙するということが必要となるからである．

しかし，このことについては，我々の日常の知覚体験の在り様を反省的に考えてみると，もう少し詳細な議論が必要であると考えられる．そこで，こ

の知覚体験を第一義的とする言語観で注目すべきは中村 (2004, 2009, 2012, 2013) の一連の論考であり，我々の事態認識は本質的には知覚対象を「観る・観られ関係」として認識しているのではないとう主張である．このことは対象との直接的なインタラクションによる知覚体験を通しての事態の認知からメタ認知へという人間の認知の自然な営みとも一致する．そこで次節では中村 (ibid.) の提唱している認知モードについて概観し，このことをより具体的に考察することとしたい．

4. 認知主体の事態認識の在り様の本質的側面

我々はある対象物や事態を知覚し，それが何であるかを認識する．この場合，知覚と認識は同時並行的（あるいは知覚と認識が融合した認知）であり，その対象物や事態を real-time 処理で把握しているということになる．つまり，対象物や事態の存在は認知主体がその対象物や事態を知覚することでいわばその存在が確立するのであり，それが何であるかという認識は知覚とほぼ同時並行的に概念世界でなされるわけである．

中村 (2013) は我々の認知の本質は対象との主客未分の直接的なインタラクションによって認知像が創発することであるとし，この認知像を emergent image と呼んでいる．そして，太陽の上昇を例に挙げ，この事態との直接的なインタラクションによって創発する emergent image は，私たちの内（脳内）に生じているようでもあり，私たちの外に生じているようでもあるという主客未分の状態であり，従って，「陽」と「昇る」が区別されていない「陽昇る」のような感覚的な統合体であると述べ，このような認知の在り様を図14のように図示している．

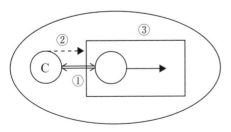

外側の楕円：認知の場
C: Conceptualizer（認知主体）
①身体的インタラクション
②破線矢印：認知プロセス
③四角：認知像

図14　Iモード認知　　　（中村 (2009: 359)）

つまり，このIモード認知を図示した図14は，認知主体（C）が対象と直接インタラクションすることでその認知像が創発することを表していると同時に，外側の楕円で描かれた認知の場は認知主体の認識世界，つまり，認知主体そのものであり，そこには主体と客体の対峙はなく，主客未分の状態ということになるのである（中村 (ibid.)）．従って，このIモード認知では認知文法でいう grounding は必要ないわけである（中村 (2009: 382)）．

そしてこの認知の在り様は，我々の日常の知覚体験からも十分納得のいくことである．というのは，我々は，たとえば鳥が飛んでいる事態を知覚すると，「鳥」と「飛んでいる」を別々に知覚・認識しているわけではないからである．また，このIモード認知は脳科学の知見からも自然な考え方であると言える．というのは，我々は物理世界の対象を知覚すると，その知覚対象は目の網膜から脳内に取り込まれ，知覚表象（perceptual representation）が形成され，その表象が何であるのかという認識は，すでに確立されたメタ表象（観念表象）と mapping することで得られるわけであるが，このときこの表象は神経インパルスによる記号的記述という表現方法で表象されるのであり，この記号化は網膜でも部分的に行われるが，大体は脳内に30ほどある別々の視覚野（たとえば，MT野は動きを捉え，V4野は色を捉えるというように）のネットワークによって行われるのである．従って，知覚対象は外にあるものであるが，脳が働かなければ見えないのであり，この意味でそうした知覚対象は正確には外にはなく，自分の脳が自分のこころに作り出す心像なのである．そして最終的に我々は対象物を認識するのであるが，このプロセスは意識にはのぼることはなく，従って観る側と観られる側という主客の対峙はないわけである（Ramachandran (1998: 72-73), Ramachandran (2011: 47-48), 山鳥 (2008: 90-117) 参照）．

一方，知覚された事態が脳内で処理されて認識され，それを言語化するということは，必然的に知覚対象を脳内で客体視するという過程を含むことになる．つまり，Iモード認知による直接的なインタラクションによって創発した emergent image を言語化する過程で，言語話者がその言語社会での好まれる表現形式に応じて，その対象をカテゴリー化する（たとえば，「鳥飛ぶ」という emergent image を「鳥」と「飛ぶ」にカテゴリー化する）ということが必要なわけである．中村 (ibid.) はこの認知の在り様をDモード認知と呼び，図15のように図示している．

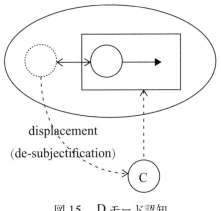

図 15　D モード認知　　　　　(ibid.: 363)

　また，D モード認知が I モード認知で創発した emergent image を客体視する認知の仕方であることから，それは事態をメタ認知的に捉えることでもある．メタ認知とは一般的には「心の理論（theory of mind）」が芽生え始める 3〜4 歳頃から活性化する能力であり，自分自身の行為（知覚や理解等の認知活動）をモニターするという認知の仕方であるが，この能力によって本来的には平行的である知覚作用と概念操作を分離することが可能となるのである．そしてこの分離によって，認知主体はたとえ事態に直接関与している最中でも，その概念操作（認識作用）を通して事態を把握することができるのである．これがメタ認知（茂木（2004）のいう脳の中に「小さな神の視点」を獲得するメカニズム）であり，これによって認知主体は概念レベルで鳥瞰図のように事態全体を「認知的に観る」ことも可能となるわけである．

　重要なことは，I モード認知と D モード認知というのはあくまで我々の事態認識の 2 つの在り様であり，I モード認知が認知主体と知覚対象が主客未分の状態での認知の在り様であるのに対して，D モード認知とは認知主体が対象を客体視して認識する認知の在り様ということであるが，我々が知覚した事態を言語化するということは，必然的にその事態を脳内で客体視するという認知操作が必要だということである．そして，このことを基本として，我々の事態認知とその言語化の間の過程には，知覚対象と直接インタラクションして I モード認知で創発した emergent image を D モード認知でカテゴリー化して言語化する場合と，知覚対象を D モード認知で捉え直し，その

捉え直された構造を言語化する場合があり得るということになるのである．

具体的な例で言えば，日本語の「Vテイル」は認知主体がIモードで認知した事態をDモードでカテゴリー化する認知過程を反映しているのに対して，英語の'be V-ing'は事態をDモードでメタ認知し，そのメタ認知された構造が図16に示される'be Ving'の構文スキーマと合致しているということが，その事態を'be V-ing'で表現することを可能にするのである．

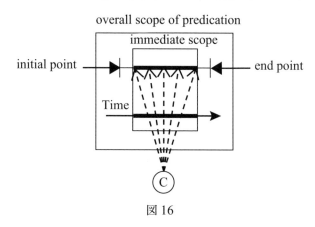

図 16

従って，このために，非完了プロセス（imperfective process）は「始まり」と「終わり」が認識されないために'be V-ing'では表現されないのであり，また，この意味構造に合致する完了プロセス（perfective process）の場合には，overall scope内に end point が認識されることから一時性を表したり，あるいは，end point を行為の達成と見立てると，その手前の profile することから予定を表すことが可能となるのであるが，こうしたことは言語化以前の認知レベルでのDモードによる事態のメタ認知を反映しているからこそ可能なわけである．

中村（2009）では，日英語話者はそのどちらの認知モードも有しているとした上で，「日本語はIモードを強く反映し，英語はDモードを強く反映している」として，多くの具体的な事例を対照させて説得力のある議論がなされている．

5. Iモード認知／Dモード認知と日英語話者の事態認知

　前節では中村（ibid.）の2つの認知モードについて概観し，Langackerの視点構図が認知主体と事態との主客対峙を前提としているのに対して，人間の認知の本質が事態との直接的なインタラクションによる主客未分の認知であることをみた．そこでこの節では，Langackerの視点構図（主格対峙のDモード認知に対応）に加えて，その前段階の認知の在り様として主客未分のIモード認知を組み込むことで，認知主体の認知の在り様や言語の本質をより明晰に記述できることを述べたい．

5.1. 事態内参与者の言語化／非言語化

　そこでまず注目に値することは，認知モードと事態内参与者の言語化と非言語化の問題である．このことは，たとえば我々が探し物を見つけたときに，ふと呟く『あ，あった』というような日常の身近な言語表現にも見出すことができる．つまり，日本語では見つけた対象物自体は言語化されないのである．それに対して，英語の場合には 'Here it is.' あるいは，'I found it.' のように見つけた対象物は言語化することが必要である．そしてこの対比は (27a, b) に示されるように，話し手と聞き手の間での言語コミュニケーションでも同様である．

(27) a.　きれいだね．
　　　b.　It's beautiful.

(27a, b) が話し手と聞き手が美術館にいて同じ絵画を観ている状況だとすると，両者は直接インタラクションすることで対象を把握しているわけであるが，このような場合，話し手と聞き手の間で対象物に対する共同注意（joint attention）が成立していれば，日本語の場合にはそれをあえて言語化する必要がない．このために眼前の対象物が聞き手に理解できていると判断できる場合には，(27a) のようにそれについての叙述部分だけが言語化されるということが起こるのである．しかし，このような状況でも，英語の場合には (27b) のように対象物を言語化することが必要である．

　そして，この事態内参与者の言語化と非言語化の違いはまさに認知モードの違いを反映しており，日本語話者の場合にはIモード認知が慣習化してい

るのに対して，英語話者の場合にはDモード認知が慣習化していることを明確に示しているということである．Iモード認知が認知主体の事態との直接的なインタラクションによってemergent imageが創発し，それを言語化する過程でDモード認知によるカテゴリー化が必要であるとすると，知覚対象が直接インタラクションすることで創発したemergent imageは脳内にあるために，それを言語化する必要がなく，その結果として叙述部分だけが言語として表出されるということになるのである．このため，母語習得の過程でIモード認知が慣習化している日本語話者にとっては，言語化されているのは叙述の部分だけであるが，言語化されない指示対象は認知の場（認知主体の脳内）に明確に存在しているのであり，全体としては「知覚対象が脳内に取り込まれた心像と言語化された叙述部分」で表現として完結しているということになるわけである．

そして，これと同じことが過去の事態を話題にしている (28B) にも言えるのである．

(28) A: あのCDどうした？
B: 買っちゃったよ．
B′: I bought it.

この (28) ではCDは発話時の場面の中には存在していないが，ここで重要なことは，日本語話者の想起する概念世界は，事態との直接的なインタラクションによるIモード認知がそのまま再現された認知の在り様であるということである．つまり，(28A) の話者も (28B) の話者も共にIモード認知で過去の事態を想起し，その中の特定の対象物（この場合はCD）を話題にしているのであり，その事態を経験の中で共有しているので，互いの「認知の場」にある対象物に対する共同注意が成立し，互いの会話が成り立つのである．それに対して英語話者の場合には，やはり (28B′) のように主語や目的語を言語化する必要があるわけである．

ではなぜ，同一の状況であっても，日本語とは違って，英語では事態内参与者が言語化されるのか．結論的にはこのことは，英語話者の場合には主語を義務的に言語化する必要があるため，記述対象の事態を構造的に捉えるという認知操作を必要とし，そのために事態をDモードでメタ認知するという認知過程を必然的に伴うということになるからである．より正確に言え

ば,図 17 に示されるように英語話者は事態を知覚・認識すると,主語を認識するためにその事態をメタ認知し,いわば事態を構造的に捉える「概念的鋳型」というフィルターを通してその事態を認知処理するのであり,そしてその過程で事態内参与者を tr/lm 認知するということが慣習化し,それが言語話者の社会の中で「好まれる表現形式」として定着しているのである.

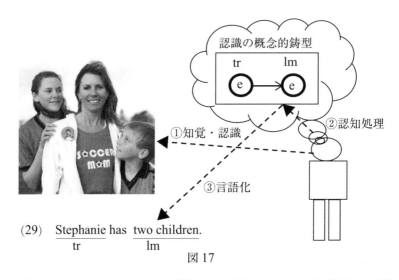

(29)　Stephanie has　two children.
　　　　　tr　　　　　lm
図 17

更に付言すれば,このように事態をメタ認知し,それを鳥瞰図的な視野で捉えることができるからこそ,次のように「寒さ」等を分析的に言語化することが可能なのだと言えるわけである.

(30) a. *I'm {hot / cold / freezing / miserable} here in Chicago.*
　　 b. *It's {hot / cold / freezing / miserable} in Chicago.*
　　 c. *Chicago is {hot / cold / freezing / miserable}.*

(Langacker (2009: 143))

そしてここでの議論は,Tomasello (2003) が英語話者の母語習得における主語の重要性について (31) のように述べていることからも裏付けられる.

(31)　The English subject is a very specialized syntactic role that involves a number of different functions, many of which do not occur together in the same category in other languages. [...] The generalized notion of the subject role in an utterance or construction—which children would have to have mastered to perform well in most of the experiments—represents the finding of a set of commonalities among these many and varied construction-specific subjects. That is, subject represents a syntactic role in something like a highly general Subject-Predicate construction at the most schematic level of the constructional hierarchy. (Tomasello (2003: 168-169))

5.2. 認知モードと verb-framed language / satellite-framed language

これまで述べてきたように,我々の事態認知の本質は主客未分の直接的なインタラクションによりその事態を認識しているということであり,また,その一方でその事態をメタ認知的に捉えることもできるということである.そしてこの事態認知の 2 つの在り様は中村 (2004) の I モード認知と D モード認知にそれぞれ対応するわけであるが,それぞれの認知モードで認知主体が対象である事態をどのように捉えているのか明らかにしようとすると,そこには Langacker (2008) が (32) のように述べている 2 種類の「時」の概念である conceived time と processing time の区別が不可欠であると考えられる.つまり,図 18 に示されるように事態が時間軸にそって展開される conceived time (t) としての「時」と,概念化者が事態を認知処理するために要する processing time (T) としての「時」の区別である.

(32) Conceptualization is inherently dynamic—not something that statically exists, but rather something that happens. It resides in mental processing [...] and therefore occurs through time. When time is viewed in this capacity, as the **medium** of conception, it is referred to as **processing time**. [...] Processing time has to be distinguished from **conceived time**—that is, time as an **object** of conception. Time is construed most objectively when a span of time is profiled [...]. It figures as well in the conception of any event, since events occur through time. (Langacker (2008: 79))

150

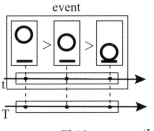

図 18　　　　　　(Langacker (2012: 204)))

そしてこの processing time は通常は主体的に解釈 (subjectively construed) され, 意識されないが, 重要なことは, I モード認知ではこの conceived time と processing time が常に同時並行的であるのに対して, D モード認知ではそれを分離することが可能となるということである.[6] というのは, このことを Langacker の「最適視点構図」で言い換えれば, 対象である事態がオン・ステージ領域にあり, 認知主体がオフ・ステージ上に位置付けられているため, 事態が展開する conceived time とそれを把握する認知主体の processing time は異なる認知領域にあるということになるからである. 実は, 先に 2 節で述べた Langacker の主体化ではまさにこの 2 種類の「時」の区別が不可欠であり, この分離によって processing time にそって事態を把握する概念化者の認知プロセスが顕在化し意味を担う現象が主体化ということになるわけである. 実際に Langacker (2008: 528-529) ではこのことを (33) のように述べ, 'actual motion' と 'fictive motion' の違いを図 19 (a), (b) のように図示している.

---

[6] I モード認知で conceived time と processing time が同時並行的であるというのは, Langacker (2008) が次のように述べていることとも一致する.
(i) One way in which we conceptualize events is by directly observing their actual occurrence. In this circumstance, the distinction between conceived time and processing time might seem superfluous, since the temporal intervals coincide. If figure 4.7 represents the actual, real-time observation of a ball rolling down an incline, the time span during which the conceptualization occurs (T_1—T_5) is precisely the same as the time during which the event occurs (t_1—t_5).
(Langacker (2008: 110))

第 4 章　Langacker の言語観と主観性・主体化　　　151

(33)　One product of subjectification is the phenomenon known as **fictive motion**. [...] We conceptualize an actual motion event [...] by tracking the mover's progress along a spatial path. [...] through processing time (T), we successively conceptualize the mover as occupying—through conceived time (t)—a series of locations that collectively constitute the path. An inherent aspect of this conception is that the conceptualizer scans mentally along the same path which the mover traverses physically; [...]. In fictive motion expressions, the same mental operations are applied to a static scene, [...]: through processing time, C scans along the path by successfully invoking the constitutive locations. [...] And at least for this purpose, conceived time has no significant role in the expression's objective content (OC).　　　　　　　　　　　(Langacker (2008: 528-529))

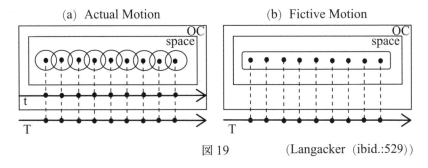

図 19　　　　　　(Langacker (ibid.:529))

具体的に言えば，actual motion では認知主体は対象である実体（entity）の現実世界における具体的な移動を認知操作でたどる事態把握となり，このことを記述するために，Langacker の理論的枠組みでは記述の対象はオン・ステージ上に概念化され，認知主体はオフ・ステージ上に存在することになるので，図 19(a) ではそれが概念空間上の違いとして表現されているわけである．そして，そうであるからこそ，この 2 つの「時」のずれを図 20 のように表示し，「過去の時」を記述することができるのである．

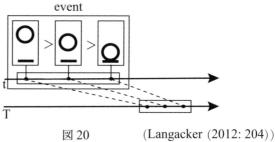

図 20　　　　　　（Langacker (2012: 204)）

そして，ここで重要なことは，認知主体と対象が同一の認知の場におり，直接的なインタラクションによって認知主体が対象を把握するIモード認知では，この conceived time と processing time が常に同時並行的であるということである．実はこの conceived time と processing time が同時平行的であるのか，分離可能なのかということが，中村 (2009) がIモード認知は「事態を非有界的に捉えている」のに対して，Dモード認知は「事態を有界的に捉えている」ということや，Iモード認知を反映している言語は (34a) のように 'verb-framed language' である傾向が強いのに対して，Dモード認知を反映している言語は (34b) のように 'satellite-framed language' である傾向が強いと述べていることに関係しているのである．

(34) a.　クリステンは走って店に入った．
　　 b.　Kristen ran into the shop.

というのは，Iモード認知では対象を「知覚」し，それと直接インタラクションすることを通して「認知像」を形成するわけであるが，その認知像を形成する過程で先の図 14 の破線矢印で示される認知主体の認知プロセス（概念操作）が関与しているということは，Iモード認知というのは「知覚」と「認識」がほぼ同時に進行する事態把握ということになるからである．また，認知主体と対象が同一の「認知の場」にいるということは，認知主体は自分自身の認知操作を客体化していないということであり，その processing time を意識することはないわけである．つまり，「見え」の範囲内にある事態とその事態が展開する conceived time が知覚・認識されるだけである．このように中村 (2009) で述べられている日本語話者が事態を非有界的に認識するというのはこの 2 つの time の同時並行性から出てくるのである．それに対し

てDモード認知は，先にも述べたように事態全体を鳥瞰図的に「認知的に観る」わけであるから，その事態は有界的となるのである．

このように考えてくると，Iモード認知を強く反映している日本語が 'verb-framed language' であるのは，'conceived time' と 'processing time' が同時平行的であるために，事態はあくまで 'process' として認識されることになるので，経路 (path) を動詞で言語化するしかないからであり，それに対してDモード認知を強く反映している英語が 'satellite-framed language' であるのは，'conceived time' と 'processing time' の概念領域が異なっているために両者を分離し，'conceived time' を背景化することでプロセスをモノ的に前置詞や不変化詞で言語化することが可能だからであると言える．そしてこのことはLangackerの次の (35) の主張とも一致する．

(35) In the CG analysis, the crucial difference resides not in content but in construal. There are two aspects in which the verb construes the content **temporally** and the preposition **atemporally**. First, the verb specifically invokes conceived time (t) and portrays the complex relationship as developing along this axis. While the temporal dimension is not excluded from the preposition's meaning, neither is it focused—it remains in the background and may even be absent altogether. Second, the verb highlights temporality by scanning through the component states sequentially (indicated by the bar along the time arrow), whereas the preposition achieves a holistic view by scanning them in summary fashion.

(Langacker (2008: 117-118)) （下線筆者）

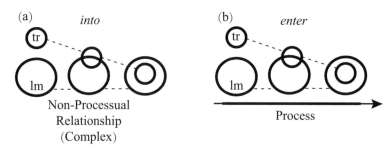

図 21　　　　　　　(Langacker (ibid.: 117))

つまり，I モード認知では conceived time と processing time が同時並行的であるために process は sequential scanning されるので，それを言語化しようとすると「動詞」で表現せざるを得ないが，それに対して英語は D モード認知であり，process を summary scanning して holistic に捉えることができるので，そのためにそれを「動詞」ではなく「前置詞」や「不変化詞」で言語化することが可能であるということである．もっと言えば，英語の前置詞（'into' や 'across' や 'over' 等）が 'complex atemporal relation' を表すことができるのはこのことに起因していると言えるのである．[7]

6.　まとめ

本章では Langacker の認知文法の言語観を概観し，'subjectivity'（主観性・主体性）をめぐる問題について，「意味は概念化にある（meaning resides in conceptualization）」という基本原理から，あらゆる言語表現には概念化者

---

[7] このように日本語が verb-framed language であるのは日本語話者が I モード認知を事態把握の基本とするからであるが，この事態把握の仕方から更に言えることは，モノとコトが認識上明確に区別されているということである．それに対して，英語話者が D モード認知を事態把握の基本とするということは，モノとコトが認識レベルではそれほど截然と区別されてはいないということである．Langacker が entity（実体）をモノとコトの両方を表す概念として用いているのはこのためである．そしてその 1 つの現れが 'explode' と 'explosion' の違いであり，これを Langacker (1991) は概念のベースは同一であり，その profile が異なっているにすぎないと論じている．そして，もっと言えば，このことが英語ではなぜ無生物主語構文が定着し，日本語ではそうではないのかという問いに対して明確な答えを与えることを可能にするのである．

の「主観性」が色濃くでているわけであり，'subjectivity' が概念化者と対象との位置関係である vantage point に関わる問題であることから，「主体性」と考えるべきであることを述べた．また，認知文法は我々の日常の知覚作用を抽象化した相似物である概念操作の視点から言語現象を捉え，言語の意味構造を記述する点で非常に説得力のある理論であり，そのために認知主体と記述対象を主客対峙の視点構図で捉える必要があるわけであるが，しかし，我々の知覚体験の在り様の本質的側面を考えると，事態との直接的なインタラクションによる主客未分の認知である I モード認知を Langacker の視点構図に加えて組み込むことで，認知主体の認知の在り様と言語の関係をより明晰に記述できることを述べた．

参考文献

Gibson, James Jerome (1986) *The Ecological Approach to Visual Perception*, Psychology Press, New York.

濱田英人・對馬康博 (2011a)「Langacker の主観性 (Subjectivity) と主体化 (Subjectification)」『文化と言語』第 75 号，1-49，札幌大学外国語学部紀要．

濱田英人 (2011b)「言語と認知——日英語話者の出来事認識の違いと言語表現——」『函館英文学』第 50 号，65-99，函館英語英文学会．

Hayase, Naoko (1997) "The Role of Figure, Ground, and Coercion in Aspectial Interpretation," *Lexical and Syntactic Construction and the Construction of Meaning*, ed. by Marjolin Verspoor, Kee-Dong Lee and Eve Sweetser, 33-51, John Benjamins, Amsterdam/Philadelphia.

本多啓 (2011)「共同注意と間主観性」『主観性と主体性』ひつじ意味論講座第 5 巻，127-148，ひつじ書房，東京．

池上嘉彦 (2011)「日本語と主観性・主体性」『主観性と主体性』ひつじ意味論講座第 5 巻，49-67，ひつじ書房，東京．

Langacker, Ronald W. (1985) "Observations and Speculations on Subjectivity," *Iconicity in Syntax*, Typological Studies in Language 6, ed. by John Haiman, 109-150, John Benjamins, Amsterdam/Philadelphia.

Langacker, Ronald W. (1990a) "Subjectification," *Cognitive Linguistics* 1(1), 5-38.

Langacker, Ronald W. (1990b) *Concept, Image, and Symbol: The Cognitive Basis of Grammar,* Mouton de Gruyter, Berlin/New York.

Langacker, Ronald W. (1991) *Foundations of Cognitive Grammar*, vol. 2: *Descriptive Application*, Stanford University Press, Stanford.
Langacker, Ronald W. (1993) "Reference-Point Constructions," *Cognitive Linguistics* 4, 1-38.
Langacker, Ronald W. (1995) "Viewing in Cognition and Grammar," *Alternative Linguistics: Descriptive and Theoretical Modes*, ed. by Philip W. Davis, 153-212, John Benjamins, Amsterdam/Philadelphia.
Langacker, Ronald W. (1998) "On Subjectification and Grammaticalization," *Discourse and Cognition: Bridging the Gap*, ed. by Jean-Pierre Koenig, 71-89, CSLI Publications, Stanford.
Langacker, Ronald W. (1999) *Grammar and Conceptualization*, Cognitive Linguistics Research 14, Mouton de Gruyter, Berlin/New York.
Langacker, Ronald W. (2006) "Subjectification, Grammaticalization, and Conceptual Archetype," *Subjectification Various Paths to Subjectivity,* Cognitive Linguistics Research 31, Mouton de Gruyter, Berlin/New York.
Langacker, Ronald W. (2008) *Cognitive Grammar: A Basic Introduction*, Oxford University Press, Oxford.
Langacker, Ronald W. (2009) *Investigations in Cognitive Grammar*, Cognitive Linguistics Research 42, Mouton de Gruyter, Berlin/New York.
Langacker, Ronald W. (2012) "Linguistic Manifestations of the Space-time (Dis) analogy," *Space and Time in Languages and Cultures*, ed. by Luna Filipovic and Kasia M. Jaszczolt, John Benjamins, Amsterdam/Philadelphia.
Matsumoto, Yo (2003) "Typologies of Lexicalization Patterns and Event Integration: Clarifications and Reformulations," *Empirical and Theoretical Investigations into Language: A Festschrift for Masaru Kajita*, ed. by Shuji Chiba et al., 403-418, Kaitakusha, Tokyo.
茂木健一郎 (2004)『脳内現象』日本放送出版協会, 東京.
中村芳久(編) (2004)『認知文法論II』大修館書店, 東京.
中村芳久 (2009)「認知モードの射程」『「内」と「外」の言語学』, 坪本篤朗・早瀬尚子・和田尚明(編), 353-393, 開拓社, 東京.
中村芳久 (2012)「認知モード・言語類型・言語進化——再帰性 (recursion) との関連から——」*Kanazawa English Studies* 28, 285-300, 金沢大学英文学会.
中村芳久 (2013)「Iモード現象と言語進化」認知言語学セミナー(札幌大学認知言語学研究会主催) (2013年8月31日).
Ramachandran, V. S. (1998) *Phantoms in the Brain*, Willian Morrow, New York.

Ramachandran, V. S. (2011) *The Tell-Tale Brain*, W.W. Norton & Company, New York/London.

Slobin, Dan (2004) "The Many Ways to Search for a Frog: Linguistic Typology and the Expression and Motion Events," *Relating Events in Narrative*: Vol. 2, *Typological and Conceptual Perspectives,* ed. by S. Stromqvist and L. Verhoeven, 219-257, Psychology Press, New York/London.

Talmy, Leonard (2000) *Toward a Cognitive Semantics, vol. 2, Typology and Process in Concept Structuring*, MIT Press, Cambridge, MA.

Tomasello, Michael (2003) *Construing a Language: A Usage-Based Theory of Language Acquisition*, Harvard University Press, Cambridge, MA.

山鳥重(2008)『知・情・意の神経心理学』青灯社,東京.

第 5 章

傍観者と参与者
―認知主体の二つのあり方―

町田　章

広島大学

キーワード：視点，SS モデル，客体化，対象のガ格，主観述語，移動，意味役割

1. はじめに

　一般に，言語表現に見られる subjectivity を論じる際には，「主体性」または「主観性」という訳語が用いられることが多い．しかしながら，このように二つの訳語が併用して用いられている現状は決して望ましいものではない．それは，「主体」と「主観」という日本語は相互に関連しつつも異なった概念を表しているために，議論を深める上で混乱を招く場合が多いからである．実際，本研究では，この両者を分けて論じる必要性があるため，以下のような緩やかな定義を与え，両者を使い分けて議論を進めることにする．

　　主体：　客体（対象）との対比で用いられる．知覚された対象を「客体」というのに対し，そのような知覚を行っているものを「主体」という．したがって，ステージ上（OS 領域）にある要素はすべて客体ということになる．

　　主観：　客観との対比で用いられる．一般に，ある事象が誰の目から見ても明らかな事実である場合にそれを客観的であるというのに対し，話者の個人的な見方である場合を主観という．言い換えると，談話の参加者にとって公共性の高い認識として述べる場合を客観といい，話者に固有の公共性の低い認識として述べる

場合を主観という.[1]

2. 認知主体の図式化の軌跡

　Langacker (1985) 以来，Langacker は，一貫して，表現されない認知主体の問題を主体性の問題として扱ってきた．しかしながら，その図式化に関しては，当初より何度か修正が加えられ，必ずしも一貫していない．例えば，(1) のような表現は，Langacker (1990) の段階では図 1.1 のように図式化されている.[2] この場合，認知主体 C は単なるステージ外の傍観者ではなく，プロファイルを受けた事態参与者である．そのため，C は太線で描かれ，ステージ上（と思われる位置）に描かれている．そして，この場合の C が破線で描かれているのは C の主体性が高いためであると Langacker 自身は説明している．ところが，この図式は大きな矛盾を抱えていた．それは，C がプロファイルされているということは，C が OS 上に位置づけられていることを意味するにもかかわらず，C の主体性が高いということは C がオフステージに位置づけられているということを意味している点である．少なくともこれは，定義上の矛盾となってしまう．

　(1)　Vanessa is sitting across the table.　　　(Langacker (1990: 328)))

---

　[1] もちろん，ここで問題となっているのは厳密な意味での客観・主観の区別ではない．問題は，どのような認識として話者が表現するかである．そのため，公共性の観点から主観性を規定している本章の枠組みでは，「太陽が沈んで行く」のような表現も客観的な表現であるということになる．実際に動いているのは太陽ではなく地球であるが，太陽が沈んで行くように見えるのは個人的な経験ではなく大勢の人々に共有された経験だからである．これに対し，「坂道を登っていくにつれて民家が沈んで行く」(山梨 (2004: 153)) のような場合は主観的な表現ということになる．他人からは民家が沈んでいるようには見えないことは承知の上で，個人の見え方として述べているからである．その意味で，本章における主観性の概念は中村 (2004) の規定よりもずっと狭い意味で用いられているといえる．
　[2] 認知文法の枠組みでは，認知主体 C はグラウンド G に包含されている．そのため文脈によって，図式では C と表示されたり G と表現されたりすることがある．

第 5 章　傍観者と参与者　　　　　　　　　　　　　　　　　　161

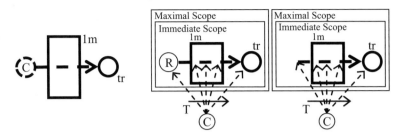

cf. Langacker (1990: 327 一部改)　cf. Langacker (1998: 75)　cf. Langacker (2006: 23)

　　　図 1.1　　　　　　　　　図 1.2　　　　　　　　図 1.3

　その後，Langacker (1998) では，主体化の問題がステージ外にいる認知主体の心的走査 (mental scanning) に還元されたため，(1) のような表現は，図 1.2 のように図式化されるようになった．この図式では，認知主体はステージの外に位置づけられ，その認知主体の心的走査が across の意味ということになる．しかしながら，この図式では，認知主体とは別の任意の参照点 R をステージ上に仮定しなければならないという問題を新たに生み出してしまった．事態を眺めている認知主体が自分とは別のところに任意の参照点を取り，そこを経由して tr に心的接近するという認知プロセスである．そしてこの認知プロセスは，(1) から得られる話者の直感からは大きく外れているように思われる．さらに，(おそらくこの直感とのズレを解消するために) Langacker (2006) では，参照点を持たない図式 (図 1.3) が提案されているが，任意の参照点 R を削除しても根本的な問題解決になるとは思われない．結局，(1) にみられる言及されない認知主体の存在感をどのように図式化するかという問題は解決されないまま残されることとなった．

　このような図式の改変の理由は，Langacker (1998) で行った Subjectification の概念の改訂にあるように思われる．それ以前のモデルでは，図 2 に示されるような二つの視点構図 (viewing arrangement) が用いられていた．そのため，自己中心的視点構図 (ego-centric viewing arrangement) に基づいた事態把握を用いれば，認知主体がステージ上に上がる可能性が残されていた．しかしながら，Langacker (1998) で提案された主体化の規定は，自己分裂していない認知主体が単独でステージ上に上がることはないことを予測する．この改訂によって，ステージの外に位置づけられる認知主体の心的

走査が客体の希薄化 (attenuation) に伴って顕在化することが主体化であると定義されるようになったからである (図3). つまり, 明言されてはいないが, この改訂以降, 認知主体は主体化の過程において常にステージの外に位置づけられることになるのである. 仮に認知主体がステージ上にあったとしても, それを概念化する認知主体が必ずステージの外に存在するはずだからである. そして, これ以降, 自己中心的視点構図に基づく主体化の議論はあまり見られなくなっている.

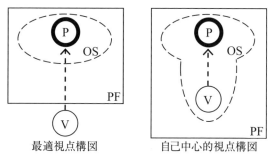

最適視点構図　　　　自己中心的視点構図

図2　Langacker (1990: 317)

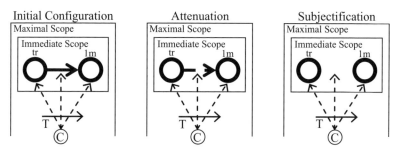

図3　Langacker (1999: 298)

Langacker はその後の研究の中で自己中心的視点構図について言及することがほとんどなくなったが, Langacker (2008) において新たな理論構成物である客体的内容 (OC: objective content) という領域を用いた分析を提案している. この OC の規定は多少不明確なところはあるが, ここでは一応,

「記述の客体（対象）となっている状況」としておくことにする.³ そして，この OC を用いると，おそらく (1) は図4のように，より直感に近い図式化が可能になる.⁴

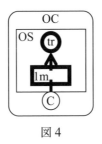

図4

3. SS モデルの提案

前節での議論を踏まえ，本研究では，二種類の事態把握の様式（視点構図）を提案し，その図式化の可能性について検討したい（cf. 町田 (2009, 2011, 2012, 2013)）．まず始めに，認知主体自身がボクシングをしている光景を絵に描いてみたらどのような図になるだろうか．おそらく，図5に示すように二つの可能性があるだろう．図5.1 は，認知主体が事態の外から傍観者的に自分自身を眺めている構図であり，図5.2 は認知主体が事態参与者として事態に参加している構図である．そして，ここでは，前者を事態外視点，後者を事態内視点と呼んで考察を続けることにする.⁵

---

[3] Langacker は OC に関して，定義らしい定義を行っていないので，最も定義らしい箇所を引用しておく．'On the conceptual side, we can identify the core channel as the situation being described. Reflecting its role as object of description, we can call this the objective content.' (Langacker (2008: 462))

[4] Langacker(1999: 50) には OC が提案される以前の枠組みで類似した図式が示されている.

[5] 主観性・主体性の議論は，一見，認知主体の「視点」の取り方をのみを議論しているように思われるかもしれない．しかしながら，実際には，視点のみならず，認知主体と事態との相互作用 (interaction) を考慮に入れなければならない (cf. 池上 (2011), 上原 (2011), 中村 (2004), 本多 (2005), Langacker (1985), Moore (2004) など)．本研究では，「視点」の問題に加え，認知主体が事態とどのように関わっているか，つまり認知主体が事態の参与者であるかどうかという点が議論の中心となっている．

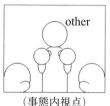

（事態外視点）　　　　　　　　　（事態内視点）
図 5.1　　　　　　　　　　　　図 5.2

　事態外視点（図 5.1）に特徴的なのは，認知主体が事態の傍観者と事態の参与者に自己分裂していることである．傍観者的な自己は主体的な把握を受けており図には描かれていない．一方，参与者である自己は描写の対象として客体化を受け，ego として図示されている．これに対し，事態内視点（図5.2）における自己は，事態の参与者であると同時に視点の提供者でもある．そのため，事態参与者であるにもかかわらず，描写の対象とはなっていない．前者のような自己を分裂自己と呼ぶのに対し，後者を環境と相互作用する視点者という意味で生態的自己と呼ぶことにする．[6]

　上記の観察を Langacker の認知図式を援用して図式化すると図 6 のようになる．事態外視点（図 6.1）は，Langacker の最適視点構図（optimal viewing arrangement）と同じものとみなしてよいので詳細は省略するが，オフステージの認知主体 C とステージ上の任意の参与者とを同一指示線で結ぶことによって，両者が分裂自己であることが図示されている．注意が必要なのは，事態内視点（図 6.2）の方である．事態内視点は，一見すると Langacker の自己中心的視点構図と同じものと思われるかもしれないが，多くの点で異なっている．例えば，事態内視点を図式化するためには，Langacker の道具立てにはない主観的状況（SS: Subjective Scene）という領域を新たに導入する必要がある．主観的状況とは，認知主体の主観的な把握（見え）を表す領域のことであり，認知主体が事態内視点を取った場合には，必ずこの領域が現れる．そして，事態内視点の直接スコープ IS はこの SS と一致するものと仮定する．通常，Langacker のモデルにおいては OS と IS が一致

---

[6] 本多（2005）で示されている生態的自己は，事態外視点における描写されない自己も含むものと考えられる．本研究の生態的自己はより限定的な意味で用いられており，その点で本多（2005）の規定よりも狭い意味で用いられている．

するものとされるため,定義上,プロファイルはこの IS 内に制限される.この帰結として,Langacker のモデルでは,OS の外の要素がプロファイルを受けることはありえない.しかしながら,SS モデルにおいては,SS が IS と一致すると考えられている.そのため,OS の外の要素もプロファイルを受けることが可能となる.[7] したがって,事態内視点においては,OS は言語化可能な領域,SS はプロファイルが可能な領域となる.つまり,主体性が高いために言語化されないにもかかわらずプロファイルが可能な領域が,OS と SS の間に設けられたことになる.[8]

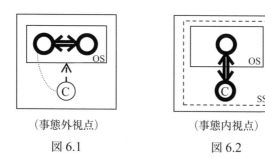

（事態外視点）　　　　　（事態内視点）
図 6.1　　　　　　　　　図 6.2

　それでは,実際の用例を使って主観的状況 SS を用いた分析の可能性について検討してみたい.(2a) を見てほしい.(2a) は,新幹線などの乗り物に乗っている認知主体の発話であるが,現実とは異なり「仙台」が移動しているように表現されている.実際は,移動しているのは「仙台」ではなく認知主体である.つまり,この表現で表されているのは,認知主体から見て仙台が近づいてくるように見えるということである.したがって,この表現の認知主体は公共性の高い事態外視点をとっているのではなく,極めて個人的な

---

　[7] ここで注意しなければならないのは,事態外視点における OS と事態内視点における OS では指しているものが異なっている点である.日本語に訳すとすると,前者は「客体的状況」であり,後者は「客観的状況」である.そして,この「客観的状況」が意味していることは,主観的に状況を把握したとしてもその中に必ず公共性の高い客観的な状況が存在するということである.認知主体が自らの見えを表現したとしても,客観的状況に立脚する必要があるのである.
　[8] 本来,プロファイルの問題と主体性の問題とは相互に関連しつつも次元の異なる問題であるが,SS は,両者を区別して論じることを可能にし,主体性は高いがプロファイルを受けている要素を明示的に図式化することを可能にする.

事態内視点をとっているといえる．そのため，この場合の認知主体は主体的に把握されており言語化されていない．注意しなければならないのは，この場合の認知主体は，主体性が高いとは言っても，事態外視点のような傍観者的な役割だけを果たす認知主体とは明らかに異なっているという点である．「近づいてきた」という表現を用いることによって，認知主体と客体（仙台）との相互作用が表されており，認知主体は事態参与者（経験主または着点）として把握されているからである．そのため，この場合の認知主体はプロファイルを受けていると考えられる．[9]

(2) a. 仙台がだんだん近づいてきた．
    b. まずはじめに栗をゆでます．（料理番組）

図 7.1 は (2a) に対応しており，移動を表す矢印が tr（仙台）から認知主体 C に向かって伸びている．これは客観世界における実際の移動とは異なっている．このように実際の移動方向と矢印の方向が一致していないのは，客観的な状況とは異なり，仙台が移動してくるという認知主体の個人的な経験（見えの世界）を SS モデルは図式化しているからである．同様に，(2b) でも認知主体からの見えが表現されている．[10] 図 7.2 に示すように，料理をしている本人にとっては，手元にある対象（鍋など）しか見えていないはずである．そのため，動作主である認知主体 C は tr としてプロファイルを受けているにもかかわらず，言語化されない．[11] そして，このような事態把握のあり方

---

[9] 図 5.1 と図 5.2 において描かれていない認知主体は，ともに主体的な把握を受けているという点では共通している．しかしながら，その描かれていない認知主体の存在感は明らかに異なる．その証拠に，図 5.1 では，だれかから指摘を受けない限り描かれていない認知主体の存在には気が付かないのが普通であろう．それに対し，図 5.2 では，描かれていない認知主体の存在を無視することの方がむしろ難しい．事態内視点の生態的自己がプロファイルを受けていると想定するのは，このような観察を反映してのことである．

[10] 三上 (1960: 27) では，(2b) のようにガ格名詞句 (tr) を言語化すると不自然になる表現を操作型または料理型と呼んで，多数の事例を挙げている．

[11] もちろん，プロファイルは受けているが言語化されない要素は他にもありうる．いわゆる表現上の省略や照応（ゼロ照応）の問題で tr や lm が言語化されない場合である．その場合，それらは OS 内にありプロファイルを受けているといえる．問題なのは，事態の参与者としての認知主体が表現されない場合，それが省略またはゼロ照応なのか，それとも生態的自己なのかを判断する方法である．ここではとりあえず，認知主体を表現した場合としない場合で明らかに意味が異なる場合，もしくは，表現しない方が無標である場合，これらの

は，主観的状況 SS を組み入れた図式モデルによって，正しく図式化できるのである．

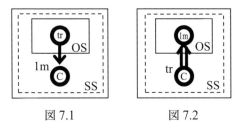

図 7.1　　　　図 7.2

この節の最後に，この SS モデルと Langacker の自己中心的視点構図とその後に提案された OC モデルとの関係を整理しておきたい．Langacker は，従来，自己中心的視点構図（図 8.1）を使って (3) のような表現を図式化してきた (Langacker (1985))．この図式では，認知主体（この場合，G）は OS 上に位置づけられプロファイルを受けているが，その一方で，この認知主体の主体性の高さを示すため破線で描かれることになる．前述のように，定義上，OS の外にある要素が主体的に把握された要素であるはずであるので，この図式は明らかに定義に反している．

(3)　Don't trust him.

次に，Langacker (2008) で提案されている OC モデルを用いた図 8.2 を検討する．この図式の最大の問題点は，tr のない lm を認めていることである．認知文法では，通常，プロファイルされた関係内で最も際立った要素を tr，二番目に際立った要素を lm と定義しているため，この図式は一貫性を欠いている．仮に tr がステージの外にありプロファイルから外れたとしたら，ステージ上にある lm が tr に昇格するはずである．tr と lm の定義は，際立ちの序列にすぎないので，際立ちが最も高かった tr がプロファイルから外れれば，二番手であった lm が一位になり tr に昇格するはずなのである．この問題に対し，Langacker (2008: 469) は述語レベルの tr が節レベルでプロファイルから外れたためとしているが，この分析を認めると，更なる問題が生じることになる．例えば，これまでヴォイスに見られる格交替現象は，述

場合の表現されない事態参与者としての認知主体は生態的自己であると考えることにする．

語レベルの tr/lm が，節レベルにおける際立ちを反映するようになるためと説明されてきた．例えば，受動文では，本来動詞の目的語であったものが文の主語になっているが，これは認知的際立ちが推移したことによって述語レベルの lm が節レベルで tr になったと説明されてきた．つまり，節レベルの際立ち関係が述語レベルの際立ち関係に優先されるのである．ところが，図8.2 のような図式を認めてしまうと，このような説明がすべて骨抜きになってしまう．述語レベルと節レベルの際立ち関係に相違があった場合，分析者の都合に応じてどちらのレベルを優先させるのかを決めればよいことになり，これはアドホックな抜け道を作ることにもつながる．分析者の都合に合わせて変幻自在な理論は，記述力が強すぎ，空虚な分析しかできなくなってしまう恐れがある．また，そもそも OS 自体が onstage の略語であると同時に Objective Scene の略語でもあることから，客体的把握の領域を指定する OS の外側に客体的内容を表す領域である OC を設けることは，再び，定義の上の矛盾をきたすことになる可能性がある．非常に理論内的 (theory-internal) な議論になってしまうが，認知文法が包括的で一貫性の高い理論を目指している以上，これも無視できない問題である．最後は，本研究で提案している SS を用いた図式である（図 8.3）．公共性の低い主観的な見方を表す SS を設け，これを IS とすることにより，プロファイルを受けているにもかかわらず主体性の高い要素を正しく図式化できるようになる．そして，最も重要なことは，OC のような定義の曖昧な領域とは異なり，SS という領域は厳しく定義された領域であるということである．そして，SS が出現するのは事態内視点の場合だけに限られているため，アドホックに使用することができない点も重要である．[12]

---

[12] 注意しなければならないのは，SS モデルは Langacker が自己中心的視点構図や OC モデルで捉えようとしている言語直感を理論的な整合性を崩さずに，つまり，定義上矛盾することなしに解決することを目指したモデルであるということである．したがって，一見，SS モデルは新奇に映るかもしれないが，認知文法の枠組みを逸脱するようなモデルではない．

第 5 章　傍観者と参与者　　　　　　　　　　　　169

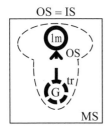 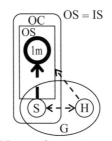 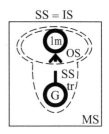

cf. Langacker (1985: 145)　cf. Langacker (2008: 468)　　SS model

　　図 8.1　　　　　　　　　図 8.2　　　　　　　　図 8.3

　本節の終わりに，本章の冒頭で取り上げた例文は SS モデルを用いるとどのように分析されるかを示しておきたい．(4a) には，二つの認知主体，つまり，事態把握を行っている表現されない認知主体と客体化され事態参与者として表現されている認知主体 (*me*) とが存在する（分裂自己）．したがって，(4a) は事態外視点をとっていると考えられる（図 9.1）．図 9.1 では，事態参与者としてプロファイルを受ける自己 (*me*) とステージの外から事態を傍観する自己 C が同一指示線（点線）で結ばれている．ここでの主体的把握を受けた C の役割は心的走査を行うことだけであり，事態の成立には一切関与していない．一方，(4b) の認知主体は，言語化されていないのにもかかわらず，直示の基点 (deictic center) として事態の成立に積極的な役割を果たしている．認知主体の立ち位置が事態の成立そのものに関わっているからである．そのため，主体的に把握された認知主体は視点者であると同時に事態参与者でもあると考えられる．つまり，事態内視点を取っているのである．事態内視点を取っている (4b) は，図 9.2 に示すように SS モデルによって図式化され，OS の外側に位置づけられた認知主体 C もプロファイルを受けていることが明示されている．

(4) a.　Vanessa is sitting across the table from me.
　　b.　Vanessa is sitting across the table.　(=(1))

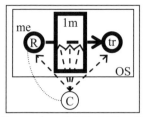 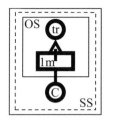

cf. Langacker (1990: 327 一部改)

図 9.1　　　　　　図 9.2

4. 客体化のプロセス

　本節では，SS モデルの更なる可能性について検討したい．(5a) 及び対応する図 10.1 を見ていただきたい．前節で検討したように，(5a) は明らかに事態内視点を取っている．そして，この表現における移動は認知主体からの「見え」によって生じる主観的な移動であることにも注意してほしい．そして，このような事態内視点における認知主体は，(5b) に示すように客体化することもできる．ただし，この場合，認知主体はステージ上にある「私」と事態を外から眺める認知主体に分裂することになるので (cf. Tomasello (1999: 100))，定義上，事態内視点から事態外視点への事態把握の様式の切り替えが生じたことになる．そして，事態外視点である (5b) の事態把握は，主観的な「見え」の世界ではなく，公共性の高い客観的な世界として把握されていることになる．そのため，(5b) に対応する図 10.2 では SS 領域が消滅している．

　(5) a.　仙台がだんだん近づいてきた．(=(2a))　【主観的移動】
　　　b.　?仙台が私にだんだん近づいてきた．　　【客観的移動】

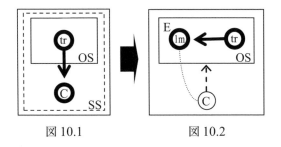

図 10.1　　　　　　図 10.2

　この分析が興味深いのは，事態把握の様式を単に図で表現したというだけなく，帰結として，移動体が交代することを図式が予測していることである．主観的な領域である SS が用いられている図 10.1 においては，移動しているように見えるという理由から現実には移動し得ない仙台（tr）を移動体として描写することになんら問題はない．一方，図 10.2 に示される SS 消滅後の図式では，「近づく」という移動行為は認知主体からの「見え」ではなく，公共性の高い客観的な事実として語られることになる．そのため，この図式が表しているのは，「仙台」が物理的に移動してきたという解釈だけである．[13] 実際，この図式が予測する通り，(5b) には「仙台」が移動しているように見えるという解釈はなく，「仙台」が実際に移動してきたという解釈だけになる．(5b) の容認性が落ちるのは現実にはあり得ない解釈を解釈者に強いるからである．また，言語学的には，客体化には意味役割 (semantic role) の顕在化という側面がある．そのため，ここでの認知主体は着点（または経験主）を表すニ格名詞句として言語化されることになる．その一方で，認知主体の観察者（傍観者）としての側面は，事態参与者として意味役割を持たないために客体化されることはない．

　さらに，この分析は，もう一つの現象を予測する．すなわち，ニ格参与者への共感である．元来，(5b) におけるニ格参与者（「私に」）は認知主体が分裂したものであるため，認知主体の視点を反映する最も共感度 (empathy) が高い参与者であることが予測される．そして，実際，このニ格参与者には，

---

[13] もちろん，ここで問題となっているのは，「近づく」という動詞ではなく「てくる」という直示表現の基点 (deictic center) である．この基点が生態的自己にあるのか分裂し客体化された自己にあるのかによって移動体の解釈が変わるのである．

共感度の高い要素が現れなければならない.[14] 図 10.2 では，この lm が共感度の高い要素であるということを E で示している．そして，(6) の容認性の差異は，ニ格参与者 lm とガ格参与者 tr の共感度の相対的な高さに起因するが，(6b) の容認性が低いのは，共感度の低い「見知らぬ人」が共感度が高いニ格参与者として表現されているからである.

(6) a.　見知らぬ人が太郎にだんだん近づいてきた.
　　b. *太郎が見知らぬ人にだんだん近づいてきた.

以上の分析を客体化のプロセスとしてまとめると次のようになる．まず始めに，事態内視点（図 11.1）において主体的に把握された認知主体は，自己を客体化し表現するために自己分裂を起こす．これは，認知主体が同時に果たしていた二つの役割（観察者・着点）のうち，着点のみを言語化することを意味する．この際，事態内視点から事態外視点に視点の切り替えが生じる．そして，これを脱主観化と呼ぶことにする.[15] ここでのニ格で標示される一人称参与者（着点）は認知主体本人であるため，最も共感度が高い参与者であることになる（図 11.2）．いったん，ニ格で事態の着点を表せるようになると，その次の段階として，認知主体が共感を寄せている参与者であれば，容認されるようになる．そのため，認知主体以外の事態参与者がニ格で表されるようになる．これにより，図 11.3 では，C と lm の間の同一指示線が解消されている．しかしながら，この段階ではまだ，このニ格で標示される要素は認知主体と高い共感度を示す必要性がある．この共感度の高さは，図 11 では E によって表されている．その後，客体化がさらに進むと共感度が低い様々な要素がこのニ格名詞句の位置に出現できるようになり，最終的には，このニ格参与者の位置には無生物名詞などの共感度の最も低い要素が出現できるようになる．ただし，(6b) の容認性の低さが示すようにこの構文はまだその段階まで客体化のプロセスが進んでいないと考えられる（図 11.4）.[16]

---

[14] 共感度階層（empathy hierarchy）に関しては，久野 (1978) を参照.

[15] 本研究では，認知主体の客体化のプロセスの一部として脱主観化を位置づけている．したがって，ここでは事態内視点から事態外視点へ事態把握の様式が切り替えられることのみを脱主観化と呼ぶ．脱主観化は，図では SS の消滅によって表される.

[16] 厳密には，共感度が低い参与者が容認されるようになる過程は，客体化ではなく客観

第5章 傍観者と参与者　　　　　　　　　　　　　　　　173

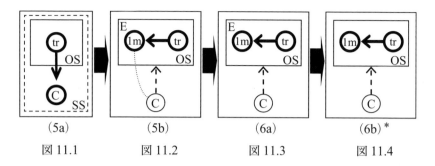

(5a)　　　　(5b)　　　　(6a)　　　　(6b)*

図11.1　　　図11.2　　　図11.3　　　図11.4

5. 対象のガ格

　続いて，客体化のプロセスを用いた分析例をもう少し見てみよう．(7)は，一般に，対象のガ格と呼ばれている格パターンを示す事例である．対象のガ格とは，大まかに言うと，英語などの言語では対格で（つまり目的語として）標示されるべき名詞句にガ格が用いられる格標示形式である (cf. 上原 (2011))．そして，本研究で提案されている事態内視点と主観的状況 SS を用いれば，このような対象のガ格に関わる現象にも新たな視点を提供することができる．[17]

　(7) a.　言語学が好きだ．
　　　b.　ラネカーの翻訳本がほしい．
　　　c.　守護霊が見える．

　(7) の対象のガ格構文はそれぞれ異なった客体化の過程にあると考えられ

化と呼ぶべき過程である．

[17] ただし，(7a) は tr の言語上の省略である可能性も残されている．本章では，対象のガ格が出現していること，および，「好きだ」という述部が他人には計り知れぬ感情を表していることから事態内視点における客体化の可能性を論じているが，直感的に (7a) と (7b) における言語化されない主語の存在感に差異が感じられる．(7a) の主語は，文脈から復元されるべき言語上の省略に感じられるのである．そのような直感に従うと，このガ格は対象のガ格ではなく，「背が高い」のような複合述語 (complex predicate) を形成するガ格であり，(7a) は事態外視点における文主語が言語上の省略を受けているという可能性も否定できない (cf. Kumashiro and Langacker (2003))．

る．例えば，(8a) の例は，(8b) に示すように，認知主体（「僕」）を客体化することができる．図 12.1 は (8a) に対応しており，事態内視点を表している．この図式で留意しなければならないのは，認知主体 C と対象の tr の関係が双方向にプロファイルされていることである．Langacker (2009: 9) にあるように「好き」という述語が表しているのは，刺激 S と直観的理解 A (apprehension) という双方向の関係である．このため，認知主体は，観察者の他に，経験主 e（= 刺激 S の受容者），直観的な理解を行う行為者 a という二つの意味役割を同時に果たしていることになる．そして，このことが客体化のプロセスに影響を与えることになる．認知主体を客体化した (8b) には，図 12.2 と図 12.3 の二つの図式が対応している．図 12.2 では，行為者 a としての認知主体が客体化されているが，経験主 e としての認知主体はまだ客体化されていない．そのため，OS の外にある認知主体 C はまだ完全な傍観者になっていないと考えられる．図 12.2 において SS 領域が残されているのは，脱主観化が起こっていないためである．完全に脱主観化が起こるためには，もう一度，認知主体 C が分裂し，認知主体が完全な傍観者になる必要がある．そして実際，図 12.3 は認知主体が二度目の自己分裂を行い，脱主観化が完了したことを表している．このように二段階の自己分裂があるという意味で，(8b) の事態把握の様式はあいまいである．[18] さらに，(8c) にあるように，認知主体以外の第三者（「太郎」）も同様に表現できることから，(8) は図 12.4 の段階まで客体化のプロセスが進んでいると考えられる．

(8) a. 言語学が好きだ．　(=(7a))
　　b. 僕は言語学が好きだ．
　　c. 太郎は言語学が好きだ．

---

[18] 認知主体の客体化は意味役割の客体化という側面があるため，複数の意味役割を担っている場合には，その数だけ自己分裂を起こす可能性がある．また，この帰結として，意味役割を担っていない事態外視点の傍観者的な認知主体 C は客体化できないことを予測する．

第5章 傍観者と参与者

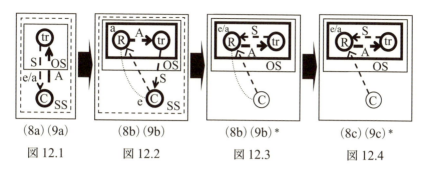

(8a)(9a)　　(8b)(9b)　　(8b)(9b)*　　(8c)(9c)*
図12.1　　　図12.2　　　図12.3　　　　図12.4

　それに対し，(9)に示す，いわゆる主観述語構文の例は客体化の程度が(8)とは異なっている．この構文では，一般に，経験主eが一人称であった場合にのみ容認されるとされている．したがって，経験主eが三人称である(9c)は容認されない．

(9) a. ラネカーの翻訳がほしい．
　　 b. 僕はラネカーの翻訳がほしい．（強調や対比）
　　 c. *太郎はラネカーの翻訳がほしい．

　従来の研究では，このような主観述語を議論する際に一般に欠けている視点がある．それは，(9a)のような認知主体を明示しない表現が無標で，(9b)のように認知主体を明示した表現のほうが有標であるという事実である．実際，強調や対比の文脈でのみ，(9b)のように認知主体が明示されることになり，通常は，認知主体が言語化されないほうが普通である．この事実は，主観述語は常に事態内視点しか表せないと仮定すると説明がつくように思われる．つまり，(9b)は，図12.2に留まっており，客体化は図12.3の段階まで進んでいないと考えるのである．図12.2では，認知主体が自己分裂し行為者aとして言語化されている一方で，プロファイルを受けた経験主eとしての認知主体はその後もSS内に留まっている．つまり，脱主観化されていないのである．これは，行為者aとしての認知主体の役割を強調するためであると考えると納得がいく．つまり，受動的に刺激を受け取っているのではなく，自分自身が積極的に「ほしい」という感情を持っているということをステージ上に上げて明示している一方で，これは認知主体の主観的な感情であることを示しているのである．その意味で，主観述語構文の(9b)が先ほど

見た (8b) と異なっているのは，(9b) は脱主観化していないのに対して，(8b) は脱主観化の段階まで進んでいる点であるといえる．以上の説明から，自動的に (9c) が容認されない理由も導き出される．それは，この構文では，客体化がほとんど進んでいないため，図 12.3 を飛び越して図 12.4 に示すような共感度が低い三人称を経験主または行為者としてコード化できないからである．

次に客体化に果たす参照点構造の役割について検討してみる．通常，対象のガ格に関して議論するときは，「ハ」が使えない文脈を与えて，「〜ニ〜ガ」という格パターンで議論することが多い．ところが，実際の言語使用では，対象のガ格構文では「〜ハ〜ガ」という形式をとることが圧倒的に多く，しかも，そのほうが自然である．そして，(10c) と (10d) に示すように，「ハ」を使えない文脈を与えた場合，ニ格だけでなくガ格も表れるのである．このように格助詞が一定しないということも実は重要な事実である．

(10) a. 守護霊が見える．
　　 b. 太郎は守護霊が見える．
　　 c. 太郎が守護霊が見えること
　　 d. 太郎に守護霊が見えること

本研究の枠組みに従えば，拡張の出発点となる事態把握の様式は (10a) である．そこでは事態内視点をとっているために認知主体が言語化されていない．そして，この認知主体は，本来，格標示されていない．題目の「ハ」が出現するのは，このような格標示されていない認知主体が客体化される際に参照点能力を利用するためだと考えられる．そのため，(10b) において「ハ」で標示されている「太郎」は，事態にアクセスするための参照点であり，事態内の要素とどのような格関係も結んでいない．したがって，「ハ」を用いることができない文脈におかれて初めて，格関係を決定する必要性に迫られることなる．(10c, d) のように格助詞がゆれることになるのは，本来，格関係を持たないからである．

興味深いことに，本研究での分析を用いると，なぜ (10d) のようにニ格が用いられるのかという問題に新たな視点を提供することができるようになる．通常，(10d) のニ格はある種の場所を表しているといわれている (cf. 熊代 (2002))．実際，(11) に示すように場所句を伴った存在表現は，「〜ニ〜

ガ」という格パターンをとっており，このような存在構文のスキーマを(10d) が利用しているという説を採用すれば，「守護霊が太郎という場所に見えるという状態で存在する」という事態把握のあり方であるということになる．

(11) 公園にブランコがある．

しかしながら，本研究での分析に基づけば，(10d) のニ格は経験者などを表す与格 (dative) であるという可能性が浮上してくる (cf. 武本 (2002))．つまり，対象のガ格構文におけるニ格参与者は，元来，図12.1 に見られるような経験主 e であり，行為者 a でもある．そのため，前者の役割が前面に出ればニ格標示 (10d)，後者の役割が前面に出ればガ格標示 (10c) になると説明されるのである．実際，日本語では，人を場所扱いするのは難しい場合が多く，(12) の対比が示すように，人間に場所性を帯びさせたい場合には，「ところ」をつける必要がある．逆に，(10d) に「ところ」をつけた (13) は容認されない．このことからも，このニ格は場所を表してはいない可能性が窺える．[19]

(12) a. *花子は太郎に行った．
    b. 花子は太郎のところに行った．
(13) *太郎のところに守護霊が見えること

本節の終わりに事態把握の様式と構文および語彙との関係について整理しておきたい．本章で主張している事態内視点・事態外視点という事態把握の様式は，本来的には認知主体が事態把握を行う際の事態の捉え方の問題である．そのため，言語による好まれる言い回しの違いや慣習はあるものの (cf. 池上 (2006)，中村 (2004))，どちらの様式を用いるかは言語使用の現場 (usage event) において認知主体によってそのつど決定されるという立場をとっている．その上で，このような事態把握の様式が個別の構文や語彙の概

---

[19] 実際，Langacker (2009: 101) では，「私には孫がいる」という文の分析において "*-ni* is the Japanese indirect object marker, and indirect object relationships are generally interpreted as being <u>experiential</u> (中略) a grandchild exists in the speaker's domain of <u>experience</u>．(下線筆者)" と述べており，ニ格が場所ではなく経験主を表すことを示唆している．

念構造として慣習化されている場合もあると考える．例えば，直示表現「〜てくる」や主観述語，自動詞「見える」などがそれである．これらの表現はその意味自体に本節で見た事態内視点を出発点とする拡張関係を内在していると考えられる．逆に，(2b) の「ゆでる」や (3) の *trust*，(4b) の *across* に見られる事態内視点は，言語使用の現場において認知主体が課したものであると考える．つまり，これらの例においては事態内視点があらかじめ語彙的に指定されているわけではないのである．

6. 主体的移動と主観的移動

前節までの考察は，英語の主観移動表現にも同じように当てはまる．通常，動詞 *approach* は事態内視点を語彙概念に含まないが，(14a) に示すように認知主体からの見えを表すこともできる．この場合，認知主体にとっては山が近づいてくるように見えていることを表している．これに対して，認知主体を客体化した (14b) では，もはや主観的移動の解釈はできない．つまり，文字通り「山が私に向かって移動してくる」という客観的移動の解釈にしかならないのである．[20]

(14) a. The mountain is approaching.　　【主観的移動】
　　 b. ?The mountain is approaching me.　【客観的移動】

さらに興味深い例がある．(15a) は，例えば，話者が車を運転している状況において，道路 (tr) が曲がりくねっているかのように見えることを表している．つまり，客観的には道路の形状は安定しており何の変化もないにもかかわらず，認知主体にとっては変化しているかのように見えるということである．したがって，これも事態内視点を取っているといえ，主観的状況を用いて図 13.1 のように表される．そして，この場合も，(15b) のように認知主体を客体化して言語化すると，その道路 (tr) が私 (lm) に向かって実際に曲がりくねって動いていることを表すようになる（図 13.2）．つまり，認知主

---

[20] 厳密には，(14) の例は，直示表現を含む (5) の日本語の事例とは異なる．日本語の「〜てくる」は語彙概念として事態内視点を含んでいるが，英語の *approach* はそのような事態把握の様式を語彙概念として含まないからである．

体を客体化すると，現実にはありえない客観的変化の解釈に変わるのである．このことは，本研究での理論的予測と合致する．

(15) a.　This road is winding.　　　　【主観的変化】
　　 b.　?This road is winding to me.　【客観的変化】

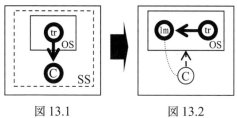

図 13.1　　　　　　　　図 13.2

次に，いわゆる Subjective Motion は，視点の置き方によって二種類に分類できることを見ておかなければならない．(16) の対比を見てほしい．一見すると両者の差異は，動詞のアスペクトだけのように思われるかもしれないが，実際にはそうではない．(16a) は静的な状態を表しており，曲がりくねっているのは，認知主体の心的走査に基づく心的経路である．これは，本研究の冒頭に挙げた定義に従えば，主体の移動である．この際，認知主体はステージの外から事態を眺める傍観者の役割を果たしており，事態外視点を取っている（図 14.1）．それに対し，(16b) は事態の外から眺める認知主体の心的経路を表しているわけではない．これまで見てきたように，(16b) は事態に経験主として参与している認知主体の主観的な「見え」を表している．したがって，(16b) の表す移動は，主体的移動とは区別して主観的移動と呼ばれるべきものである（図 14.2）.[21]

---

[21] Matsumoto (1996: 204) は (16a) のような表現を Subjective motion の Type I とし，(16b) のような表現 (as experienced by a specific person at a specific time) を Type II としている．この分類は，ここで主体的移動・主観的移動としているものにそれぞれほぼ一致するように思われる．ただし，Matsumoto (1996: 207) が Type II として挙げている 'the highway was approaching Dallas' などの事例は，認知主体 C が直示基点になっている (14a) と比較すると主観性の度合いが落ちる．実際，この例は主体的移動と主観的移動が融合 (blend) しているように思われる．

(16) a. This road winds through the mountains. 【主体的移動】
    b. This road is winding through the mountains. 【主観的移動】

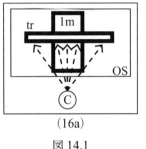
(16a)
図 14.1

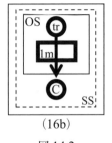
(16b)
図 14.2

　このように考えると Langacker (1998, 2006) の問題点がより明確になる．(17) は明らかに認知主体からの見えを表した事態内視点の表現であり，認知主体は事態の傍観者ではない．つまり，ここでの *across* が表す経路は，主観的経路である．ところが，Langacker はこれを主体的経路として図式化しているのである．図15が表しているのは，事態外視点を取っている認知主体の心的走査であり，主観的に出現する経路ではない．

(17) Vanessa is sitting across the table. (=(1))

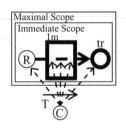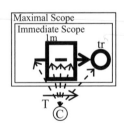

図15 (図1.2, 図1.3を再掲)

　最後に，本研究の分析の優位性を示す証拠をもう一つ挙げておく．(18) に示すように事態内視点における認知主体は客体化することができるのに対し，(19) に示すように事態外視点の認知主体は客体化できない．その理由は，事態内視点の認知主体は事態の参与者であるため事態の構成員として明示化できるが，事態外視点の認知主体は事態の傍観者であり事態の参与者で

第5章　傍観者と参与者　　　　　　　　　　　　　　　　　　181

はないため，事態の構成員として認められないからである．[22] 言い換えると，(18) の認知主体は客体化しうる意味役割（経験主）を持っているため客体化できるが，(19) の認知主体はそのような意味役割を持っていないため客体化できないということになる．

(18) a.　犬が欲しい．
　　 b.　<u>私は</u>犬が欲しい．
(19) a.　空が青い．
　　 b.　*<u>私は</u>空が青い．

そして，この考察はそのまま (20) と (21) の対比にも当てはまる．事態内視点を取っている (20a) の認知主体を客体化すると (20b) のようになる（図 16.1）．[23] それに対し，事態外視点を取っている (21a) の認知主体は (21b) に示すように客体化できない（図 16.2）．その理由は，上述したように，事態内視点の認知主体は事態の参与者であるが，事態外視点の認知主体は事態の傍観者であり事態の参与者ではない，つまり，意味役割を持っていないからである．

(20) a.　This road is winding through the mountains.　(=(16b))
　　 b.　?This road is winding through the mountains <u>to me</u>.
(21) a.　This road winds through the mountains.　(=(16a))
　　 b.　*This road winds through the mountains <u>to me</u>.

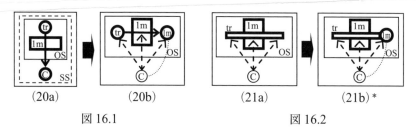

(20a)　　　(20b)　　　　　　(21a)　　　(21b)*
図 16.1　　　　　　　　　　　図 16.2

---

[22] もちろん，(19b) も何らかの文脈を与えれば容認性が高まる．その場合，認知主体が単なる事態の傍観者ではないことを示す必要がある．

[23] 言うまでもなく，この場合の (20b) は客観的変化を表すことになるので，(現実にはありえないが) 道の形状が実際に変化していること表す．(20b) の容認性が下がっているのはそのためである．

7. 結論

　まとめとして，本研究で提示した SS モデルと Langacker (2008) で提案されている OC モデルを比較しておきたい．SS モデルは，OC モデルよりも次の四点で優れているといえる．まず，SS の定義が明確でその使用が厳しく制限されている点である．認知主体の主観的な見えを表す領域である SS が出現するのは認知主体が事態内視点を取っている場合だけに限られており，アドホックに利用されるものではない．それに対し，OC は定義が不明確なだけでなく，アドホックに利用される危険性が高い．次に，SS モデルでは，オフステージの tr を図式化することができる点が挙げられる．定義上，tr はプロファイルを受けている必要があるため必ずステージ上 (OS) に位置づけられなければならない．そのため，たとえ OC を用いても，OS の外にある tr はプロファイルから外れてしまい，結果として，tr のない lm の出現を認めることになる．しかしながら，tr と lm は相対的に決定される要素なので，tr のない lm は定義上ありえないのである．三点目は，SS モデルを用いると客体化のプロセスを分析に組み入れることができる点である．これにより，認知主体が言語化されない場合（言語上の省略の可能性を除く）と言語化される場合の意味的差異を明示的に図式化することが可能となる．最後に，最も重要なのは，SS モデルは，高い理論的予測性を持つという点である．特に，認知主体の客体化に伴う様々な言語現象を図式が正しく予測している点は注目に値する．

　最後に，生態的自己と主観的状況 SS について補足しておきたい．事態外視点における認知主体 C と事態内視点における認知主体 C（生態的自己）の大きな違いは，後者は典型的には行為者，経験主，直示基点などのある種の意味役割 (semantic role) を持っていることである．その意味で，この認知主体は明らかに事態に参与者として組み込まれており，この認知主体の振る舞いがそのまま事態の在り方を決めることになる．これに対し，事態外視点の言語化されない認知主体は，傍観者，つまり純粋な視点者の役割しか果たしておらず，事態の在り方そのものには全く関与しない．そのため，その役割は事態を概念化することのみに限られ，その意味で，純粋な conceptualizer（概念化を行う者）である．

　また，通常，主観的状況 SS は最大スコープ MS と一致する．実際，本研

究で扱った事例はすべて SS と MS が重なっていると考えられる．しかも，定義上 SS は直接スコープ IS と一致するため，SS=IS=MS ということになる．このことが示唆することは，新たに SS 領域を設ける必要はなく，本研究で取り上げた現象はすべて IS=MS の事例として説明できるのではないかということである．つまり，事態内視点とは IS=MS の場合のことであり，事態外視点とは IS<MS の場合のことであるとするのである．しかしながら，そのように整理してしまうと，本研究で扱ったような客体化に関する議論や傍観者的自己・生態的自己の差異，そして主観性の扱いなどが不可能になってしまう．このようなことから，やはり，本研究で提案する SS は必要不可欠な概念であると思われる．見えたままを見えたままに語るという事態把握の在り方は，直接スコープを最大スコープとして語るという視界領域の取り方と密接に関わっている．そのため，事態内視点をとった場合の最も自然な帰結として IS が MS と一致するのではないだろうか．そのように考えると，逆に，ステージモデルにおける IS と MS の分離自体，自己を客体化して事態の外から眺めるという人間の事態把握の在り方から派生したものかもしれない．

参考文献

本多啓 (2005)『アフォーダンスの認知意味論』東京大学出版会，東京．
池上嘉彦 (2006)「〈主観的把握〉とは何か──日本語話者における〈好まれる言い回し〉」『言語』35 巻 5 号，20-27．
池上嘉彦 (2011)「日本語と主観性・主体性」澤田 (2011)，49-67．
熊代敏行 (2002)「日本語の「に─が」構文と分裂主語性」『認知言語学 I：事象構造』，西村義樹(編)，243-260，東京大学出版会，東京．
Kumashiro, Toshiyuki and Ronald W. Langacker (2003) "Double-Subject and Complex-Predicate Constructions," *Cognitive Linguistics* 14, 1-45.
久野暲 (1978)『談話の文法』大修館書店，東京．
Langacker, Ronald W. (1985) "Observations and Speculations on Subjectivity," *Iconicity in Syntax*, ed. by John Haiman, 109-150, John Benjamins, Amsterdam.
Langacker, Ronald W. (1990) *Concept, Image and Symbol*, Mouton de Gruyter, Berlin.
Langacker, Ronald W. (1998) "On Subjectification and Grammaticization," *Dis-

course and Cognition: Bridging the Gap, ed. by Jean-Pierre Koenig, 71-89, CSLI Publications, Stanford.
Langacker, Ronald W. (1999) *Grammar and Conceptualization*, Mouton du Gruyter, Berlin.
Langacker, Ronald W. (2006) "Subjectification, Grammaticization, and Conceptual Archetypes," *Subjectification: Various Paths to Subjectivity*, ed. by Angeliki Athanasiadou, Costas Canakis and Bert Cornillie, 17-40, Mouton du Gruyter, Berlin.
Langacker, Ronald W. (2008) *Cognitive Grammar: A Basic Introduction*, Oxford University Press, New York.
Langacker, Ronald W. (2009) *Investigations in Cognitive Grammar*, Mouton de Gruyter, Berlin.
町田章 (2009)「言語表現に見られる主体性――ラレル構文を例に――」『長野県短期大学紀要』64, 103-114.
町田章 (2011)「日本語ラレル構文の形式と意味――認知文法からのアプローチ――」『意味と形式のはざま』, 大庭幸男・岡田禎之(編著), 163-177, 英宝社, 東京.
町田章 (2012)「主観性と見えない参与者の可視化――客体化の認知プロセス――」『日本認知言語学会論文集』12, 246-258.
町田章 (2013)「身体的経験者と観察者――ステージモデルの限界――」『日本認知言語学会論文集』13, 661-666.
Matsumoto, Yo (1996) "Subjective Motion and English and Japanese Verbs," *Cognitive Linguistics* 7, 183-226.
三上章 (1960)『象は鼻が長い』くろしお出版, 東京.
Moore, Kevin Ezra (2004) "Ego-based and Field-based Frames of Reference in Space to Time Metaphors," *Language, Culture, and Mind*, ed. by Michel Achard and Suzanne Kemmer, 151-165, CSLI Publications, Stanford.
中村芳久 (2004)「主観性の言語学：主観性と文法構造・構文」『認知文法論II』, 中村芳久(編), 3-51, 大修館書店, 東京.
澤田治美(編) (2011)『主観性と主体性』ひつじ書房, 東京.
武本雅嗣 (2002)「概念化と構文拡張」『対照言語学』, 生越直樹(編), 99-122, 東京大学出版会, 東京.
Tomasello, Michael (1999) *The Cultural Origins of Human Cognition*, Harvard University Press, Cambridge, MA.
上原聡 (2011)「主観性に関する言語の対照と類型」澤田 (2011), 69-91.
山梨正明 (2003)『ことばの認知空間』開拓社, 東京.

第 6 章

ナラトロジーからみた認知文法の主観性構図
―「焦点化」をめぐって―

野村　益寛

北海道大学

キーワード： ナラトロジー，主観性，認知文法，焦点化，一人称代名詞

1. はじめに

　認知文法が主観性（主体性）を問題とする以前から，言語表現と主観性の関係を主題的に論じてきた分野にナラトロジー（narratology; 物語論）がある．物語の文章が認知文法において分析対象とされる作例―例えば，Vanessa is sitting across the table (from me). (Langacker (1990: 20))―よりもはるかに複雑な要素（例えば，作者，語り手，登場人物の区別）を孕んでいること，「物語る」という言語行為がおそらくどの言語共同体にもみられる普遍性の高いものであることを考え合わせると，認知文法が包括的な主観性の理論の構築を目指すのであれば，ナラトロジーから学ぶべきところは少なくないはずである．[1]

　本章は，ナラトロジーの観点から認知文法の主観性構図の妥当性を検証することを目的とする．構成は次の通りである．2 節ではナラトロジーにおける「焦点化」に関する先行研究を概観する．3 節では，ナラトロジーが焦点化研究において必要性をみとめた道具立てや区別を，認知文法における主観性構図が表現できるかどうか検討する．4 節では「内的焦点化」に関してナラトロジーと認知文法の知見を突き合わせ，認知文法の主観性をめぐる論点の多くがナラトロジーにおいて先駆的・萌芽的に認められることを確認した

---

[1] 物語論への最近の言語学的アプローチとして Dancygier (2011), 福沢 (2015) を参照．

上で，両者の知見を生かしながら焦点化を5つに分類することを提案し，認知文法で議論となる一人称代名詞の明示/非明示の問題をその中に位置づけることを試みる．5節は結論である．

2. 焦点化

ナラトロジーにおける物語の分析においては「焦点化」という概念が重要な役割を果たす．本節では，ナラトロジーにおいてこの概念を最初に提唱したGenette (1980, 1988)，およびそれを修正・展開したBal (1985) とRimmon-Kenan (1983) の考えを紹介し，3節以降の議論の準備とする．

2.1. Genette (1980, 1988)

ジュネットは，従来のナラトロジーにおける「視点」の研究が「誰が見ているか」の問題と「誰が語っているか」の問題を混同しているとし，前者を「焦点化」(focalization)，後者を「語り」(narration) の問題として峻別する必要があることを説いた．例えば，我が子の運動会での活躍の様子を自分で実況中継しながらホームビデオで撮影する場合は，見ている人と語っている人が同一だが，カメラ・クルーが現地で撮影してきた映像にナレーターがスタジオでナレーションを入れる場合は別人となるわけで，この区別は至極妥当なものと思われる．この「焦点化」をGenette (1980: 189, 1988: 74) は「視野の制限」(a restriction of "field") と規定している．ごく簡単に言うと，焦点化とは，どの覗き穴から物語世界を垣間見て，物語世界に関する情報を仕入れるかの問題だと言える．

(1) 焦点化と語りの峻別 (Genette (1980: 186, 1988: 64))

焦点化	Who sees? (Who perceives?, Where is the focus of perception?[2])
語り	Who speaks?

こうして区別された焦点化と語りの双方を考慮に入れた上で，ジュネット

---

[2] 物語世界に関する情報は視覚情報に限らないので，Genette (1988) では「視覚」の代わりに「知覚」(perception) という言葉を用いている．

は，登場人物と語り手が有する情報（知識）量の差の観点から，焦点化を下表のように 3 つの類型に分類する（定義中の（不）等号は情報（知識）量の差を示す）．

(2) ジュネットの焦点化の 3 類型（Genette (1980: 189-191, 1988: 128) に基づき作成）

類型	定義	作品例
ゼロ焦点化	語り手＞登場人物	『トム・ジョウンズ』（フィールディング）
内的焦点化	語り手＝登場人物	固定型：『大使たち』（H. ジェイムズ） 変動型：『ボヴァリー夫人』（フローベール） 多重型：映画「羅生門」（黒澤）
外的焦点化	語り手＜登場人物	『殺し屋』（ヘミングウェイ）

「ゼロ焦点化」(zero focalization) とは，語り手の方が登場人物よりも多くの情報（知識）量をもつ場合で，伝統的に「全知の語り手」(omniscient narrator) と呼ばれてきたものに相当する．全知の語り手の視野は制限されないため，焦点化はゼロということになる．「内的焦点化」(internal focalization) は，語り手が特定の登場人物が知っていることのみを語る場合である．最後に，「外的焦点化」(external focalization) は，語り手が登場人物の知っていることよりも少なく語る場合で，「客観的な物語」と呼ばれるものに対応する．それぞれの焦点化のタイプを体現した作品の例を表の右端に挙げている（内的焦点化の作品例は，視点が一人の登場人物に固定されているか，複数の登場人物の間を行き来するか，同じ出来事が複数の視点から描かれるかによって，固定型，変動型，多重型の 3 つに分けられる）．

2.2. Bal (1985)

ジュネットが提唱した「焦点化」の概念を修正したのが Bal (1985) である．Bal (1985: 104) は「焦点化」を「見る者と見られる者（物）の関係」(the relationship between the 'vision', the agent that sees, and that which is seen) と定義することで，焦点化の主体と客体 (focalizer/focalized) という概念を

導入し,焦点化の類型として次の2つを認める.

(3) Bal (1985: 105) の焦点化の類型

類型	定義
内的焦点化	焦点化の主体が物語世界の内部にいる場合(=登場人物)
外的焦点化	焦点化の主体が物語世界の外部に存在する場合(=非登場人物)

(2) と (3) を比べればわかるように,ジュネットの類型が登場人物と語り手の情報(知識)量の比較に基づくものであったのに対し,バールの類型は焦点化の主体が物語世界に対して占める位置に基づいており,両者は異なる基準に基づく分類となっている.しかし,ジュネットの「ゼロ焦点化」が表わす「全知の語り手」は物語世界の外部に位置すること,「外的焦点化」についても語り手が有する情報(知識)量が登場人物のものより少ないということは,語り手が物語世界の外部に位置する場合が普通であると考えられることから,ジュネットの「ゼロ焦点化」と「外的焦点化」がバールでは「外的焦点化」にほぼ対応すると言ってよいだろう.[3] まとめると,下表のようになる.

(4) Genette (1980) と Bal (1985) の対応関係

Genette (1980)	Bal (1985)
内的焦点化	内的焦点化
外的焦点化	外的焦点化
ゼロ焦点化	

---

[3] Genette (1988) は「内的焦点化」と「外的焦点化」について,"In internal focalization, the focus coincides with a character, who then becomes the fictive "subject" of all the perceptions, including those that concern himself as object." (p. 74) および "In external focalization, the focus is situated at a point in the diegetic universe chosen by the narrator, *outside every character*, which means that all possibility of information about anyone's thoughts is excluded." (p. 75) と述べていて,Bal (1985) と相容れなくもない見解を示している.

他方，バールは焦点化の客体について，登場人物の内面が「知覚可能」(perceptible) か「知覚不可能」(non-perceptible) か，という観点から区別を設けている (Bal (1985: 109))．

2.3. Rimmon-Kenan (1983)

Rimmon-Kenan (1983) は，基本的に Bal (1985) の枠組みを踏襲し，焦点化を「外的焦点化」と「内的焦点化」の 2 つの類型に分類し，それぞれの知覚面・心理面の特徴を次のように対比している (pp. 74-81 に基づき作成)．

(5) Rimmon-Kenan (1983) の外的／内的焦点化の整理

焦点化の類型	焦点化の主体	知覚面		心理面	
		空間	時間		
外的焦点化	語り手	俯瞰図	汎時間的，回顧的	無制限の知識	客観的
内的焦点化	登場人物	限定つきの観察者	同時的	制限つき知識	主観的

焦点化の客体に関しても，リモン＝キーナンは，バールの「知覚可能／不可能」の区別に準じて，焦点化の主体によって見られるものが「内面」(within) なのか「外面」(without) なのかの 2 つに分ける (p. 75)．

焦点化の主体（外的／内的）と焦点化の客体（内面／外面）を組み合わせると，次の 4 つの焦点化の類型が出来上がる（表中の作品例はリモン＝キーナンが挙げているもの．作品全体が 1 つの類型に収まるという意味では必ずしもない）．[4]

---

[4] 表 (6) の横軸がラネカー的な subjectivity，縦軸がトローゴット的 subjectivity と言えるかもしれない．

(6) Rimmon-Kenan (1983) の焦点化の類型（同書 pp. 74-76 に基づき作成）

焦点化の客体 \ 焦点化の主体	外的焦点化	内的焦点化
外面	聖書	『嫉妬』（ロブ＝グリエ）
内面	『息子と恋人』（ロレンス）	『ユリシーズ』第 18 挿話（ジョイス）

3. ナラトロジーの焦点化とラネカーの主観性構図の比較

本節では，3.1 節で認知文法の主観性構図を概観した後，3.2 節以下で 2 節でみたナラトロジーの道具立て・区別を主観性構図において表現できるかどうか検討していく．

3.1. 認知文法の主観性構図

認知文法における認識（conception）のモデル（以下，「主観性構図」と呼ぶ）は次のように図示される．

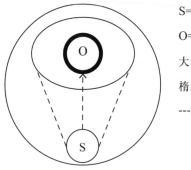

S＝認識主体

O＝認識客体

大円＝意識の及ぶ範囲

楕円＝オン・ステージ領域

---＞＝注意の向き

図 1　主観性構図（Langacker (2008: 260)）

Sは「認識主体」(subject)，Oは「認識客体」(object) を表す．認識主体は，楕円で描かれている「オン・ステージ領域」に注意を向け，その中から認識客体を注意の焦点として選び出す．それによって，両者は「概念化する者（概念化者）」(conceptualizer) と「概念化されるもの」(what is conceptualized) という非対称的な関係で結ばれることになる．

言語表現の意味を認識する際には，話し手 (S) と聞き手 (H) が協働して認識主体＝概念化者の役目を担い，「グラウンド」(G) を構築する．言語表現が指示する「プロファイル」（太線部分）と，プロファイルを理解するのに直接関連する背景である「直接スコープ」(IS) は，主観性構図における「認識客体」と「オン・ステージ領域」にそれぞれ対応する．これを表したのが下図である．

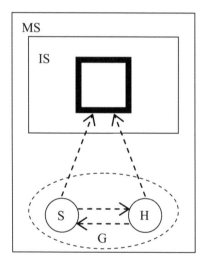

図2　言語表現の意味の認識（Langacker (2008: 261)）

3.2.「焦点化の主体」と「語り手」の区別

2節でみたナラトロジーにおける「焦点化の主体」と「語り手」の区別が認知文法における主観性構図でも表現できるかどうか考えてみよう．まず，ナラトロジーにおける「語り手」(narrator) が認知文法における「話し手」(speaker) に対応するとみることに問題はなかろう．他方，ナラトロジーに

おける「焦点化の主体」は，認知文法では何に対応するだろうか？認知文法では，知覚（perception）は認識（conception）の一部であり，視覚と非視覚的認識は平行すると考えられていることから，認識主体は観察者（viewer）に擬せられる．そうすると，ナラトロジーの「焦点化の主体」（＝見る者）は認知文法の「認識主体＝概念化者」（＝観察者）に対応すると言えるかもしれない（この見解の問題点は 4.3 節で取り上げる）．

その一方で，3.1 節でみたように，言語の意味が認識される際には，「認識の主体／概念化者」は「話し手／聞き手」に対応するとされる．そうすると，（話を単純にするため聞き手を考察から外すと）認知文法においては，＜概念化者＝話し手＞という等式が成り立つことになる．このことは，ナラトロジーで峻別されてきた「焦点化の主体」と「語り手」にそれぞれ対応すると思われる「概念化者」と「話し手」が，認知文法の主観性構図では融合して一体化していることを意味する．まとめると，次のようになる．

(7) 主体に関するナラトロジーと認知文法の対応関係

ナラトロジー	認知文法
焦点化の主体（focalizer）	概念化者（conceptualizer）／話し手（speaker）
語り手（narrator）	

ところで，Langacker (1985) の中には「自己分裂」(転位，displacement) という手法を用いて分析している現象がいくつかある．次の例をみてみよう．

(8) a. Don't lie to me!
　　b. Don't lie to your mother!　　　　(Langacker (1985: 127))
(9) Dmitri was trudging through the woods. There was a clearing ahead $\emptyset$.　　　　(Langacker (1985: 140))

(8) のペアが同じ意味を表しているとすると，(8b) では自己分裂が生じており，オン・ステージ上の自己を，オフ・ステージにいる他者（自分の子供）の目を借りてもう一人の自己が眺めたのが (your) mother という表現であるとラネカーは分析する．これをナラトロジーの立場から述べ直すと，自

分の子供が焦点化の主体となり，語り手である自分を見ているということになる．焦点化の主体と概念化者を同一視することが正しいとの前提の下では，この状況は「概念化者」と「話し手」の分離を表していることになる．他方，(9) の物語文をラネカーは，作者が自己分裂（転位）し，Dmitri の視点を採っていると分析している．これもナラトロジーの言葉で言えば，焦点化の主体である Dmitri に見えている状況を，語り手が語っていることとなり，概念化者と話し手の分離を示している．

このように，主観性構図（図1）においては融合していた「概念化者」と「話し手」が分離する可能性をラネカーの分析は（はからずも？）認めていることになり，ナラトロジーのいう焦点化の主体と語り手の区別を認知文法の主観性構図でも取り込むことができることを示している．[5]

3.3. 「内的焦点化」と「外的焦点化」の区別

次にナラトロジーのいう「内的焦点化」と「外的焦点化」を認知文法の主観性構図の枠組みで表現できるかどうか考えてみよう．認知文法のオン・ステージ領域は，出来事がプロファイルされる領域であることを考えると，ナラトロジーの物語世界に対応すると思われる．そうだとすると，内的焦点化と外的焦点化は，認知文法の言葉に翻訳すると，オン・ステージから見るか，オフ・ステージから見るかの区別に対応すると言える．

この区別は，認知文法では，一人称代名詞の明示／非明示の問題と関連して議論されてきた．ラネカーが最初にこの問題を取り上げた際の次の例文をみてみよう (Langacker (1985: 140))．

(10) a. Ed Klima is sitting across the table from me!
b. Ed Klima is sitting across the table!

(10a) がクリマと話し手の位置関係を客観的に描写しているにすぎないのに対して，(10b) は同じ状況を話し手の目に映るがまま (seen "through the eyes of" the speaker) 描写しているとし，この意味の違いをラネカーは次のように図示している．

---

[5] 話し手と概念化者の区別は，「発話の主体／認知の主体」(池上 (2004, 2005))，「公的自己／私的自己」(廣瀬 (1997)) の区別と重なるところがあると思われる．

(a)　一人称明示型　　　　(b)　一人称非明示型

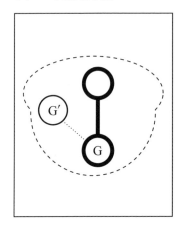
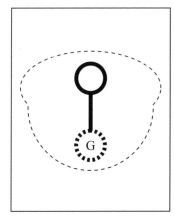

図3　一人称代名詞明示／非明示の分析1
(Langacker (1985: 143))

　話し手が自分に見えるままを描写する (10b) では，自己は分裂せずに図3(b) のように表される．自己が客体にはなりきらず主体性を保持していることが，Gの点線によって示されている．一方，(10a) では自己分裂が生じ，図3(a) のように表される．話し手は実際の位置Gから踏み出て自己を外から眺めることができる位置G'を占める．すなわち，両者の違いは自己分裂が関与しているか否かだけにあり，どちらの図においても話し手は点線で描かれているオン・ステージ上に位置している．

　これに対して，最近の分析では，一人称代名詞の明示／非明示の違いをオン・ステージ／オフ・ステージと相関させている．

(11) a.　I don't trust him.
　　 b.　(I) don't trust him.　　　　　　　　(Langacker (2008: 468))

一人称代名詞を明示している (11a) では，話し手はオフ・ステージからオン・ステージ上の出来事を見ているのに対して，一人称代名詞を非明示にしている (11b) では，話し手はオン・ステージ寄り（正確にはオン・ステージ (IS) とオフ・ステージの間に設けられた Objective Content (OC) という領域—cf. Langacker (1974: §3)) からオン・ステージ上の出来事を見ているこ

第6章 ナラトロジーからみた認知文法の主観性構図　195

とになる．

(a) 一人称明示型　　　　　(b) 一人称非明示型

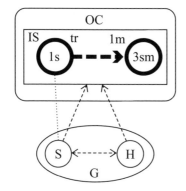 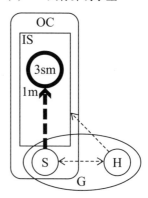

図4　一人称代名詞明示／非明示の分析2
(Langacker (2008: 468))

このように「内的焦点化」と「外的焦点化」の区別を認知文法でも「オン・ステージ」と「オフ・ステージ」という区別を用いて原理的には表現できることがわかる．

3.4. 焦点化の客体の「内面」と「外面」の区別

2節でみたように，焦点化の客体の内面／外面の区別は，バールとリモン＝キーナンにおいては焦点化の類型のパラメータを構成する．この区別は，文法レベルでは主観述語の人称制限に関わるものである．一般に主観述語は一人称主語では許容されるのに対して，二人称／三人称主語では許容されない．

(12) a. ｛私／*あなた／*ジョン｝は暑い．　　　(Kuroda (1973: 378))
　　 b. ｛I am / ??You are｝ thirsty.　　(Traugott and Dasher (2005: 90))

しかし，物語の中には二人称／三人称主語の主観述語を許容するようなものもある．Kuroda (1973) は，そうした物語のスタイルを「非報告的」(non-reportive) と呼び，二人称／三人称主語が主観述語を許容しない「報告

的」(reportive) な物語と区別している (p. 383).[6]

こうした主観述語の人称制限や黒田の物語のスタイルの区別は，ラネカーの主観性構図では表現し得ず，何らかの仕方で構図に取り込む必要があるものと思われる．

3.5. まとめ

ナラトロジーの観点からすると，図1のラネカーの主観性構図は，語り手が焦点化の主体を兼ねる外的焦点化（焦点化の客体についてはおそらく外面）をデフォルト——「最適視点構図」(optimal viewing arrangement; Langacker (1985: 121))——として採っていると言える．[7] 上でみてきたように，ナラトロジーが区別する基本的道具立ては認知文法にも概ね備わっていると言うことができ，それらを用いてデフォルト以外の布置をどのように表すかが問題となる．次節ではこれを内的焦点化について検討することにする．

4. 内的焦点化をめぐって

本節では内的焦点化についてジュネットが論じていることをやや詳しく取り上げ，ナラトロジーが文学作品の分析を通して認知文法と通底する考え方に早くから到達していたことをみる．その上で，ナラトロジーの知見を生かしつつ，焦点化の類型を，自／他の区別，焦点化の主体／語り手の区別の組み合わせから，内的焦点化3つと外的焦点化2つに論理的に分類し，その中に認知文法で取り上げられる一人称代名詞の非明示／明示の問題を位置づけることを試みたい．

---

[6] 黒田は「報告的」物語を語り手が遍在的 (omnipresent) だが全知 (omniscient) でない場合，「非報告的」物語をそうではない場合とし，語り手の属性の観点からこの2つを区別している．黒田の「報告的」／「非報告的」の区別は，バールとリモン＝キーナンの枠組みでいえば，焦点化の客体に関する「知覚不可能・外面」／「知覚可能・内面」の区別に対応する．主観述語ではないが，{I / Michele} saw that Mary participated in the protest march. の焦点化のレベルの違いについて Bal (1985: 110-111) が分析している．

[7] 最適視点構図は，リモン＝キーナンの分類 (6) の「聖書」型にあたる．これはウィトゲンシュタインが『論理哲学論考』（岩波文庫，pp. 116-117）の中で視野は決してこういう形をしていないと批判した構図にあたる．なお，ナラトロジーでは焦点化の類型の中でどれがデフォルトであるかということはあまり考えられていないようである．

4.1. 自己知覚・自己の表現：ナラトロジーと認知文法の接点

3.3 節で内的焦点化は，認知文法では一人称代名詞の非明示の問題と関連して議論されてきたことをみたが，この問題は日本でも本多 (2005)，池上 (2004, 2005) などを中心に近年盛んに論じられてきている．本多 (2005) は日英語における話し手の捉え方の傾向を次のようにまとめている．

(13) 英語は視座を移動して話し手自身の姿が見える位置から状況を捉える傾向が比較的強いのに対して，日本語は話し手自身を視座の移動のないエコロジカル・セルフのレベルで捉える傾向が比較的強い．
(本多 (2005: 154))

日本語では話し手自身の姿が視野に入らないので，自己はゼロ形で表され，一人称代名詞は英語に比べて用いられないこととなる．「視座の移動の有無」を「状況の外部／内部からの観察」と読み替えると，上の引用は次のように言い換えられる．

(14) 英語は状況を外部から見て表現する傾向が比較的強いのに対して，日本語は状況の中にいて，その現場から見えたままを表現する傾向が強い．
(本多 (2005: 154-155))

さらに，この引用中の「状況」を「物語世界」と読み替えると，次のように言える．

(15) 英語は全知の神のような立場から語りを展開する傾向が比較的強いのに対して，日本語は登場人物の立場から語りを展開する傾向が比較的強い．
(本多 (2005: 155))

これをナラトロジーの用語で言うと，英語はゼロ焦点化（ジュネット）ないし外的焦点化（バール）を好み，日本語は内的焦点化を好む傾向があると言い直すことができる．

さて，2 節でみたように，ジュネットは内的焦点化を語り手と登場人物の情報（知識）量が同じ場合と定義する．その上で，ジュネットは次のように述べている．

(16) We must also note that what we call internal focalization is rarely

applied in a totally rigorous way. Indeed, the very principle of this narrative mode implies in all strictness that <u>the focal character never be described or even referred to from the outside</u>, and that his thoughts or perceptions never be analyzed objectively by the narrator. (Genette (1980: 192))

下線に注目すると，厳密な意味での内的焦点化においては，焦点化の主体たる登場人物を外から描写したり，指示することはできないと述べられている．これは，本多（2005）の言葉を使うと，内的焦点化において登場人物はエコロジカル・セルフのレベルで捉えられることを表しているものと解釈できるだろう．登場人物は自己の姿が視野に入っていないため，音形のある言語形式で指示することができないというわけである．さらに，ジュネットは，内的焦点化の登場人物について次のジャン・プイヨンの言を引用する（Genette (1980: 193))．

(17) [the character is seen] not in his innerness, for then we would have to emerge from the innerness whereas instead we are absorbed into it, but is <u>seen in the image he develops of others</u>, and to some extent through that image. In sum, we apprehend him as <u>we apprehend ourselves in our immediate awareness of things, our attitudes with respect to what surrounds us</u> — what surrounds us and is not within us. (Pouillon (1946: 79))

内的焦点化において，登場人物は他者について繰り広げるイメージによって理解されるということになる．第2文の下線部は「世界を知覚することは同時に自分自身を知覚すること」という Gibson (1979: 141) の言葉を彷彿させる．

その上で，ジュネットは次のように述べる（Genette (1980: 193))．

(18) Internal focalization is fully realized only in the narrative of "interior monologue"

すなわち，厳密な意味での内的焦点化は（『ユリシーズ』第18挿話のモリー・ブルームの独白のような）「内的独白」においてのみ実現されるという

わけである.⁸ ナラトロジーにおける内的焦点化と内的独白の結びつきは，内的焦点化に概略対応する「主観的把握」を好む日本語がモノローグ的性格を帯びていることを具体的な言語現象の考察を通して指摘した池上（2000: 第3部）と通底する.

4.2. 焦点化の類型

上でみたように，内的焦点化をめぐるナラトロジーの知見には認知文法の関心と共通するところが多いことがわかる．その一方で，両者には違いもある．認知文法では一人称代名詞の明示／非明示で表される自己の表現が大きなテーマとなるが，ナラトロジーでは（筆者が知る限り）あまり問題とならないようである.⁹ 一方，3節でみたように，認知文法では概念化者と話し手は融合しがちであるが，ナラトロジーでは焦点化の主体と語り手は峻別されている．そこで，焦点化の主体が自己か他者かという観点を組み入れて内的焦点化を分類すると，3つに分けることができる．それに，外的焦点化を加えた表を作ると，次のようになる.

(19) 焦点化の類型

	物語世界の内部	物語世界の外部
内的焦点化1	自己＝焦点化の主体＝語り手	
内的焦点化2	自己＝焦点化の主体	自己＝語り手
内的焦点化3	他者＝焦点化の主体	自己＝語り手
外的焦点化1	自己＝焦点化の客体	自己＝焦点化の主体＝語り手
外的焦点化2	他者＝焦点化の客体	自己＝焦点化の主体＝語り手

内的焦点化1は狭義の内的焦点化であり，物語世界内の自己が焦点化の主

---

⁸「内的独白」の特徴については，Genette (1980: 172-175) を参照.
⁹ 内的焦点化の例としてよく挙げられる『ユリシーズ』第18挿話のモリー・ブルームの独白でも一人称代名詞Iは使われており，内的焦点化の主体は一人称代名詞では表されないという考えはナラトロジーではなさそうである.

体でもあり，語り手でもある場合である．これがジュネットのいう内的独白に相当する．内的焦点化2は，物語世界内の自己が焦点化の主体，物語世界外の自己が語り手となる場合である．これは（物語世界内の登場人物である過去の自分が見たものを現在の自分が語るというような）一人称物語（例えば，ディケンズの『大いなる遺産』）の場合に相当する．内的焦点化1と内的焦点化2では語り手である自己が物語世界内の登場人物になる場合だったが，内的焦点化3は，物語世界内の他者が焦点化の主体で，物語世界外の自己が語り手となる場合である．これは登場人物の目に映ることを語り手が描写するような三人称物語の場合であり，(15)の「登場人物の立場からの語り」に相当する．最後に，外的焦点化は，物語世界外の語り手が焦点化の主体も兼ね，物語世界内の出来事を焦点化の客体として描写する場合と言える．ここでは，焦点化の客体が自己の場合を外的焦点化1，他者の場合を外的焦点化2として区別しておく．以上の焦点化の類型に対応する例文を認知文法でよく用いられるものを基に挙げると，次のようになる．

(20)

	例文
内的焦点化1	Vanessa is sitting across the table.
内的焦点化2	Vanessa was sitting across the table.
内的焦点化3	Dmitri was trudging through the woods. There was a clearing ahead. (= (9))
外的焦点化1	Vanessa is sitting across the table from me.
外的焦点化2	Vanessa is sitting across the table from Veronica.

さて，3.3節での考察に基づき，表(19)の物語世界の「内部」と「外部」をそれぞれ「オン・ステージ」，「オフ・ステージ」に読み替えると，認知文法が一人称代名詞の明示／非明示の問題として議論しているのは，内的焦点化1と外的焦点化1の場合であることになる．内的焦点化1では，自己は焦点化の主体であるため，己の姿が視野に収まらず，一人称代名詞は非明示と

なる (cf. (10b), (11b)). これは本多 (2005: 154-155) の「状況の中にいて，その現場から見えたままを表現する」に相当する．「見えたままを表現する」ということは，Genette (1980: 94) のいう「情景法」(scene) に対応する．情景法では，NT (Narrative Time)＝ST (Story Time) が妥当し，これは動詞の現在時制の意味 (Langacker (1991: 250)) と合致するため，「見えたままを表現する」には通常現在時制が用いられる (cf. (5) の「同時的」)．他方，外的焦点化1では，オフ・ステージに位置する焦点化の主体兼語り手が，オン・ステージ上の焦点化の客体としての自己を見るので，自己の姿が視野に入り，一人称代名詞は明示される．

認知文法においてあまり議論されないのが，残りの内的焦点化2と内的焦点化3の場合である．この2つにおいて，オン・ステージの自己あるいは他者は焦点化の主体であるので，焦点化の主体として振る舞っている限りはそれに言及することはできない．[10] Got up at 7. のような，日記文などに見られる一人称代名詞非明示の文は内的焦点化2として説明できるだろう．焦点

---

[10] 認知文法では三人称代名詞の省略は，一人称代名詞の場合に比べてあまり問題にならないようだが，そのメカニズムは内的焦点化3によって説明される．なお，英語でも主語代名詞の省略は日本人が一般に思う以上に観察される．次の例をみられたい（一人称代名詞の省略を$\emptyset_1$，三人称代名詞の省略を$\emptyset_3$と示してある）．

 (i) ...Thom, did you call him?"
   "$\emptyset_1$Haven't yet. $\emptyset_1$Will in just a minute."
   "Now! Do it now!"
   Thom looked at Sellitto. $\emptyset_3$Walked to the door, $\emptyset_3$stepped outside.
             (Jeffrey Deaver, *The Bone Collector*, Ch. 4)
 (ii) "Five, six yeas ago, when he was a lieutenant, I found him interrogating a suspect right in the middle of a secure scene. $\emptyset_3$Contaminated it. I blew my stack. $\emptyset_1$Put in a report and it got cited at one of his IA reviews — the one where he popped the unarmed suspect."   (ibid., Ch. 18)

ただ，こうした例が内的焦点化の例とみなせるとは限らない．一般に，話し手がエコロジカル・セルフのレベルで捉えられたならば，自己はゼロ形で表現されるが，自己がゼロ形で表現されたからと言って（他の談話構成上の理由でゼロ形で表現されることもあり得るので）エコロジカル・セルフのレベルで捉えられているとは言えないからである．つまり，代名詞の明示／非明示は，自己がエコロジカル・セルフで捉えられているかどうか判断するための指標とはなりえないことになり，何を根拠に自己がエコロジカル・セルフで捉えられていると判断できるかという困難な問題に逢着する．英語における主語省略の全体像については，久野・高見 (2013: 第3章) を参照．

化の主体としての自己あるいは他者に言及する必要がある場合は，いったん外的焦点化を採って，自己あるいは他者を焦点化の客体としなければならない．次の宮沢賢治の「どんぐりと山猫」の一節を見てみよう（ジョン・ベスター訳『ベスト・オブ　宮沢賢治短編集』，講談社インターナショナル，pp. 26-29）．「こっち」という直示表現からわかるように，第一文は一郎が焦点化の主体となり，その目に映る様を語り手が語る内的焦点化 3 の例である．[11] 第二文では，「一郎」を明示していることから，外的焦点化に転じている．ちなみに，英訳ではいずれも Ichiro を用いており，外的焦点化を一貫して採っていることに注意されたい（cf. (15))．

(21) その草地のまん中に，せいの低いおかしな形の男が，膝を曲げて手に革鞭をもって，だまってこっちをみていたのです．一郎はだんだんそばへ行って，びっくりして立ちどまってしまいました．
There, in the middle of the meadow, a most odd-looking little man was watching Ichiro. [...] Ichiro slowly went nearer, then stopped in astonishment.

このように，焦点化を表 (19) のように類型化することで，可能な焦点化のパタンの中で認知文法が主観性構図によって問題にしているのはその一部にすぎないことがわかる．さらに，一人称代名詞明示／非明示の問題は，Langacker (2008: 468) が援用した OC（図 4(b)）のような道具立てに依らずとも，ナラトロジーの道具立てである「物語世界の内部／外部（オンステージ／オフ・ステージ）」の区別と「焦点化の主体／語り手（概念化者／話し手）」の区別を設け，内的焦点化の主体を外から描写できないとする (16) の原則を採るだけで，簡潔に説明できると言える．[12]

---

[11] 語り手が一郎の「肩越しに」状況を眺めていると比喩的には言うことができるが，語り手は物語の筋には登場しないので，ナラトロジーでは一郎が焦点化の主体と分析される．しばしば取り上げられる川端康成『雪国』の冒頭の「国境の長いトンネルを抜けると雪国であった」も，主人公島村を焦点化の主体とする内的焦点化 3 の事例となる．一方，サイデンステッカーによる英訳 (The train came out of the long tunnel into the snow country.) は外的焦点化を採っている．
[12] 意味的直感と理論内的齟齬の板挟みの中で，一人称代名詞非明示型の文をめぐるラネカーの分析が紆余曲折し，ここで示したような簡潔な分析を採用できないでいる経緯につい

4.3. 主観性構図再考：焦点化の主体と概念化者の区別

最後に認知文法においてナラトロジーの焦点化の主体をどのように取り込んだらよいか考えてみたい．3.2 節において，認知文法の「概念化者」はナラトロジーの「焦点化の主体」に相当するものとみなせるとした．この理解が正しいとすると，表 (19) の内的焦点化 2 と内的焦点化 3 では，話し手と概念化者が乖離し，異なる場（物語世界の内部あるいは外部）に位置することになる．特に問題なのが内的焦点化 3 の場合で，自己は話し手としての資格しか持たず，概念化者としての側面は（他者に譲ってしまい）持っていない．意味を概念化と同一視する認知文法では，言語化には概念化が伴うと考えるはずであり，内的焦点化 3 の自己はこの要件を満たさないこととなる．このことから，認知文法の「概念化者」をナラトロジーの「焦点化の主体」に相当するとみる考えには無理があると言えそうである．

そこで，話し手と概念化者の乖離を回避するとなると，表 (19) の内的焦点化の類型を認知文法に取り込むには「焦点化の主体」に相当する要素を認知文法の道具立てとして新たに加える必要が生じてくる．その観点から振り返ると，Langacker (1985) で用いられた「自己分裂（転位）」(cf. (8b), (9), (10a)) という手法は，焦点化の主体を設定する役割を果たしていたと本章の立場からは解釈・評価できる．[13]

5. 結論

本章では，ナラトロジーの観点から認知文法の主観性構図を検討することによって，主に次のことを主張した．

① 認知文法の主観性をめぐる論点の多くがナラトロジーにおいて先駆的・萌芽的に取り上げられている．
② ナラトロジーの内的焦点化に，認知文法が関心を寄せる自己知覚・自己の表現の問題を組み入れることで，内的焦点化を 3 つに分類

ては，野村 (2011) を参照．
[13] ただし，自己分裂（転位）には元位置がどこかという問題がつきまとう．(11) の場合でいうと，オン・ステージ（ないし OC）上の自己からオフ・ステージに転位したか，オフ・ステージ上の自己からオン・ステージ（ないし OC）上へ転位したかという問題である．

し，外的焦点化の2つと合わせて焦点化の類型 (19) が設定される．それによって認知文法が自己知覚・自己の表現（一人称代名詞明示／非明示）の問題として議論してきたのは，内的焦点化1と外的焦点化1の場合であると位置づけることができる．
③ 認知文法の主観性構図は，概念化者と話し手が融合した「外的焦点化」をデフォルトとしており，内的焦点化を包括的に説明するには，「概念化者」と「話し手」の他に「焦点化の主体」を道具立てとして導入する必要がある．

参考文献

Bal, Mieke (1985 [1980]) *Narratology: Introduction to the Theory of Narrative*, University of Toronto Press, Toronto.
Dancygier, Barbara (2011) *The Language of Stories: A Cognitive Approach*, Cambridge University Press, Cambridge.
福沢将樹 (2015)『ナラトロジーの言語学：表現主体の多層性』ひつじ書房，東京．
Genette, Gérard (1980 [1972]) *Narrative Discourse*, Basil Blackwell, Oxford.
Genette, Gérard (1988 [1983]) *Narrative Discourse Revisited*, Cornell University Press, Ithaca, NY.
Gibson, James J. (1979) *The Ecological Approach to Visual Perception*, Houghton Mifflin, Boston.
廣瀬幸生 (1997)「人を表すことばと照応」『指示と照応と否定』，廣瀬幸生・加賀信広，1-89, 研究社，東京．
本多啓 (2005)『アフォーダンスの認知意味論』東京大学出版会，東京．
池上嘉彦 (2000)『「日本語論」への招待』講談社，東京．
池上嘉彦 (2004)「言語における〈主観性〉と〈主観性〉の言語的指標 (1)」『認知言語学論考』3, 1-49, ひつじ書房，東京．
池上嘉彦 (2005)「言語における〈主観性〉と〈主観性〉の言語的指標 (2)」『認知言語学論考』4, 1-60, ひつじ書房，東京．
久野暲・高見健一 (2013)『謎解きの英文法——省略と倒置』くろしお出版，東京．
Kuroda, S.-Y. (1973) "Where Epistemology, Style, and Grammar Meet: A Case Study from Japanese," *A Festschrift for Morris Halle*, ed. by Stephen R. Anderson and Paul Kiparsky, 377-391, Holt, Rinehart and Winston, New York.

Langacker, Ronald W. (1974) "Movement Rules in Functional Perspective," *Language* 50, 630-664.
Langacker, Ronald W. (1985) "Observations and Speculations on Subjectivity," *Iconicity in Syntax*, ed. by John Haiman, 109-150, John Benjamins, Amsterdam.
Langacker, Ronald W. (1990) "Subjectification," *Cognitive Linguistics* 1, 5-38.
Langacker, Ronald W. (1991) *Foundations of Cognitive Grammar*, Vol. II, Stanford University Press, Stanford.
Langacker, Ronald W. (2008) *Cognitive Grammar: A Basic Introduction*, Oxford University Press, Oxford.
野村益寛 (2011)「認知文法における主観性構図の検討」『Conference Handbook』29, 229-234, 日本英語学会.
Pouillon, Jean (1946) *Temps et roman*, Gallimard, Paris.
Rimmon-Kenan, Shlomith (1983) *Narrative Fiction: Contemporary Poetics*, Methuen, London.
Traugott, Elizabeth C. and Richard B. Dasher (2005) *Regularity in Semantic Change*, Cambridge University Press, Cambridge.

第7章

懸垂分詞構文から見た
(inter)subjectivity と (inter)subjectification*

早瀬　尚子

大阪大学

キーワード:　懸垂分詞(構文),　概念化者,　話者,　意味変化,　対人関係機能

1. 序

Subjectivity/subjectification という概念をめぐっては，これまでにもさまざまな学者による見解やモデルが提示されてきている．特に近年では Langacker と Traugott という二人の双璧が同じ用語でそれぞれの議論を発展させており，それぞれの異同については各所で話題となり議論されているところである．[1]

興味深いことに，筆者が近年行っている懸垂分詞構文およびその関連現象は，この二人の概念と関わりをもつ．懸垂分詞構文は，分詞句の主語が主節の主語と一致していない，いわば「破格」の構文であるが，推奨される規範的な分詞構文とは異なる存在意義を持つ．懸垂分詞構文は，状況内に概念化者の視座を置く，つまり「内の視点」をとるものでありこれには Langacker の subjectivity（主体性）が関わっている（早瀬 (2009)，Hayase (2011)）．

---

* この論考は 2011.3.25-26 に東北大学で開催された「言語と(間)主観性研究フォーラム in 仙台：ラネカーの視点構図と(間)主観性」において発表した内容に修正を加えたものである．貴重な機会へと声をかけてくださった主催者の中村芳久先生と上原聡先生を始め，刺激的な学びの交流をさせていただいた参加者各位に心より感謝申し上げたい．尚，この研究は文部科学省科学研究費基盤研究 (C) 22520497 の助成を受けている．

[1] この内容については De Smet and Verstraete (2006) や，それを批判的に検討している本多（本書第3章），上原（本書第2章）が詳しいのでそちらも参照のこと．

また懸垂分詞構文の一部である considering および moving on が単独で用いられる事例は，談話標識的意味を発展させており，Traugott の主張する (inter)subjectivity ((間)主観性) が関わっている (早瀬 (2011))．

特筆すべきなのは，懸垂分詞構文からその一部の要素が独立して生じる意味変化には，Langacker の subjectivity から Traugott 的な intersubjectivity へという流れが見られることである．異なるはずの 2 つの概念が同じ構文現象を関して交わっている，ということは，裏を返せば，2 つの概念の相互関係が，ひとつの構文現象を詳細に検討することで見えてくる，ということになる．

本章では，早瀬 (2009, 2011)，Hayase (2011) による懸垂分詞構文関連の研究内容を踏まえつつ，Langacker 理論と Traugott 理論との接点について考察する．Langacker 理論は主に事態把握描写を扱う一方，Traugott 理論は対人関係的視点から言語の意味変化を主に扱っており，両者をつなぐポイントは話者の存在の認識であることを見る．そして懸垂分詞構文関連の現象から提言できることとして，言語モデルが事態把握的なレベルのみならず，対人関係的レベルをも包含した大きな枠組みで語る必要があることを示したい．

2. Subjectivity: 話者と概念化者の区別

本書の共通テーマとなっている Langacker の subjectivity の構図は，図 1 のように図示される (Langacker (2008: 260))．S は概念化を行う主体としての概念化者を，O は概念化者が注意を向け概念化する対象である客体を，それぞれ表す．概念化者 S が，注意の焦点としてオンステージ領域（図では内側楕円で示される）を選び出した結果，主体と客体は全く別の非対称的な役割を担う．特に，概念化者自身がその事態に参与しているにも関わらず，ただオンステージ上の客体を観察・認識する目として機能するのみの場合，概念化者は最大限に「主体的に解釈 (subjectively construed)」されることになる．その結果言語化の対象とはなり得ず，表現には表れない存在となる．

第 7 章　懸垂分詞構文から見た (inter)subjectivity と (inter)subjectification　209

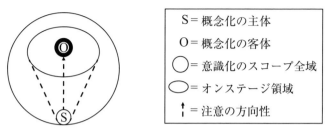

図 1：subjectivity の構図（Langacker (2008: 260)）

　この解釈をあてはめると，懸垂分詞構文は最大限に「主体的な解釈」を受ける構文だと言える．早瀬 (2009) では，懸垂分詞構文が全体として「概念化者が分詞句の行為を行った後，同じ概念化者が主節の状態を知覚経験する」という意味に対応すること，つまり言語化されない部分が構文的意味として補われることを明らかにした．例を挙げよう．

(1) Leaving the bathroom, the immediate lobby is fitted with a pair of walnut wall cabinets.

(1) では，「概念化者が〈手洗い場を出る〉と，概念化者は〈すぐ目の前のロビーにキャビネットが 2 組しつらえられている〉状態を発見する」という意味が読み取れる．ここで重要なのは，言語的に明示化されているのが〈　〉内で示されるごく一部である一方，概念化者の存在や，概念化者の知覚認識プロセスは明示化されておらず，あくまでも構文全体の意味として補って解釈しなければならない，という点である（早瀬 (2009)）．この状況は，「概念化者自身が事態に参与しているにも関わらず，その概念化者の存在意義は単にオンステージに注意を向ける認知活動の一部とみなされている」ケースに相当する．この点で，懸垂分詞構文は最大限に主体的な解釈を受ける構文だと見なせる．

　この懸垂分詞構文の状況を，図 1 にならって図示すると，次のようになる．

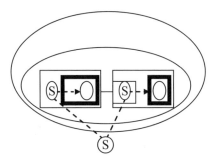

図2：懸垂分詞構文の事態把握

図1と同じく，一番大きな楕円は意識化スコープ全域，内側の楕円が特に意識を向けられるオンステージを表す．懸垂分詞構文は通常，分詞節および主節が表す2つの状況の連鎖を表すので，スコープの中にも「ある参与者が別の参与者に働きかける」という事態状況が2つ簡略化されて並べられている．注意したいのは，そのうち言語化されているのが太く示された部分のみ，つまり，動作主不在の「行為」および「状態」だけが不完全な形で並べられることである．(1)の解釈が「概念化者が＜手洗い場を出る＞と，その概念化者が＜すぐ目の前のロビーにキャビネットが2組しつらえられている＞状態を発見する」だったこと，及び言語化されていたのは〈　〉内の部分だけだったことを思い出していただきたい．さらにここでは，概念化者Sがオンステージ上にある2つの事態状況における動作主と同一人物であり，一致している（図では同一人物であることが点線で表されている）．つまり，〈事態把握の概念化者＝その事態に関わっている動作主〉という一致が生じているのである．

さて，この図2のように，概念化者Sがオンステージ上にもオフステージ上にも同時に存在している，というのは，厳密にはLangackerによる図1とは異なるため，問題とされるかもしれない．Langackerの主観性構図では，概念化者がオフステージの存在として，オンステージ上の存在とは区別されていたからである．オンステージに存在するのに言語化されない（プロファイルされない）概念化者の存在は，認めて良いものだろうか．

懸垂分詞構文の言語現象から出せる答えはYesである．言語現象を網羅的に説明するためには，概念化主体をオンステージ上にのる概念化主体とは

第7章 懸垂分詞構文から見た (inter)subjectivity と (inter)subjectification 211

別の存在として想定しておく必要がある．というのも，主客分離の事例といわゆる主客合一の事例だけではなく，その中間的な事例が存在するからだ．懸垂分詞構文では (2) のように概念化者であるはずの人物が言語上明示化される（つまり客体視される）例が見られる．

(2) a. Turning a corner, an unexpected mirror greeted him.
　　b. Looking out for a theme, several crossed his mind.

(2a) では，角を曲がったのも，鏡の前に飛び出ていったのも，どちらも下線部 him に相当する描写場面上の登場人物である．つまり，これまでの懸垂分詞構文の解釈構図に基づけば，非明示の動作主＝概念化者となる．(2b) でも同様に下線部 his の認識的探索行為と his 自身の内面が描写されており，いずれも概念化者は his/him となる．しかし一方で，概念化者自身が言語的に明示化されるということは，更にそれを客体として眺めるもう1人の人物が存在しなければならない．それがここでのオフステージの概念化者，つまり語り手（＝話者）に相当する．(2) のような表現は，物語などのナラティブで良く用いられており，そのジャンルには語り手（＝話者）がつきものである．つまり語者は，オンステージ上にいる自らとは別個の存在である動作主を概念化者と見立て，その視点を借りて外界把握・事態描写をしていることになる．

　このように，語り手（＝話者）が登場人物の視点を借り，登場人物を概念化者として語る (2) のような例が現実に存在する以上，「オンステージ上に存在する概念化者」を，オフステージの概念化者とは別個に認めるべきだと考える．このことは，話者と概念化者とを明確に区別して表示する必要性を示唆している．オフステージの概念化者は一般に話者である．そして，オンステージ上の概念化者であっても言語化の対象となる場合とならない場合があり，後者の場合は最大限に主体的な解釈を受けている，とみなすべきだろう．(1) ではオンステージ上に存在する概念化者と，オフステージの概念化者（つまり話者）が同一のため，オンステージに上がっていてもその概念化者はプロファイルされず，言語化の対象とはならない．一方，(2) では両者が別の人物である（と認識されている）ため，オンステージの概念化者は言語化の対象となりうるのである．

　Langacker (2008) の視点構図での S は概念化者であると規定されてい

る．一方話者という概念は，別の箇所では示唆されているものの，視点構図そのものには明確には取り込まれていない．また，Ground という認知文法での概念では，概念化者と話者との区別が特になされていない．つまり概念化者と話者の区別が理論上明確には定まっていないと言える．しかし本節(2) のような，話者が登場人物を概念化者としその視点を通じて描写する事例を包括的に扱おうとするならば，Langacker の視点構図においても，概念化者と話者とを明確に区別する必要がある．その上で，両方を同時に取り込んだ視点構図の全体像を想定するべきだろう．[2]

また，概念化者と話者とを明確に区別して主観性構図に位置づけることには更なる利点がある．概念化者は主に事態把握主体としての役割を持っており，Langacker の理論では大変重要な役割を果たしているが，一方で話者は発話の場に位置づけられ，言語の対人関係的側面に大きく関わってくる存在である．またその対話相手として聞き手の存在も視野に入ってくるため，Traugott の (inter)subjectivity の理論と大きく関わる存在である．この二者を区別しておくことで，両者の理論的なつながりが明確になってくる．この点については 4 節以降で詳しく見ることにする．

---

[2] この捉え方の可能性として，野村 (2012) の指摘によれば，Langacker 自身は「自己分裂 (転移，displacement)」という考えを示している．
  (i) a. Don't lie to me!
     b. Don't lie to your mother!　　　　　　　　　　(Langacker (1985: 127))
(ia, b) のペアが同じ状況を描写していると想定するならば，(ib) では「自己分裂が生じており，オフ・ステージにいる話者が，オン・ステージ上の自己を，他者 (ここでは自分の子供) の目を通して眺めた結果が (your) mother という代名詞だということになる．つまり話者自身が，概念化者としての自分と観察される客体化対象の自分とに自己分裂していると言う．

しかしこの「自己分裂」という説明は本文の (2) の事例にはうまく適用できない．むしろ，本章が主張するように，概念化者を話者と区別した上で，概念化者が登場人物か話者かのいずれと一致しているか，と捉えた方がよい．(2) は話者が「分裂」しているのではなく，むしろ概念化者が話者ではなく登場人物に一致しているケースで，話者は登場人物の目から見た知覚をしている．また (i) も同様に，概念化者が話者ではなく登場人物に一致した例と見なせる．この想定に基づけば，(i) の「自己分裂」現象はむしろ池上 (2004) の指摘する，他の登場人物に概念化者が「自己投入」した結果と捉えられることになる．

3. 懸垂分詞構文から見た subjectification 再考

　前節では懸垂分詞構文が最大限に主体的な事態把握を行う構文であることを見た．それではこれに対応する構文，つまり分詞節主語と主節主語が一致している「通常の」分詞構文は，どのような事態把握をするものなのだろうか．そして2つはどのような関係にあるのだろうか．本節では2つの分詞構文を比較することを通じて，Langacker の subjectification という概念が二層的であること，その二層性をつなぐのが「話者」の存在であることを確認する．

　分詞構文は，懸垂分詞構文とは対極的に，最大限に客体的な事態把握を行う構文である（早瀬 (2009))．次の例を見てみよう．

(3) Entering the railway hotel, he ordered a pot of coffee. （通常の分詞構文）

(4) Entering the railway hotel, the lobby is on the left. （懸垂分詞構文）

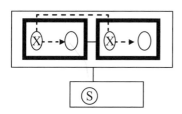

図3：分詞構文の事態把握（3）　　図4：懸垂分詞構文の事態把握（4）

(3) で挙げられている「通常の」分詞構文では，概念化者とは別の存在である参与者 he が行う2つの行為の連鎖を，概念化者がその事態の外側であるオフステージに視座を置いた形で描写しており，Langacker 流に言えば objective construal に相当する．一方懸垂分詞構文 (4) は (1) と同じく，行為－状態の事態連鎖を，概念化者が主体的に事態に関わった形で，事態の内側つまりオンステージから描写した subjective construal に当たる．

　この対比は Langacker の有名な以下の例に対応するものである．

(5) a.　Vanessa is sitting across the table from Veronica.
　　 b.　Vanessa is sitting across the table.　　　　(Langacker (1990))

Langacker (1990) によれば，(5a) は概念化者がオフステージから観察者として客体的に事態描写をしたケース，(5b) は概念化者が自らオンステージにいるにも関わらず，自分は観察する目として注意を向けているだけ，つまり概念化者は最大に主体的に解釈されていて，言語化されているのは概念化者による見えだけという事態把握のケースである．この違いはまさに2つのタイプの分詞構文にも当てはまり，前者に相当するのが「通常の」分詞構文，後者が懸垂分詞構文の事態把握というわけである．

さて，Langacker (1990) は (5) を説明するのに subjectification という概念を用いている．Subjectification という語は subjective に「変化する」という意味を表している．とすれば，懸垂分詞構文も同じように，対応する分詞構文を元にして subjective に「変化」した結果だ，という可能性が示唆される．果たして懸垂分詞構文は "subjectification" を受けているのだろうか．

答えは否である．歴史的には懸垂分詞が比較的早期の英語でこそ使われていたという報告がある (Visser (1963) など)．むしろその後，理性の時代 (The age of reason) と呼ばれる 18 世紀に台頭した規範文法 (Prescriptive Grammar) が，主語を一致させよという「指導」を行ったことにより，懸垂分詞が隅に追いやられたとみるべきである．この「指導」とは，ここでの用語で捉え直せば，「客観的な第三者としての，外の視点をとるべし」というプロパガンダだったとも考えられる．[3] つまり，最初から共時的に両方の事態把握が存在していたところに，政治的・言語外的な力で客観的な外の視点（＝分詞構文）へと移行が強制された（が，構文の意味が内の視点からの描写であるという動機づけられた存在意義ゆえに，懸垂分詞構文が生き延びてきた）と考える方が正しい．つまり，分詞構文と懸垂分詞構文との関係は，通時的な変化として一方向に関連づけられるものではなく，共時的に見て誰の視点から事態把握を行うかという複数の可能な選択肢としての関係にある．とすれば，分詞構文と懸垂分詞構文にも関わる (5) の対比はあくまでも事態把握レベルの subjectivity の問題であり，-fication という変化の接辞をつけ

---

[3] 野村 (2011) によれば，T. S. Eliot が英語において主体的な解釈はレトリックとして評価されず，客体的解釈を行っている Shakespeare の表現を評価している一節があるという．この流れは，場面即時的な懸垂分詞構文よりも分析的な分詞構文が意識的に好まれるようになったことと対応する点で興味深い．

て表す現象ではないと考えられる.[4]

しかし一方で,（懸垂）分詞構文内で subjectification という「変化」として捉えることのできる現象が見られる．それは分詞節が仮想的移動 (fictive motion) を表す場合である.

(6) a. <u>Moving into first gear</u>, the knob came off in her hand again.
   b. <u>Moving further north</u>, the United States has rather fewer volcanoes (...).

(7) a. <u>Walking up to him</u>, the dignity she was trying to maintain spoiled when she caught her foot in the trailing bedspread and nearly fell over, (...).
   b. <u>Walking upstream</u>, the finest aspect of Ben Nevis is revealed (...).

いずれも懸垂分詞構文だが，分詞節の表す事態の性質が違う．(6a)(7a) が描くのは現実に移動が生じている事態だが，(6b)(7b) が描いているのは概念化者が頭の中で抽象的に「起こす」いわば仮想移動の事態である．(6b) では「北に移動するとアメリカには火山が少なくなる」，(6b) も「上流に歩いて行くと Ben Nevis の美しい光景が現れてくる」のように，いずれも「もしそうしたら」という，仮想的な移動を表している．この (a) と (b) の対比は Langacker が次のように述べる現象に広い意味で相当する．

(8) the operations inherent in an experience come to be independent of the objective circumstances where they initially occur (...).

(Langacker (2008: 528))

例えば，(6a) では実際に客体的にギアのノブが移動してできる軌跡が前景化されているが，それと同時に，実は目立たないけれども，ギアのノブの移動を観察している主体的な概念化者による視点の軌跡も混在している．一方 (6b) では前者は存在せず，後者のみが前面に押し出されている．(7a, b) の

---

[4] この点，Traugott 自身は明快に「自分の subjectification は -fication という接辞が示すとおり，通時的な変化現象を扱っている (Traugott (2010))」と明言している．また上原（本書第 2 章）でもこの 2 つの subjectification について触れており，特に (5) の対比は通時的な変化に関わるものではなく事態把握のバリエーションに関わるものだとしており，懸垂分詞構文についてここで述べていることと合致する.

対比でも同様のことが言える．つまり (6a)→(6b), (7a)→(7b) と主体化の方向に意味が変化した例ととらえられる．注意したいのは，分詞構文と懸垂分詞構文の対比が文レベルの事態把握の対比だったのに対し，こちらはあくまでも語句レベルでの意味の多様性に関わる現象だということだ．語のもつ本来の意味が希薄化し，代わりに概念化者の主体的な関わりの部分にその意味を譲っていくという，意味変化の1例と考えられる．その点では，Langacker による以下の (9) における across の意味の対比と平行する現象である．

(9) a. Vanessa jumped across the table.
b. Vanessa is sitting across the table.

そしてもうひとつ大切な点は，懸垂分詞節の場合，仮想解釈が生まれるのが，主節が現在時制の場合だということだ．(6) (7) の対比からわかるように，主節が過去時制であれば物理的な移動の意味を表すが，現在時制であれば常に仮想移動の意味となる．現在時制であるということは，概念化者が話者に一致する，つまり発話の場に密着した使用を意味する．またその際に物理的にではなく心的に出来事が展開するため，subjectivity が高い．Langacker (2008) は現在時制の文を Extreme Subjectification と呼び，発話と同時に心的に事態を作り出すという操作が最大限に主体的であると主張している．

実は，この現在時制で表される発話の場の重要性は，Traugott が強調するものでもある．Traugott は，意味変化としての subjectification を動機づけるのはまさに発話の現場そのものである，と述べている ("What might motivate subjectification (...) is **online production in the flow of speech**. In other words, it is the subjectivity of the speech event." (Traugott (2010: 55)))．ここに両者の概念の接点が見られる．懸垂分詞構文は Langacker の subjectivity に相当する，主体的な事態把握をする構文であった．と同時に，この構文は現在時制を用いた直示的状況，つまり「概念化者＝話者」となる状況を好むものであり，まさにその時に懸垂分詞の仮想的移動解釈が導き出されている．この Langacker 流の subjectivity という意味規定を受けたこの構文が，「概念化者＝話者」となる発話の場を介することで，Traugott による

(inter)subjectivity との接点をも導き出せるものとなる．[5, 6] 懸垂分詞構文は話者の重要性を前面に押し出す構文とも言えるので，この構文を適切に扱うためにも，主語を概念化者と明確に区別して主観性の構図に理論的に明示化する必要がある．

4. Langacker から Traugott へ: 発話の場を通じた subjectification の接点

「概念化者＝話者」である発話の場では，懸垂分詞節が Langacker の意味で「極限的に主体化されている (extremely subjectified)」と同時に，Traugott の意味での話者の推論を読み込めるスタート地点に立ったとみなせることを前節で述べた．本節では，この懸垂分詞節が実際にどのような意味変化プロセスを見せているのかを概観し，Traugott の意味での subjectification への橋渡しがなされていることを確認したい．

まず，懸垂分詞節の具体例として considering を見てみよう．

(10) a. He looks young, considering his age.
  b. Your work is not bad, considering.
  c. How are you? —Pretty good, considering.　　(Hayase (2014))

懸垂分詞 considering には (10a, b) の懸垂分詞構文から (10c) のように分詞単独で用いられるような使用の変化が見られる (早瀬 (2011), Hayase (2014))．(10a, b) では considering が「考慮する，考える」という認識思考の意味を持つのに対し，(10c) ではその内容的意味が希薄化し，代わりに

---

[5] Langacker と Traugott の subjectification に関する議論で扱いがかぶるものは，基本的にこの「概念化者＝話者」となる事例である．類例として主観的移動 (e.g. The highway runs from Tokyo to Osaka) や (助)動詞の認識的用例 (e.g. Bill must be a gentleman. / The conflict threatens to become a war.) などの語(句)レベルの意味の多様性と平行している．

[6] この点については上原 (本書第 2 章) にも指摘があり，Langacker の subjectvity (主体性) は概念化者が事態把握にどれくらい主体的に関わるかの問題だが，「ただしその概念化主体が話者 (いま・ここ・私) に限定される場合 (典型的には話者が発話時に参与する事象を表す場合)，同時に (Traugott の主張する) 主観性の問題となる」(上原 (本書第 2 章)) と述べている．

「まぁまぁ」という緩和機能的意味を表すようになっている．
　同じように懸垂分詞構文から派生した moving on の例も挙げる（早瀬 (2011), Hayase (2014)).

(11) a. Moving on to a more secular definition of the word, we encounter grottoes that incorporate a world of sea shells and snails ...
　　　　　　　　　　　　　　　　　　　　　　　　　　(COCA)
　　 b. Moving on to (audio) speakers, there were many methods of moving a mass of air.　　　　　　　　　　　　(COCA)
　　 c. Moving on now to another subject, if your kids are out this evening, you will want to stay with us for what I promise will be a revealing look inside the world of our teenagers.　(COCA)
　　 d. OK. Moving on, another suggestion is that ....　(BNC)

(11a) では「物理的な存在物の移動」を表している moving on だが，(11b) ではその意味が希薄化し，概念化者が次の話題に「移る」という「抽象的移動」を表している．さらに (11c) では懸垂分詞節が主節から統語的・意味的にも独立し，(11d) では moving on 単独で「次に」という話題転換を示す談話標識として機能している．

　さて，懸垂分詞節がこのような意味の変化を起こす「引き金」は何だろうか．その鍵は，まさに概念化者＝話者となる発話時での使用という点にあると考えられる．これらが単独で用いられるようになる理由の1つは，その本来の目的語や付加詞が発話場面で共通了解となり，省略可能となるためである．considering の目的語としては，(considering) the circumstances が最も高頻度で生じており，それ以外の表現も図にまとめるように，その発話状況における客体の付帯状況を表すものが多く，the circumstances で代表できるものである．ここから considering the circumstances を共通スキーマとして取り出せる．

第7章 懸垂分詞構文から見た (inter)subjectivity と (inter)subjectification　219

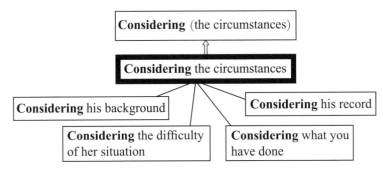

図5：considering とその目的語

このスキーマは，様々な具体的表現が出てくることによってタイプ頻度が上がり，その定着度を増す．そして the circumstances に代表される付帯状況は，発話の場で話題になったことや発話の場にいる話者と聴者との共通理解として利用できるため，省略が可能となる．moving on についても同様のことが言える．moving on (to) に後続する目的語は発話の中で次に出てくる「話題」にまつわるものが圧倒的に高頻度であり，そこから moving on (to the next topic) という共通スキーマが取り出される．このスキーマが定着し，さらに to the next topic という部分が発話の場における共通了解として省略されると，moving on 単独例ができあがる（早瀬 (2011), Hayase (2014))．いずれの場合でも概念化者＝話者となる発話の場を通じて，新たな意味表現が生まれたことになる．

また，発話の場における話者の「語用論的推論」が意味の一部となるプロセスも見られる．considering が「まぁまぁ」という陳述緩和の機能を持つのも，moving on が談話を進める機能を持つのも，それが発話の場での話者の表現意図や推測が取り込まれたからとも考えられる．これは意味の中に話者がその場面文脈で語用論的に行う主観的推論が取り込まれた例であり，Traugott 流の subjectivity/-fication として捉えられる（早瀬 (2011), Hayase (2014))．

日本語でも，似たような現象が見られる．英語の懸垂分詞構文に相当する日本語の表現は，「山を登っていくと，美しい景色が開けてくる」のように，発見の「と」を用いた複文表現である．この表現から派生した「と」節が，単独で（文頭にて）用いられる事例が見られる（早瀬 (2013))．

(12) a. **考えてみると**，武士というものは，少なくとも意識の上でみな中流以上だと任じている．
  b. 「それでよく，師範代が勤まるの」「師範代も四天王も金だ．剣術の腕前ではない」「**してみると**，工藤勇どのも，金持ちというわけじゃ」
  c. ○○銀行キャンペーンは11月まで．**となると**，12月以降の金利は？

 いずれも，何を「考えてみる」のか，何を「してみる」のか，何が「となる」のか，その具体的内容は明示化されていない．概略それは直前の文脈やその場の話題といったものに相当するが，この状況では話者・聴者共に了解できているため，それを明示化しなくてもよくなる．発話の場面状況に依存することから，目的語に相当するものが省略されたまま，全体が定着していく表現であり，consideringやmoving onと似ている．また，本来の動詞の持つ意味は薄れがちになり，代わりに懸垂分詞節全体として談話機能を帯びる表現に変化している点も似ている．「考えてみると」はこれから述べることが今までと異なる観点からのものであることを知らせる「視点の転換」を促す機能を，「してみると」はこれから結論を導き出すという機能を，「となると」は前言を条件としてその帰結を導き出す機能を，それぞれ示しており，もとの内容語的意味とは異なる談話機能上の手続きを指示する表現となっている．

 このように，話者と概念化者が一致する状況では，懸垂分詞節に相当する表現が次第に話者の推論を取り込んだ意味を表す方向に変化している言語現象が見られる．概念化者が主体的に関わるLangackerの構図と，発話の場での話者の役割が増すようになるTraugott流の意味変化とが交わるのは，話者と概念化者とが発話の場において一致する時なのである．話者と概念化者とを理論上区別して設定し，特別な場合にはこの二者が一致する，という道具立てにすることで，一見異なる両研究者の概念の関連性が明確にできると考えられる．

5. Intersubjectivity について

　さて，話者の存在を概念化者とは区別して主観性構図に明確に取り込むとなると，必然的に付随してくるものがある．それが話者を話者たらしめているもう 1 人の存在，つまり伝達相手としての聴者である．ここに Traugott (2003/2010) が主張している，対人関係的概念である intersubjectivity が関わることになる．

　実は Intersubjectivity の定義は学者により，また学問領域により異なる．Traugott は「話者が聴者の態度や信念に注意を払うこと ("The Speaker's (or Writer's) attention to the cognitive stances and social identities of the Addressee" (Traugott (2003: 124)))」と考え，それが言語形式と結びついて記号化されることを intersubjectification と見なす．一方 Verhagen は intersubjectivity を「話者と聴者の間の認識調整機能 (Verhagen (2005))」とし，あくまでも共時的に生じる理解のプロセスと考えている．以上は言語学の分野の見解だが，一方現象学の分野では intersubjectivity を「話者の主観と聴者の主観とがすりあわされた結果生じる共通の理解認識（＝共同主観）」と扱っており，特に Traugott の概念とは大きな乖離および齟齬が見られる．

　この現状を整理する見解として，本章では「現象学で言う〈共同主観〉を構築する最初の段階を Traugott の intersubjectivity は指している」と捉えたい．まず，共同主観の成立はシナリオ的に捉えられる．まずは Traugott の意味で「話者が聴者の意識に注意を向け」たりする形で始まり，更に Verhagen が述べる「聴者の意識や理解を調整・修正する」という段階を経て，自己と他者との間で体験が共有された結果「共同主観」が成立する，というシナリオである．つまり，Traugott の intersubjectivity はこのシナリオに関わるほんの一部の側面だけを扱っていると考えられる．Traugott は in fact や surely など，ある特定の語句が対人関係的に相手の考えに目を向けたり譲歩を表したりするようになる意味変化について intersubjectivity という概念を用いているが，実際そのような語句を用いただけでは，相手と共同主観が打ち立てられるはずもない．けれども in fact や surely を使うことで，対人関係的に聴者の思考や予測なども視野に入れた形で共通認識を形成する方向へ一歩踏み出すとも考えられる．このような理由から，本章では Traugott (2003/2010) を基本的に踏襲しつつ，少し修正を加えた形で intersubjectivity をとらえ,「話者が聴者の意識に意図的に注意を向けて, 共通認識を形成する方向へ努力すること」と考えたい.

さて, Traugott は intersubjectivity が subjectivity を経て発現すると議論している. 懸垂分詞節の独立用法にもこのような側面が見られる. 以下のような, 談話機能化が見られるものがその例である.

(13) Dorothy does plan on being a little mean to Pete at first; she has finally learned it can be a good thing to be mean to men. Apparently they like it; it's supposed to appeal to their hunting instinct. That's why she's going to walk right by him when he first sees her and notices how attractive she is. Considering.

(14) A: But I do think that Lange has done very well this week.
　　　B: Oh, absolutely.
　　　A: Lange has ...
　　　C: Considering.
　　　A: Yeah. (COCA)

(15) A: And they have it in different packages. You've got the rice noodles, the oriental sesame dressing, the roasted almonds, so you can really build it up. It can go up to 37 grams of fat. Moving on.
　　　B: Uh-huh.
　　　C: Let's see what Scrooge thought about that.
　　　D: I thought that was OK. (COCA)

(13) の considering は「彼女が魅力的だ」という判断を述べた直後に, 聴者からの疑念を想定しての先制防御 (例えば「まぁ魅力的といってもそこそこだけれども」) として働いている. (14) の considering では聴者の下した Lange への評価に対して, 但し書き (「まぁそこそこね」) をつけている. また (15) の Moving on は「次へ進もう」と聴者の行動を促すものとなっている. つまり, 聴者の反論を予測して自らの評価の妥当性を「折衝」したり, あるいは聴者の行動を促しリードしたりする働きが見られ, これをきっかけに談話の中で相手との共通了解, 共同主観を形成していこうという対人関係的な側面を積極的にもつと考えられるのである.

第7章　懸垂分詞構文から見た (inter)subjectivity と (inter)subjectification　　223

このような対人関係的・談話機能的な発想がこれまでの Langacker の理論に不足していたことは，Verhagen (2006) がいみじくも指摘している．[7] 彼は発話を「話者が聴者に対して客体への物の見方を共同注意的に提供するもの (Verhagen (2006: 7))」と捉える．そして，発話の場である Ground に単独の概念主体しか想定していなかった Langacker の視点構図に修正を加え，話者 ⟨1⟩ に対応する聴者 ⟨2⟩ の存在を明確に想定するモデルを提案する．

(16) The point of linguistic utterance (...) is that the first conceptualizer invites the second to jointly attend to an object of conceptualization in some specific way, and to update the common ground by doing so.
(Verhagen (2006: 7))

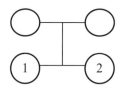

図 6：Verhagen の Intersubjectivity の構図

これを懸垂分詞構文およびそこから派生した懸垂分詞の独立例に当てはめると，次のように表示できる．

---

[7] 但し，Langacker 自身の最近の論考には，談話での話者の必要性を意識している部分を見いだせる．Langacker (2008) では内の視点をとる subjective な捉え方に関連して，以下の 2 点が挙げられている．
 (i) a. I don't trust him.
  b. Don't trust him.　　　　　　　　　　　(Langacker (2008: 468-469))
(ib) の発話使用には根拠があるという．それは「実際に目の前で体験しているように (as I actually experience it) 語っている」ということと，「聴者にも話者と同じ視点で事態把握するように促す (... invite(s) the hearer to construe the situation from the speaker's own vantage point) という 2 点である．特に後者には共同注意としての間主観性が見られることにも注意したい．

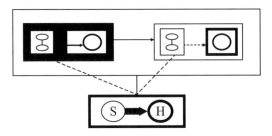

図 7：懸垂分詞の独立用法の構図

　懸垂分詞を単独で用いる場合，実際に発話されるのは図 7 においてオンステージに置かれている 2 つの状況のうちの左側部分だけである（図 7 では黒くぬりつぶされている）．そしてこの際，懸垂分詞構文の時とは少し異なり，発話時に話者が聴者に，オンステージ事態に対する判断や評価や同意等を求める，という側面が出てきている（図では発話の場である Ground において S → H という矢印で示される部分である）．懸垂分詞構文で話者が概念化者に一致していたのと同じく，懸垂分詞の談話機能化例では話者が聴者に対して，共に概念化者となって共に主体的に事態を眺めることを促している（そのことを図 7 ではオンステージ上の概念化者が Ground に存在する話者および聴者の二者に一致することで表している）．このように，対人関係の側面を強く表す意味の発展については，聴者を含めた発話の場の役割を考える必要がある．

　さて，これまで見たように，懸垂分詞構文の subjectivity から出発し，その部分表現 considering/moving on が見せる (inter)subjectivity/-fication までには，一連の流れと関連性が見られた．このすべてを有機的に見渡すためには，Langacker の視点構図が捉える事態把握のレベルだけではなく，その先にある Traugott の話者 – 聴者の相互行為的レベルを同時に俯瞰できる理論モデルが必要である．2, 3 節でも見たように，2 つのモデルの接点は概念化者 = 話者となる発話の現場である．Verhagen (2006) にならい，Langacker の視点構図での Ground に，概念化者とは区別して話者とそれに対峙する聴者という要素を明確に想定する修正を加えることで，Traugott 的な現象への橋渡しの可能性が出てくることが明らかになった．特にここで見ている懸垂分詞の言語変化を捉えるためには 2 つの理論の射程が連続していることを包括的に表現する必要がある．

ただ，話者に加え聴者も明示化して Ground の参与者関係を精緻化しても，(inter) subjectification 現象の記述についての道具立てに乏しいという問題は依然として残る．現実には considering/moving on 共に，対人関係レベルでの豊かな語用論的意味を帯びつつある．この意味が新しく生まれるプロセスこそに着目しているのが Traugott の (inter) subjectivity/-fication の概念である．しかしその意味機能の詳細や違いを表現することは Langacker 流の視点構図では難しい．現状では単に話者から聴者への働きかけをスキーマ的に表現する（具体的には矢印（→）を強調する）しかなく，それ以上の手立てが難しいため，その働きかけの詳細を扱うことはできない．Langacker の視点構図は，意味の抽象化，希薄化方向に進む意味変化（例えば across や run などの主体移動変化）は扱えるが，意味の豊かな増加方向に進む対人関係的現象については，十分には扱いきれない，と言えよう．

6. 間主観レベルの対照研究へ

Langacker による subjectivity（3 節で見た，事態把握レベルの多様性に関わるもの）に関する側面については，言語間での対照研究が進められている．池上 (2011) の主観的／客観的把握や中村 (2009) の I/D モードなどに基づく日英対照，また上原 (2012) による中国語やタイ語との類型論的研究はその例である．それでは，Langacker の subjectification（3 節で見た，意味の希薄化や仮想的移動などによる主体の心的走査が前面に押し出されるもの）に関する現象，ひいては Traugott 流の (inter) subjectivity/-fication の現象に関する対照研究はどうだろうか．まだ intersubjectivity という概念が新しいため，これからの研究が期待される分野である．

この (inter) subjectivity に関連する日英の差が現れる現象の一例を，やはり懸垂分詞に関連する例から挙げることができる．英語の懸垂分詞由来の considering/moving on（早瀬 (2012)，Hayase (2014)），また本章では扱っていないが judging from 〜，speaking/talking にまつわる関連表現（speaking of which や speaking of 〜 表現，また talking about/of/with 〜 など）（早瀬 (2014)），そして過去分詞由来の granted（早瀬 (2015)）などといった多様な懸垂分詞(句)が，Langacker による概念化者主体の事態把握レベルから話者主体の対人関係的レベルへとその意味を発展させている．これに対し，

対応する日本語の「考えてみると」「してみると」「となると」は，もっぱら前者に相当する概念化者主体の事態把握レベルにとどまっている．同じ subjective な捉え方をする同じような構文から派生してきたのに，日英語での意味発展の差は，何に求められるのだろうか．

　この違いには，該当する表現の使用制約の有無が関係すると考えられる．英語の懸垂分詞節（および懸垂分詞構文）にはその使用に際し強い限定がかかる．主節が発話の場に密着した現在時制であり，概念化者イコールその発話の場にいる話者だと解釈される状況に偏って出現する構文であった．つまり，必ず話者が関わってくる形式だと言える．英語の分詞構文全体の中では異端で周辺的位置づけだった懸垂分詞節であるが，話者が必ず関わる状況に集中して生き延びたことそれ自体が，逆に発話の場志向として，話者自身のコメントや聞き手への配慮・指示を表す副詞的表現へと自らを転換させる駆動力となったと考えられる．一例として (17) に見るように，主節に対する従節としての位置づけを出発点としていた表現が，もはや従節として働くことを放棄し，談話上の表現としての周辺的役割を担うようになる．

(17)　[Moving on now to another subject,] if your kids are out this evening, you will want to stay with us for what I promise will be a revealing look inside the world of our teenagers.　　　　(BNC)

(17) での主節 you will want to ... と主従の関係にあるのはその直前の if 節であり，moving on now to another subject という分詞節は主節とは異なるレベルの関係にある．異端に追いやられた懸垂分詞節が発話の現場を中心に好まれることで，このようなメタ言語的な副詞化へとつながっていきやすくなると考えられるのである．

　一方，懸垂分詞構文に相当する日本語の「発見のト節」では，その使用に関して英語ほどの限定がかからない．現在時制でなくても使用できる（「国境の長いトンネルを抜けると雪国であった」）ため，概念化者イコール話者とまでは必ずしも言えない．つまり，発話の場に引きつけられるような，必ず話者が関わる形式だ，とは言い切れない．そのため，話者のコメントを表す意味へと発展する素地があまり整っていない．その結果，聞き手への配慮や指示という側面にも発展しにくいと予想される．実際，談話機能的な意味変化を見せるものの種類も「考えてみると」「してみると」にまつわるものくら

いしか見あたらないし，その意味もあまり対人関係の側面には向かわず，もっぱら話者の推論的な範囲にとどまっていると考えられる．

以上，発話の場という概念化者＝話者となる状況で多用されるという使用上での偏りがあるか否かによって，その後に話者志向および聞き手への指示配慮に関わる副詞表現へと言語変化するか否かが決まってくるとする考えを提示した．この考え方が正しければ，事態把握を扱う Langacker 理論と対人関係を扱う Traugott 理論の接点としての「発話の場」の存在が，その後の意味変化の有無を方向性づけることになる．ただしこれは現時点ではまだ仮説であり，今後は多言語における比較対照をすることでさらに検討していく必要がある．[8]

7. まとめ

本章では，理論的概念である (inter)subjectivity/(inter)subjectification の概念について，懸垂分詞構文およびそれに関連する現象の分析に基づき，以下の点が示された．1) 話者を概念化者とは理論上区別して明示化するべきである．2) Langacker と Traugott 両者の subjectification は概念化者＝話者となる発話の場で互いに接点を持つ．3) 発話の場を主観的構図に取り込むことから，話者の相手としての聴者の存在も明確に位置づけるべきである．4) (inter)subjectivity/-fication の領域での（日英）対照研究には，事態把握レベルと対人関係レベルとを包括した言語変化を扱えるモデルが必要である．

Traugott や Langacker のモデル単独に関する不備を指摘する研究はすでに他にもあり，本書でも中村，上原，本多，野村論文などで展開されている．その多くは，それぞれのモデルの反例を，多様な言語現象から散発的に取り上げている．そんな中で，本研究では，他の研究と異なり，懸垂分詞構文という 1 つの言語現象の共時的な広がり及び通時変化的な側面を取り上げて議論してきた．1 つの言語現象からそれを踏まえた個々の変化へという連続

---

[8] 現時点では，主体的捉え方が英語ほど異端ではないフランス語では，主語不一致ジェロンディフからの談話調整表現への意味変化があまり進まない，という結果が出ており（早瀬・渡邊 (2016)），この仮説を支持する例として扱うことができる．

した流れを総合的に扱える理論の方が，記述力や説明力の点でも望ましいと考えられる．現状の主観性構図ではこれらすべてを網羅するには不十分であり，今後対人関係や発話の場，共同主観の形成など，包括的な観点から再検討し修正していく必要があるだろう．

参考文献

早瀬尚子 (2009)「懸垂分詞構文を動機づける「内」の視点」『「内」と「外」の言語学』，坪本篤朗・早瀬尚子・和田尚明（編），55-91，開拓社，東京．

早瀬尚子 (2011)「懸垂分詞派生表現の意味変化と（間）主観性：considering と moving on を例に」『言語における時空をめぐって IX——言語文化研究プロジェクト 2010』51-60，大阪大学言語文化研究科．

Hayase, Naoko (2011) "The Cognitive Motivation for the Use of Dangling Participles in English," *Motivation in Grammar and the Lexicon: Cognitive, Communicative, Perceptual and Socio-cultural Factors*, ed. by Günter Radden and Klaus-Uwe Panther, 89-106, John Benjamins, Amsterdam/Philadelphia.

早瀬尚子 (2013)「日本語の「懸垂分詞」的接続表現について：「考えてみると」の場合」『時空と認知の言語学 II』（大阪大学大学院言語文化研究科　特別プロジェクト），39-48．

Hayase, Naoko (2014) "The Motivation for Using English Suspended Dangling Participles: A Usage-Based Development of (Inter)subjectivity" *Usage-Based Approaches to Language Change*, ed. by Evie Coussé and Ferdinand von Mengen, 117-145, John Benjamins, Amsterdam/Philadelphia.

早瀬尚子 (2014)「研究ノート：Speaking of which：懸垂分詞由来の談話標識化について」『英米研究』38, 59-69，大阪大学外国語学部．

早瀬尚子 (2015a)「懸垂分詞を元にした談話機能化について——granted の意味機能変化——」『言語研究の視座』，深田智・西田光一・田村敏広（編），310-324，開拓社，東京．

早瀬尚子 (2015b)「Supposing 節の構文化現象」『日英語の文法化と構文化』，秋元実治・青木博史・前田満（編），75-106，ひつじ書房，東京．

早瀬尚子・渡邊淳也 (2016)「英語の懸垂分詞とフランス語の主語不一致ジェロンディフの対照研究」『日英語ならびに西欧諸語における時制・モダリティ・アスペクトの包括的研究』（科研費論文集），和田尚明・渡邊淳也（編），97-180．

廣瀬幸生 (2012)「主観性と言語使用の三層モデル」『言語と（間）主観性フォーラ

ム in 仙台』発表論文.
本多啓 (2005)『アフォーダンスの認知意味論——生態心理学からみた文法現象』東京大学出版会,東京.
本多啓 (2012)「Langacker および Traugott の subjectivity と共同注意」『言語と(間)主観性フォーラム in 仙台』発表論文.
池上嘉彦 (2004)「言語における〈主観性〉と〈主観性〉の言語的指標 (2)」『認知言語学論考』No. 4, 1-60, ひつじ書房,東京.
池上嘉彦 (2011)「日本語と主観性・主体性」『主観性と主体性』ひつじ意味論講座第5巻, 49-67, ひつじ書房,東京.
Langacker Ronald W. (1985) "Observations and Speculations on Subjectivity," *Iconicity in Syntax*, ed. by John Haiman, 109-150, John Benjamins, Amsterdam.
Langacker, Ronald W. (1990) "Subjectification." *Cognitive Linguistics* 1(1), 5-38.
Langacker, Ronald W. (2006) "Extreme Subjectification: English Tense and Modals," *Motivation in language: studies in honor of Günter Radden*, ed. by Hubert Cuyckens, Thomas Berg, René Dirven and Klaus-Uwe Panther, 3-26, John Benjamins, Amsterdam/Philadelphia.
Langacker, Ronald W. (2008) *Cognitive Grammar: A Basic Introduction*, Oxford University Press, Oxford.
中村芳久 (2009)「認知モードの射程」『「内」と「外」の言語学』, 坪本篤朗・早瀬尚子・和田尚明(編), 353-393, 開拓社,東京.
野村益寛 (2011)「認知文法における主観性構図の検討」『日本英語学会第29回大会 Conference Handbook』
野村益寛 (2012)「ナラトロジーから見たラネカーの主観性」『言語と(間)主観性フォーラム in 仙台』発表論文.
Traugott, Elizabeth C. (2003) "From Subjectification to Intersubjectification," *Motives for Language Change*, ed. by R. Hickey, 124-139, Cambridge University Press, Cambridge.
Traugott, Elizabeth C. (2010) "(Inter)subjectivity and (Inter)subjectification: A Reassessment," *Subjectification, Intersubjectification and Grammaticalization*, ed. by Kristin Davidse, Lieven Vandelanotte and Hubert Cuyckens, 29-71, Mouton de Gruyter, Berlin.
上原聡 (2012)「ラネカーの subjectivity 理論における「主体性」と「主観性」——言語類型論の観点から」『言語と(間)主観性フォーラム in 仙台』発表論文.
Verhagen, Arie (2006) *Constructions of Intersubjectivity*, Oxford University Press, Oxford.

第8章

英語の無生物主語構文と対応する日本語表現の認知文法的再考

對馬　康博

藤女子大学

キーワード：　無生物主語構文，セッティング主語構文，認知モード，視点構図，事態認知・把握，構文の連続性

1. はじめに

英語と日本語に関して，これまで多くの対照言語学的研究において，言語体系が異なっていることが指摘されている．例えば，国広 (1974a, b) の日本語は「状況中心」，英語は「人間中心」，Hinds (1986) の日本語は "situation focus"，英語は "person focus" などである．これらの概念の要旨は以下の通りである．

(1) 英語では人間を中心に据えて，その人間が何か活動をしたり認識したりする形を取っているのに対して，日本語ではそのような人間は後退しており，その場面の状況をとらえて表現するという形を取る．　　　　　　　　　　　　　　　　　　　　(国広 (1974b: 47))

このような対照言語学的視点に立脚して言語現象を見つめていくと，英語には無生物を主語に取る他動詞文，すなわち，いわゆる「無生物主語構文」という構文が存在することに気がつく．次の例を見よう．

(2) a. **This medicine** will make you feel better.　(=*If you take this medicine*, you will feel better.)
　　b. **A few minutes' walk** brought us to the park.　(=*After a few*

minutes' walk, we came to the park.)
   c. **The bad weather** prevented us from leaving. (=We could not leave *because of the bad weather*.)
   d. **This song** reminds me of my childhood. (=*When I hear this song*, I am reminded of my childhood.)

(江川 (1991[3]: 25-26))

江川 (ibid.) は「無生物主語は意味の上では副詞節または副詞句の働きをしていることが明らかである」と述べ，(2) の括弧内の斜字体部分のようにパラフレーズしている．また，無生物主語構文に対応する日本語表現として，(4) のように無生物主語で表現するよりも，(3) のように副詞的表現の方が好まれる傾向がある．[1]

(3) a. この薬を飲めば，あなたは気分がよくなるでしょう．
   b. 数分歩くと，私たちは公園に出ました．
   c. 悪天候のために，われわれは出発できなかった．
   d. この歌を聞くと，私は子供のころを思い出します．

(ibid.)

(4) a. ??この薬 {が／は} あなたに気分をよく感じさせるでしょう．
   b. ??数分の歩き {が／は} 私たちを公園へ連れていった．
   c. ??悪天候 {が／は} われわれを出発することから避けた．
   d. ??この歌 {が／は} 私に子供のころを思い出させます．

(著者訳)

さて，この英語の無生物主語構文は一見すると，「人間中心」という考え方とは相反するものと考えられそうであるが，ここで言う人間とは「動作主 (agent)」のことを指し示しており，Lakoff and Johnson (1980: Ch. 7) が指摘するように，無生物主語名詞句の指示対象は「擬人化 (personification)」したものとして動作主として解釈されると考えれば，矛盾しなくなるわけである．また (3) のような対応する日本語表現は副詞的表現で場面の状況を

---

[1] 日本語の無生物主語構文は一定の条件が整えば，容認性が高まるという調査報告がある．詳しくは角田 (2009[2]) や熊 (2009) を参照されたい．

表しており,「状況中心」の精神に根ざしていることは明白である.

以上のことをまとめれば,英語では無生物主語構文がごく当たり前に定着しているのに対して,日本語ではそれが一般的ではないという「言語の好み (fashion of speaking)」を表しているということになる.さらに付け加えれば,無生物主語構文という名称は英語母語話者が執筆した英文法書には出てこないことがほとんどである.現に Quirk et al. (1985) や Huddleston and Pullum (2002) などの大著の英文法書を見てもこの名称('Inanimate Subject Construction' とでも訳せば良いだろうか?)は見かけない.つまり,日英対照言語学的視点に立脚して初めて見えてくる範疇というわけである.

こうした対照言語学的視点による言語の好みを踏まえた上で,Bolinger (1977: x) の「形も違えば意味も違う.意味も違えば形も違う.("one form for one meaning and one meaning for one form")」という概念を踏襲すれば,本章では,従来の研究には少なくとも次の疑問点が存在すると考える.

(5) **英語の無生物主語構文と対応する日本語表現の事態認知の疑問点:**
英語と日本語では言語表現形式が異なるということは,同一の事態ではなく,異なる事態を表現しているのだろうか?

この疑問点を解決するために,本章は Langacker (2009 等) の「認知文法 (Cognitive Grammar)」と中村 (2009 等) の「認知モード (Mode of Cognition)」の理論的枠組みから英語の無生物主語構文と対応する日本語表現を考察することを主たる目的とする.

本章の構成は以下の通りである.次の第 2 節では,無生物主語構文の定義を確認する.また,認知言語学の行為連鎖の観点からの分析を概観する.さらに,第 3 節では理論的枠組みを紹介する.第 4 節が本章の主張であり,英語の無生物主語構文と対応する日本語表現の認知メカニズムを明確にすることで上掲の疑問点に対する本章の解答を導く.また,英語の無生物主語構文及び対応する日本語表現と他構文との連続性を明確にし,我々の事態把握における視点構図の取り方が言語現象の拡張に関与していることを明らかにしていく.第 5 節は結論である.

2. 無生物主語構文の定義と行為連鎖に基づく分析

2.1. 無生物主語構文の定義

本節では，まず英語の無生物主語構文の定義を明確にする．前節でみたように，無生物主語構文とは日英対照言語学的視点から考察する場合に初めて現れる範疇名である．しかし，英語の自動詞文の中には，主語は無生物であるものの，対応する日本語表現でも無生物のままで自然な事例があり，敢えて無生物主語構文という範疇を設けなくとも良いように思われる．

(6) a. My car has broken down again.（私の車はまた壊れた．）
 b. The sun rises in the east.（太陽は東から昇る．）

そこで本章ではこうした事例を無生物主語構文から除外するため，次のものを無生物主語構文の成立条件として採用する．

(7) 英語の無生物主語構文の成立条件：
無生物が主語になっている英語の表現一般ではなく，そのような表現のうち直訳的に対応する日本語の表現が不自然であるもの

(西村 (1998: 136))

(7) の成立条件が当てはまる実例は，前節の (2) の事例で見たように，典型的には「他動詞文」である．[2] ゆえに本章では，無生物主語構文とは (7) の成立条件が適用される他動詞文と定義しておく．

2.2. 行為連鎖に基づく分析

この節では，認知言語学の枠組みからエネルギーの伝達関係，つまり，「行為連鎖」に基づく無生物主語構文の分析を概観する．對馬 (2011) では，英語の無生物主語構文のデータの観察から無生物主語構文の事態認知に関して，次のような一般化を導いている．

---

[2] 西村義樹氏から無生物主語構文の典型は「使役構文」が中心であることをご指摘いただいた（2015 年 7 月 4 日の personal communication）．確かに西村 (1998: 136) でも「[...] 無生物主語構文の多くが使役を述語とする文—使役構文—である [...].」と記されており，行為連鎖に基づく無生物主語構文の事例に対して適切な説明となっている．

(8) **英語の無生物主語構文の事態認知:**
主語名詞句と目的語名詞句で表されるネクサス$_1$が原因・手段となり目的語名詞句がある状態に至るか行為を行うというネクサス$_2$が生じるという事態[3]　　　　　　　　　　　　　　　(對馬 (2011: 67))

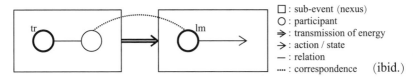

□ : sub-event (nexus)
○ : participant
⇒ : transmission of energy
→ : action / state
— : relation
…. : correspondence　　(ibid.)

図1: 行為連鎖に基づく無生物主語構文の認知構造[4]

---

[3] ここで言うネクサス (nexus) とは Jespersen (1933) の用語に従う.
  (i) [...] we find that the former kind (= Junction) is more rigid or stiff, and the latter (= Nexus) more pliable; there is, as it were, more life in it. A junction is like a picture, nexus is like a drama or process.
  　　　　　　　　(括弧内は著者による) (Jespersen (1964 [1933]: 95))
また，2つのネクサス間の関係は概念的依存 (conceptually dependent) な関係であるが，Jespersen (1933) の言葉を借りれば「従属ネクサス」(dependent nexus) ということになろう. さらにこの従属ネクサスは,「統語の圧縮 (structural compression)」という効果を生むと考えられる.
  (ii) [...] that (= the effect) of *structural compression*, that is, of reducing complexity of constituent structure, in terms of number of elements and depth of subordination [...].　　　　　　　　(括弧内は著者による) (Leech (1974: 193))
[4] 図中の太線は際立っていることを示している. 次節でみるように, tr とは際立ちの中で最も際立っているものを指し, lm とは次に目立っているものを示す. また, 4.2節で見るように, 無生物主語構文には, モノでコト全体を想起させるタイプのものとコトをモノ化するタイプものがあるが, 図1は前者のタイプの認知構造である. 後者のタイプは以下のように図示される. この図式では, コト全体が楕円で囲まれており, これはコトがモノ化するというプロセスの具現化 (reification) を示している.

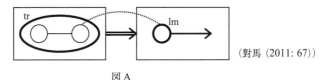

(對馬 (2011: 67))

図A

図1は (8) の事態認知の様子を描いている．この構図ではネクサス₁とネクサス₂との間に行為連鎖が認められている．もうひとつの行為連鎖の可能性として，無生物主語から直接目的語への直接的な力の働きかけによる分析が考えられる（cf. 西村 (1998)）．これに従えば，無生物主語は多少なりとも動作主性 (agentivity) を帯びていることになろうが，ここでひとつの疑問点が浮上する．つまり，全ての無生物主語構文が擬人化した動作主としての主語から直接目的語への力の働きかけがあり，それは行為連鎖に基づき想起される事態を記号化したものなのであろうか？ これを確かめるためには，能動文に対応する受動文が存在するかどうかを確かめてみることが考えられる．もし無生物主語構文の能動文に対応する受動文が容認されづらい事例が存在するとすれば，このような力の働きかけに基づくものとは別の分析の必要性が生じる．この点に関しては，第4節で改めて考察する．

3. 理論的枠組み—認知文法と認知モード—

3.1. 認知文法—tr/lm 認知と R/T 認知・参与体とセッティングの概念—

この節では，本章の分析に関わる理論的道具立てを紹介していく．

私達が身体の外部世界を認識しようとする際に，実体 (entity) 間に際立ち (salience) を見いだそうとすることがある（いわゆる「焦点調整 (focal adjustment)」）．こうした認識の仕方のひとつに「tr/lm 認知」がある．トラジェクター (trajector, tr) とは，際立ち関係において最も際立つ実体のことであり，ランドマーク (landmark, lm) とは，二番目に目立つものと定義される．そしてふつう tr から lm には力の働きかけがある．Langacker (1995) では知覚 (perception) と概念化 (conceptualization) が平行すると考えられているが，トラジェクターとランドマーク配列 (trajector/landmark alignment) 関係において重要なことは，事態を捉える観察者 (viewer, V)（認知主体 (conceptualizer, C とも読み替え可能) が状況の外から事態を眺める視点構図を取っている，つまり「観る・観られ関係 (viewing arrangement)」が基盤にあるということである．この様子は図1に示されている．概念化の内容を全て含んだものを最大スコープ (maximal scope, MS) と言うが，その中にいる観察者 (V) が際立ちの対象となる範囲である直接スコープ (im-

第 8 章 英語の無生物主語構文と対応する日本語表現の認知文法的再考　　237

mediate scope, IS) 内の事態を外から眺める格好となっている．[5] さらにこの図式の中では，「参与体 (participant)」である動作主 (agent, AG) が tr として，被動作主 (patient, PAT) が lm としてみなされ，tr から lm への力の働きかけ（二重矢印線）が読み取れる．

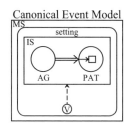

(Langacker (2008: 357))

図 2: 標準事態モデル（Canonical Event Model）

図中では tr や lm といった事態に参加する参与体の他に，事態が展開する空間や時間を表す「セッティング (setting)」が示されている．さらにセッティングの中には，それよりも狭く，特に参与体の位置づけられる場所を表す「ロケーション (location)」というものが存在する．[6]

---

[5] Langacker (2008: 357) が言うように，ここでのセッティングの配置については，1つのあり方を示しているにすぎない．セッティングの配置は立脚点 (vantage point) やその他の要因により変容する可能性がある．次の図は別の可能性の1つを示している．

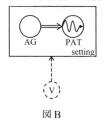

(Langacker (1991: 285))

図 B

図 B では省略されているが，MS がすべての要素を包み込むように外に描かれるはずである．また，ここでは IS も省かれているがセッティングと一致しているかその外に存在するはずである．さらに，セッティングに関して，図2では観察者がセッティング内に包み込まれているが，図 B では観察者が外に配置されている．ただし，両図式はセッティングの位置関係はさておき，IS という舞台の外から眺めるという視点構図には変わりない．

[6] 参与体 (participant)，セッティング (setting)，ロケーション (location) の定義は以下の通りである．

具体例として次の例を考えてみよう．

(9) Floyd broke the glass on the table yesterday.
     tr   lm   location   setting

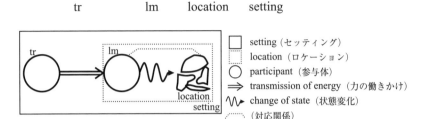

図 3: Floyd broke the glass on the table yesterday の認知構造

図 3 は (9) の事態認知の様子を示している．この図で示されているような tr/lm 認知に基づけば，認知主体は事態を外から眺めることで，yesterday というセッティングが設定され，その中で tr である Floyd から the table というロケーション上に位置している lm の the glass に力の働きかけがあり，後者はその力の影響により状態変化をするという事態認知の処理を適切に捉えることができる．

際立ちに関するもうひとつの捉え方として，認知主体 (C) が心の中で何かを想起する際，目立って手がかりとなる点である「参照点 (reference point, R)」を経由して，さらに「ターゲット (target, T)」を同定していくという「参照点構造 (reference-point construction)」能力に基づく認知様式がある．[7] これを「R/T 認知」と呼ぼう．この様子は図 4 に図示されている．

(i) a. participant: An entity thought of as participating in a relationship, [...]. Participants tend to be small and mobile [...]. Moreover, participants *interact* with another but *occupy* portion of setting (locations).
  b. setting: A global, inclusive region within which an event unfolds or situation obtains.
  c. location: Any portion or "fragment" of the setting (especially the portion occupied by a participant).

(Langacker (1991: 549-553))

ただし，セッティングとロケーションの区分は，度合いの問題 ("the difference is one of degree" (Langacker (2009: 118))) と考えられる．

[7] ただし，厳密には Langacker (2008) では tr/lm 認知は際立ち (prominence) の問題として，R/T 認知はパースペクティブ (perspective) の一部として示され，両者は別の捉え方

第 8 章 英語の無生物主語構文と対応する日本語表現の認知文法的再考 239

この認知では，2 つの心的段階が存在し，処理時間（processing time）に沿って心の中で処理（つまり，メンタル・スキャニング（mental scanning））していくことになる．第一段階は認知主体（C）が最も際立つと考える参照点（R）に心的接触（mental contact）し，参照点（R）が焦点化される．第二段階として，参照点によって形成されたアクセス可能な集合体（つまり，ドミニオン（dominion, D））の中からの次に目立つ 1 つのターゲット（T）に心的接触し，それが焦点化される．

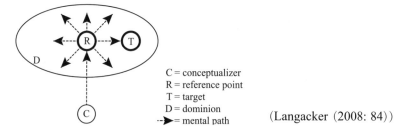

(Langacker (2008: 84))

図 4: 参照点構造（reference-point construction）

第一段階から第二段階への移行は処理時間に沿って心的処理（mental processing）されていくものであり，その中で R と T の非対称関係が生じるわけである．したがって，次の例のように，参照点構造を反映する英語の所有表現において，所有格として表れ所有者 NP となる参照点（R）と所有物となる主要部 NP のターゲット（T）を入れ替えることはできない．

(10) a. the boy's shoe, the cat's paw, the baby's diaper, the city's destruction

b. *the shoe's boy, *the paw's cat, *the diaper's baby, *the destruction's city

(Langacker (2001: 18))

以上の 2 つの認知の仕方，すなわち，際立ちの現れとしての視点構図（viewing arrangement）が反映される tr/lm 認知と R/T 認知には，ある重要

の側面として考察されている．しかし，Langacker (1999: ch 2.2) で論じられているように，主語，目的語，題目（topic）等の文法関係を扱う際には統一的に扱われることがあり，本章でもこれに従っている．

な違いがある．Langacker は明確に述べていないのだが，それは，「処理時間 (processing time)」と「把握時間 (conceived time)」の分化・未分化の問題である．Langacker の認知文法では，認知主体による概念化に必要な物理的時間を「処理時間」といい，概念化の対象となる事態の中で推移する「把握時間」と区別する．事態認知に際して，tr/lm 認知では，認知主体が状況の外から事態を把握する視点構図を取るため，処理時間と把握時間を明確に区別し概念化を行うことになる．一方，R/T 認知では，認知主体が状況の中に密着した視点構図を保持し，処理時間に沿ってオンラインで認知処理を進めていくため，処理時間と把握時間を明確に区別できないような「混沌 (chaotic)」とした状態のまま概念化を行っている可能性がある．[8] そして，Langacker が言うように，意味とは概念化の過程にある ("linguistic meaning resides in conceptualization" (Langacker (2008: 43))) とすれば，こうした認知処理過程が意味を映し出す言語表現にも反映していると考えることは自然な言語観であると言える．

3.2. 認知モード—I モードと D モード—

中村 (2009) では，我々の認知様式として 2 つの認知モードが提案されている．ひとつは I モード (Interactional mode of cognition) であり，もうひとつは D モード (Displaced mode of cognition) である．その特性は以下の2 点に集約されている．[9]

---

[8] 参照点構造が状況に密接した認知を反映しているとすれば，図4 は以下の図で示すように，次節以降で見る認知の場（F）内で生じる認知処理ということになる．

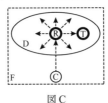

図 C

[9] 認知モードは，一般的に「内の視点」「外の視点」という視点構図と関連づけられて解釈されることが多いが，中村が考える認知モード，特に I モードの本質は視点構図の基となる主客対峙の以前の「初源的な感覚のカオス」にあると考えているようである（中村 (2013))．認知モードの詳細は中村 (2009, 2012, 2013) や本書第 1 章の中村論文を参照されたい．本章の分析で認知モードの概念を用いる際にも，その背景には，単に視点構図とし

(11) a. 認知主体と対象との主客未分の身体的インタラクションを基盤とする．
b. IモードからDモードへの移行がある．

(中村 (2009: 358))

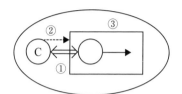

外側の楕円：認知の場 (domain of cognition)
C：Conceptualizer（認知主体）
①両向きの二重矢印：身体的インタラクション
②破線矢印：認知プロセス
③四角：認知プロセスによって構築される認知像

displacement
(de-subjectification)

(ibid.: 359)　　　　　　　　(ibid.: 363)
図 5: Iモード　　　　　　　図 6: Dモード

中村 (ibid.) は，図 5 に示されているように，認知主体は単に何らかの対象を観ているのではなく，楕円で示されている同一の認知の場の中にとどまり，①対象・環境とのインタラクションを通じて，②認知プロセスが生じ，③対象の認知像が形成され，世界を立ち上げていくと言う．こうした状況に密着した原始的な視点構図による認知が I モードである．このような認知の仕方が本来の姿なのだが，認知主体は認知の場からあたかも外に出て (displaced)，外から客観的に眺めているような「気分」になることがある．このような脱主体化 (de-subjectification) したように感じられる状況外の視点構図による認知の仕方が D モードである．この認知様式は図 6 に図示されているが，①認知主体と対象・環境との直接的インタラクションは薄れているし，②認知主体の認知プロセスを色濃く反映しているというよりは，客観的に舞台の外から眺めているように過ぎず，ゆえに③認知像も認知主体から切り離された客体として存在しているように感じられるわけである．

中村 (ibid.) はこうした認知モードが言語特性にも反映すると想定しているが，特に 3.1 節で見た「R/T 認知」は I モードを，「tr/lm 認知」は D モー

てではなく，人間の根源的認知様式が反映されているものとして考えている．

ドを反映していると主張している．さらに，中村 (ibid.) は対照言語学的視点から日本語と英語の関係を「I モード型としての日本語・D モード型としての英語」(ibid.: 370) と述べ，当該言語をそれぞれの認知モードの「典型」として考えている．ここでは構文特性のひとつとして,「主語 (subject)」と「題目 (topic)」の違いに注目してみよう．英語は「主語優先言語 (subject-prominent language)」であり，日本語は「題目優先言語 (topic-prominent language)」であることは良く指摘される (cf. Li and Thompson (1976)) ことであるが，具体例として次のものを見よう．

(12) a. My guitar broke a string.
b. The stove has blown a fuse.
(13) a. *私のギターが弦を切った．
b. *その加熱器がヒューズをとばした．
(14) a. 私のギターは弦が切れた．
b. その加熱器はヒューズが飛んだ．
(15) a. *My guitar, a string broke.
b. *The stove, a fuse has blown.

(中村 (1998: 256)，一部改変)

(12) と (13) は tr/lm 認知に基づき，tr で主語を表す他動詞文であるが，D モード型の英語は良いが，I モード型の日本語では容認されない．一方，(14) と (15) は R/T 認知に基づき，R で題目を表す自動詞文であるが，I モード型の日本語では自然であるのに対して，D モード型の英語では許容されない．

このように認知モードによる視点構図は事態の概念化と言語化に関して密接に相関していることがうかがえる．

4. 英語の無生物主語構文と対応する日本語表現の認知メカニズム

4.1. セッティング主語構文と Rice (1987) の Non-agentive Agents and Causers の概念

この節では，本章の主たる目的である英語の無生物主語構文と対応する日本語表現の認知メカニズムを考察する前提として，セッティング主語構文と

Rice (1987) の "Non-agentive Agents and Causers" という概念について概観していく．

3.1 節では参与体とセッティングの違いについて概観したが，実はこれらは静的にあらかじめ決まっているものではなく，認知主体の事態把握の反映により，動的な概念化 (dynamic conceptualization) によって決定されるものである (cf. Langacker (1990: 230))．

(16) a. <u>In Oregon</u> <u>last summer</u>, David caught a large brown trout. [setting]
　　 b. <u>Oregon</u> lies between California and Washington. [participant]
　　 c. I remembered <u>last summer</u> very well. [participant]
　　　　　　(括弧内及び下線は著者) (Langacker (1990: 230))

(16a) では，典型的には副詞句のセッティングで示されているものが，(16b, c) では，それぞれ tr として主語と lm として直接目的語で参与体として捉えられている．換言すれば，これらはセッティングとしてのトコロからモノ化した反転現象として解釈できるわけである．

さらに Langacker (1990, 1991, 1999, 2008, 2009 等) が「セッティング主語構文 (setting-subject construction)」と呼ぶものを見てみよう．

(17) a. Tuesday saw yet another startling development.
　　 b. This arena has witnessed many thrilling contests.
　　　　　　　　　　　　　　　(Langacker (1990: 233))

これらの例では，本来はセッティングとして副詞句で記号化されるはずのものが，主語位置で言語化されている．Langacker (1991: 346) によれば，この構文は「容器-内容物の関係 (content-container relation)」を示しており，参与体を主語とする構文のように tr から lm への力の働きかけが感じられないという．したがって，能動文において力の働きかけがあれば成立するはずの受動文が，この構文では，次の例のように存在しない．

(18) a. *Yet another startling development was seen by Tuesday.
　　 b. *Many thrilling contests have been witnessed by this arena.
　　　　　　　　　　　　　　　　　　　　　(ibid.)

また，Langacker (1991: 310, 2009: 117-118) は，セッティング主語構文の認知主体は「一般化された経験者 (generalized experiencer)」であり，その経験者による経験的側面は脱焦点化されると主張している．こうした様子を反映したセッティング主語構文の認知構造は図7で示されている．図中では，容器としてのセッティングは tr として，内容物としての右丸の実体は lm として言語化されているため，それぞれ太線で描かれている．また，一般化された経験者は，セッティング内にいる任意の経験者であるため，E とラベル付けされた細線の円で描かれ，経験的側面は破線で示されている．他方，「容器-内容物」の関係はセッティングから伸びる太線で示されている．

　(Langacker (2009: 118))

図7: セッティング主語構文の認知構造

さらに，Langaker (1999: 43, 2008: 390) は，セッティング主語構文では，tr として主語位置で言語化されるセッティングが容器の役割を果たすため，その中の内容物に焦点を当てるズーム・イン効果が生じると主張している．加えて Langacker (1999: 383) は，この構文が反映する「容器-内容物」の関係は，本来，参照点構造で捉えられると述べている．つまり，容器であるセッティングが参照点 (R) として機能し，内容物がターゲット (T) として働くことでズーム・イン効果を適切に捉えることができるわけである．この様子は図8に示されている．ただし，先に見たように，英語は D モードを反映する言語の典型であるため，認知主体は場面の外に離脱し，tr/lm 認知に基づいて R は tr として，T は lm として捉え直しが生じることで，それぞれ主語と目的語として言語化されることになる．

第 8 章 英語の無生物主語構文と対応する日本語表現の認知文法的再考　　245

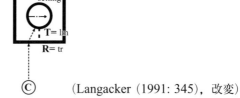

(Langacker (1991: 345), 改変)

図 8: セッティング主語構文の捉え直し

以上の考察を踏まえて，次の例を考えてみたい．

(19) a. Hard work made Ross Perot a millionaire.
  b. This miserable weather gave John the flu.
  c. Experience taught Tom to shut up in these situations.

(Rice (1987: 194))

これらの例は紛れもなく，(7) の成立条件が適用される無生物主語構文に相当するが，Rice (1987) はこれらの構文を "Non-agentive Agents and Causers" という節で扱っており，この概念の概要を次のように述べている．[10]

(20)　[...] the subject is inanimate. Although it is considered the *catalyst* behind the relevant action, even *causal*, it cannot be construed as an agent-like participant. Because these subjects fail to achieve full participant status in that they are not construed as energy sources, the post-verbal NPs cannot be considered downstream participants in the flow of energy. Their status as direct objects is therefore questionable, and the clauses overall lack passive counterparts.

(ibid.: 194)

Rice が指摘する通り，この構文の無生物主語は，事態を促進する触発者 (catalyst) や原因 (causal) であり，力を働きかける動作主として，また目的

---

[10] Rice (1987) は "Non-agentive Agents and Causers" という節でこれらの例を挙げているわけであるが，これとは別に直前で "Setting-like Subjects" という節を設けている．Rice はこれら 2 つの節を "non-participant subjects" という点で関連づけてはいるが，(19) の例をセッティング主語構文とは明言していない．

語も直接目的語として力を受け取る参与体としてはみなせず，その間には力の働きかけ関係がない．ゆえにこれに対応する受動文は (21) のように存在しないことになる．

(21) a. *Ross Perot was made a millionaire by hard work.
b. *John was given the flu by this miserable weather.
c. *Tom was taught by experience to shut up in these situations.

(ibid.)

Rice が挙げる (19) の事例は，Langacker が言うセッティング主語構文と同じような振る舞いをしているが，"Non-agentive Agents and Causers", "catalyst", "causal" とは一体どのような概念を指し示しているのだろうか？ この点に関する本章の立場は次節で明らかにしていく．

4.2. 英語の無生物主語構文と対応する日本語表現の認知メカニズム

本節では，英語の無生物主語構文と対応する日本語表現の認知メカニズムを明らかにしていく．

4.2.1. 英語の無生物主語構文の認知メカニズム

まず，英語の無生物主語構文の認知メカニズムについて考察していく．前節でみた Rice が挙げる例は，本章で言うところの無生物主語構文に相当するに違いないが，対応する受動文が存在しないということは，無生物主語の "Non-agentive Agents and Causers", "catalyst", "causal" とはセッティング主語である可能性がある．しかし一見すると，(19a, c) の例の "hard work", "experience" は直接的にセッティングを表しているとは思えないかもしれない．ここで注目したいのは (19b) の "this miserable weather" である．これは "John caught the flu **in this miserable weather**." のように，副詞句でセッティングとしても表すことができ，(19b) の無生物主語はセッティングの一種とみなすことができそうである．これを確かめるために，さらに同類の例である (22) の英語の無生物主語構文を見よう．

(22) a. Perhaps **the cold weather** makes his old bones harder to move.

(COCA)

b. **The last year** has taught me how little I really knew about what goes on [...].　　　　　　　　　　　　　　　　　(BNC)

特に太字部分の無生物主語に注目すると，(22a) では天候を，(22b) は年月日を表しているが，これらは典型的には (23) のように副詞句としてセッティングで表されるものである．

(23) a. Perhaps his old bones become harder to move **in the cold weather**.
　　　b. I learned how little I really knew about what goes on [...] **the last year**.

では，(22) の無生物主語は参与体で力の働きかけをする動作主として解されるのであろうか？ そこで次の対応する受動文をみたい．

(24) a. ?His old bones were made harder to move *by* **the cold weather**.
　　　b.??I was taught how little I really knew about what goes on *by* **the last year**.

英語母語話者によれば，これらの受動文は (22) の能動文よりも容認度が下がるということである．[11] したがって，前節の Rice の議論で概観したのと同様に，主語は力を働きかける動作主として，また目的語も直接目的語として力を受け取る参与体としてはみなしにくく，その間には力の働きかけ関係が感じ取られにくいということになる．これは前節の Langacker が挙げる (17) のセッティング主語構文と同様の振る舞いをしていることになる．そこでこうした平行性から，本章では，無生物主語構文に関して次のことを提案したい．

(25) **英語の無生物主語構文の事態認知**：　無生物主語構文の主語は「セッティング」として認知主体によって捉えられる事例が存在し，

---

[11] British English speaker でインフォーマントの一人，William Jones 氏（北海道大学名誉教授）によれば，これらの容認性判断には次の判断が関与しているという．
　"The word 'by' seems to be the key or clue to the correctness of the passive sentence. If 'by' stands for causation, its use seems to be unproblematic; otherwise, it is ambiguous."　　（William Jones 氏との personal communication 2012 年 1 月 11 日）

この場合，この構文はセッティング主語構文の拡張事例である．[12]

これに従えば，前節でみた Rice (1987) が言う "Non-agentive Agents and Causers", "catalyst", "causal" という概念は，セッティング主語そのものとして捉え直すことができる．つまり，無生物主語構文の主語はセッティングとして「容器」を表しており，その中で活動する実体の「活動の場 (host of activity)」を提供している．そして，目的語の実体は「内容物」を表しており，セッティング内での活動者 (Actor, A) を描写していることになる．

この事態認知の様子は図9に示されている．前節で確認したように，セッティング主語構文では，参照点構造の反映により，状況 (F) 内にいるはずの経験者としての認知主体 (C) がインタラクションを通じて，セッティングを最も目立つ参照点 (R) として，それをとっかかりに活動者 (A) を次に目立つターゲット (T) として確立し，さらにその活動 (A から伸びる実線矢印線) に心的接触していくという経験をしていくことが本来的な認知構図である．しかし，英語はDモードを強く反映する言語類型であるため，認知主体 (C) が状況 (F) 外に離脱し，R/T 関係が tr/lm 関係として捉え直されると考えられる．つまり，認知主体 (C) は状況 (F) 外から，インタラクションを通じて得られるはずの経験的側面を脱焦点化し（インタラクションとしての点線双方向矢印線），観る・観られ関係に基づいて事態把握している (C から

---

[12] もちろん，この事態認知モデルがすべての無生物主語構文に適用可能であることを主張しているのではない．次の例 (i) はむしろ対応する受動文 (ii) が全くもって容認可能であり，無生物主語は参与体で動作主としてみなされ，この事態は行為連鎖として解釈される可能性を秘めている．

  (i) a. **The bad weather in Florida** forced the Atlantis space shuttle to land in California yesterday.　　　　　　　　　　　　　　　　　　　　　　　(COCA)
     b. **The heavy snow** toppled many trees [...].　　　　　　　　　(COCA)
     c. [...] here on the East Coast, **the big storm** kept a lot of shoppers home. (COCA)
 (ii) a. The Atlantis space shuttle was forced to land in California *by* **the bad weather in Florida** yesterday.
     b. Many trees were toppled *by* **the heavy snow**.
     c. [...] here on the East Coast, a lot of shoppers were kept home *by* **the big storm**.

しかしながら，この言語事実は，無生物主語構文の中にはセッティング主語構文の拡張例である事例が存在すること自体を否定するものではない．むしろ，セッティング主語と参与体主語の区別は静的に決まっているものではなく，認知主体の事態把握の反映によって，動的に決定されるものであることを裏付ける証拠となる．

第8章 英語の無生物主語構文と対応する日本語表現の認知文法的再考

伸びる破線矢印線）ため，最も際立つセッティングが tr として，二番目に目立つ活動者（A）が lm として捉え直されるわけである．セッティング主語構文が表す「容器-内容物」の関係はセッティングから伸びる太線で示されている．さらに，セッティングは，活動者（A）が活動する場（host of activity）（後にみる「コトの出来の場」）を提供し，そして活動者の活動を促進するため，その様子が二重矢印線で示されている．また，この図式では，状況という概念が認知主体にとっての環境世界に広がる場であることを示すために，「意識の場（field of awareness）（F）」という概念が採用されている．Langacker はこれを「潜在的に起こりうるインタラクションの領域（"the scope of potential interaction"）」（Langacker (2009: 139)）と定義しているが，これは中村（2009）の認知の場（domain of cognition）に相当すると考えられる（中村 (p.c.)）．[13, 14] したがって，以降，F を「認知の場」と統一的に呼称する．

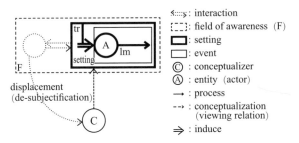

図 9: 英語の無生物主語構文の認知構造

さらに，言語化との関連で言えば，D モードでは観る・観られ関係に基づき，tr/lm 認知が反映されるため，それらは具体的な実体で精緻化（elaboration）されなければならない．[15] tr である主語は，典型的には動作主であ

---

[13] 2012 年 10 月 1 日の personal communication による．
[14] 次節で見るように，it 非人称構文の it は F に相当し，Langacker (1999: 43) は it 自体が抽象的なセッティング（abstract setting）を示していると主張していることから，この F はセッティングの一種に相当すると考えられる．このため，図 9 は図 7 同様にセッティング内にいる（はずの）経験者としての認知主体の存在が点線丸で示されており，図 7 で得られるセッティング主語構文の効果を適切に描いていることになる．
[15] 少なくとも文レヴェルでの tr/lm 認知では，tr は必須要素であり，lm は任意要素である．

るはずだが,「容器-内容物」の関係を反映するこの構文の認知構図では, 容器としてのセッティングの方が際立ってしまうため, それを tr で主語として言語化することになる. また, その中で活動する活動者 (A) は内容物となるが, それは lm として目的語位置で言語化されることになる.

次に (19a, c) の "hard work", "experience" のような一見するとセッティングを表していないようなタイプの無生物主語構文について目を向けてみよう. それらの事例と共に次の無生物主語構文と対応する受動文を考察したい.

(26) a. **This medicine** will make you feel better. (= (2a))
  b. **The new contact lenses** made the girl blink her much more than usual.
  c. **This song** reminds me of my childhood. (= (2d))
  d. **A few minutes' walk** brought us to the park. (= (2b))
  e. **The mere sight of the blood** made him sick.
  f. **A glance at the machine** told me that there was something wrong with it.
  ((a, c, d): 江川 (1991: 25-56); (b, e, f): 荒木 (1997: 490-492))

(27) a.??You will be made to feel better *by* **this medicine**.
  b.??The girl was made to blink much more than usual *by* **the new contact lenses**.
  c. ?I am reminded of my childhood *by* **this song**.
  d.??We are brought to the park *by* **a few minutes' walk**.
  e. ?He was made sick *by* **the mere sight of the blood**.
  f.??I was told that there was something wrong with it *by* **a glance at the machine**.

典型的なセッティングを表す (19b) と (22) の事例と同様に, (19a, c) や

例えば, "John broke the window." のような他動詞文では, John が主語で tr であるのに対して, the window は直接目的語で lm である. 一方, "The sun rises in the east." のような自動詞文では the sun が主語で tr であり, 文レヴェルでは lm が存在しないことになる. したがって, tr/lm 認知では, lm がない文は存在しても, tr がない文は存在しないことになる.

第 8 章　英語の無生物主語構文と対応する日本語表現の認知文法的再考　　251

(26) の無生物主語構文に対応する受動文 (21a, c) や (27) の容認度は低く，この理由は力の働きかけ関係が感じとられづらいためだと考えられる．そこで本章では，(19a, c) や (26) のように一見するとセッティングに見えないタイプの無生物主語でも，典型的なセッティングを表す (19b) や (22) の事例と平行的に捉えることで，(25) の事態認知が適用され，セッティング主語構文の拡張事例であることを主張したい．ゆえに，このタイプの無生物主語構文も，図 9 の認知構造による事態把握が反映されるものとして考えることができる．[16]

　このタイプの無生物主語構文をセッティング主語構文の拡張例と考えるさらなる理由として，対応する受動文の容認性が低いことに加えて，第 1 節の (2) でみたように，無生物主語構文はその主語名詞句を副詞節・句としてパラフレーズした表現と意味的に近い関係にあるということが挙げられる．ここに (2) を (28) として再掲する．

(28) a.　**This medicine** will make you feel better.
　　　a′.　*If you take this medicine*, you will feel better.
　　　b.　**A few minutes' walk** brought us to the park.
　　　b′.　*After a few minutes' walk*, we came to the park.
　　　c.　**The bad weather** prevented us from leaving.
　　　c′.　We could not leave *because of the bad weather*.
　　　d.　**This song** reminds me of my childhood.
　　　d′.　*When I hear this song*, I am reminded of my childhood.

$$(=(2))$$

最も顕著な事例は，(28a) の無生物主語構文であるが，その主語名詞句を近

---

[16] もちろんこのタイプの無生物主語構文でも，次の例 (i) はむしろ対応する受動文 (ii) が全くもって容認可能であり，無生物主語は参与体で動作主としてみなされ，この事態は行為連鎖として解釈される可能性を秘めている．
　(i)　a.　**This pamphlet** will give you a good idea of how the temple is constructed.
　　　b.　**The scholarship** enabled her to study in England.
　(ii)　a.　You will be given a good idea of how the temple is constructed *by* **this pamphlet**.
　　　b.　She was enabled to study in England *by* **the scholarship**.

似関係で言い換えたものが (28a′) であり，if 副詞節の条件節で換言されている．Fauconnier (1985) が言うように，if はスペース導入表現 (space builder) だとすれば，if 節全体は認知主体にとってのスペース，つまり抽象的なセッティングを表していることになる．さらに，Haiman (1978) が言うように if 節が文の題目 (topic) に相当することを想定すれば，後にみるように，日本語表現とも親和性がある．同様に，(28b, d) の無生物主語名詞句が (28b′, d′) のように，after 節や when 節で表される表現と近い意味になるとすれば，それらの節全体も時間スペースを表す抽象的なセッティングとしてみなされ，加えて文の題目として機能していると考えることも可能である．さらに，(28c) の無生物主語名詞句は，(28c′) のように because of 句で言い換えられるが，because の文法化の過程を考慮すると，本来は 'by cause' という具合に「そばに」という空間を表す意味に由来していることからみても，because of 句を抽象的なセッティングとして，同時に題目としてみなすことも可能となる．また，池上 (2007: 331) は，題目の概念というものが場所の概念をメタファー的に拡張されたものに他ならないと指摘していることからも明らかだが，セッティングと題目の間には密接な関係性がみられる．このように，無生物主語構文の主語名詞句はスペースとなる抽象的なセッティングを表す副詞表現と平行して議論できることからも明らかなように，無生物主語自体をセッティングとしてみなすことはごく自然であるように思われるわけである．

　以上のように，一見するとセッティングを表していないタイプの無生物主語構文の主語名詞句も，セッティング主語とみなし，セッティング主語構文の拡張事例の一員として認めることができようが，ここで，こうした無生物主語構文に関わる「認知操作 (cognitive operation)」について考えてみたい．再び，(26) の事例で考えよう．(26a-c) の無生物主語は，コトの中から「モノを切り離す (displaced)」という認知操作によって，モノでコト全体を想起させ，さらにその中で生じるコトを出来させる場として機能している事例である．一方，(26d-f) の主語はコトをモノ化するという「具現化 (reification)」という認知操作を通じて，そのモノ化されたコトがその中で生じるコトを出来させる場として働いている事例である．こうした認知操作の背後には「メトニミー (metonymy)」という操作が関与する．Langacker (2008: 98) は，「実体 (entity)」という概念が我々の捉え方如何でモノ，コト，セッ

ティングなど，様々な概念に分化するものであると述べている．このことは，こうした概念が近接性に基づいたメトニミーという認知操作を通じて連続的に捉えられるものであるということを物語っている．構文上，主語位置というのは tr として，典型的には名詞句でモノである実体で精緻化される．無生物主語構文では，その主語名詞句がモノでコト全体を想起させたり，コトをモノ化したりするという認知操作を経て，その中で生じるコトが出来するための場としてのセッティングとして解釈されることが可能となる．ゆえに，この構文はセッティング主語構文の拡張例としてみなすことも自然なわけである．ただし，この解釈は無秩序になされるものではなく，事例化される構文環境，すなわち「構文スキーマ (constructional schema)」によってある程度制約を受けることになる．例えば (26a, b) の "this medicine" や "the new contact lenses" は名詞句のままでは単なる物質・物体としてのモノであるが，無生物主語構文スキーマの中の主語位置という環境の中で事例化されるからこそ，上記の認知操作を経ることによって，その中で生じるコトの出来の場としてのセッティングとして捉えられることが認可 (sanction) されることになるわけである．

4.2.2. 英語の無生物主語構文に対応する日本語表現の認知メカニズム

次に，話題を変えて，英語の無生物構文に対応する日本語表現の認知メカニズムについて考察してみよう．具体例として，英語の無生物主語構文 (22), (26) に対応する次の日本語表現について考察してみたい．

(29) a. おそらく<u>寒中では</u>，彼の年老いた足腰は動きが鈍くなってしまう．
   b. <u>去年</u>，私は何が起こっているのかについていかに無知であるのかということが分かった．
(30) a.??おそらく<u>寒中 {が／は}</u> 彼の年老いた足腰を動きづらくしてしまう．
   b.??<u>去年 {が／は}</u> 私に何が起こっているのかについていかに無知であるのかということを痛感させた．
(31) a. <u>この薬を飲めば</u>，あなたは気分がよくなるでしょう．（=(3a)）
   b. <u>新しいコンタクトレンズを使ったせいで</u>，少女はいつもよりも瞬

きをせざるを得なかった．
- c. この歌を聞くと，私は子供のころを思い出します．（=(3d)）
- d. 数分歩くと，私たちは公園に出ました．（=(3b)）
- e. 血をちょっとみただけで，彼は気分が悪くなってしまった．
- f. 機械をちらっとみるだけで，私はどこか調子が悪いと分かった．

(32) a.??この薬 {が／は} あなたに気分をよくするでしょう．（=(4a)）
  b.??新しいコンタクトレンズ {が／は} 少女にいつもよりも瞬きをさせた．
  c.??この歌 {が／は} 私に子供のころを思い出させます．（=(4d)）
  d.??数分の歩き {が／は} 私たちを公園へ連れていった．（=(4b)）
  e.??血をちょっとみたこと {が／は} 彼に気分を悪くさせた．
  f.??機械をちらっとみたこと {が／は} 私に機械がどこか調子が悪いと物語った．

英語ではセッティングを表現する方法として，原始的に副詞的に描写する方法と無生物主語で表す方法の2つの表現法が存在する．他方，日本語表現では，何らかの文脈がない限り，(30) 及び (32) のデータのようなセッティングを無生物主語で表す構文よりも，(29) や (31) のように，セッティングをそのまま副詞的に表現するものの方が自然であり，その意味でセッティングを表現する言語形式は，英語よりも制限されている．したがって，英語の無生物主語構文 (22) と (26) に対応する日本語表現と言えば，(29) と (31) のセッティングを副詞的に言語化するタイプの表現ということになろう．

では，これらの対応する日本語表現と英語の無生物主語構文の認知構造は異なっているのであろうか？ 本章では，英語の無生物主語構文同様に，対応する日本語表現においても，ベースとして「容器-内容物」の関係が反映されることを提案したい．この認知構造は図10で示されている．

第 8 章 英語の無生物主語構文と対応する日本語表現の認知文法的再考 255

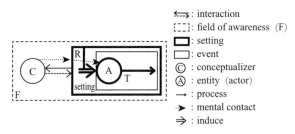

図 10: 対応する日本語表現の認知構造

日本語は I モード認知を反映するため，原始的な認知の様式がそのまま言語表現にも表れる．この様式では，認知主体 (C) はインタラクション (C に向かう実線矢印線とそこから伸びる破線矢印線) を通じて，認知の場 (F) 内で最も際立つセッティングを参照点 (R) とし，それをとっかかりにターゲット (T) となる活動者 (A) とその活動を直接的に体験することになる．セッティングはその中で活動する活動者 (A) の活動の場 (host of activity)，つまり，コトを出来させる場を提供しており，活動者の活動を促進するため，その様子は二重矢印線で示されている．そして，このような「容器-内容物」の関係は，セッティングから伸びる太線の実線で描かれている．ここまでは英語の無生物主語構文のプロセスと同じである．違いは I モード認知が反映される日本語では，認知主体が認知の場 (F) 外に離脱することによる捉え直しが起こらず，認知主体の経験的側面が焦点化されたままの状態で，R/T 認知がそのまま言語に反映されることである．よって図でもインタラクションや点線矢印線の心的接触 (mental contact) といった認知プロセスがそのまま残されている．[17]

さらに，言語化との関連を言えば，(28) と (28′) がそうであったように，英語の無生物主語構文の主語名詞句は副詞表現と近い意味関係にあり，そしてその副詞表現は抽象的なスペースを表し，文の題目 (topic) として言語化されていることを前節で確認した．本章では，このことが対応する日本語表現にも適用されることを指摘したい．つまり，(29) 及び (31) の対応する日

---

[17] ふつう，活動者 (A) は有情物である．(29a) では活動者が非情物の「彼の年老いた足腰」であるが，メトニミーを通じて分離不可分の所有者である「彼」が活動者であることは明らかである．

本語表現の下線部の副詞表現は抽象的なスペースでセッティングを表しており，機能的には文の題目を表していることになるわけである．

4.2.3. 英語の無生物主語構文と対応する日本語表現の認知メカニズムの融合

以上の考察を踏まえて，第1節の (5) の疑問，すなわち，英語の無生物主語構文と対応する日本語表現は異なる言語形式を表しているが，それは同一の事態ではなく，異なる事態を表しているのかという疑問への解答を導いていきたい．図11と共に整理すると，まず，英語と日本語では言語表現は異なるものの，共通の概念内容としてのベースを持っている．この様子は図11の下段で示されている．下段左図は，セッティングを表しており，その中で活動する活動者の活動の場，つまりコトの出来の場を提供していることが示されている．下段中図は，認知主体 (C) が認知の場 (F) 内で対象とインタラクションを行い，その場内で最も目立つものを参照点 (R) として，それをとっかかりに次に際立つターゲット (T) へと至る心的処理が描かれている．下段右図は，活動者が活動する様子が示されている．英語の無生物主語構文と対応する日本語表現には，これら3つの側面が関与しており，同一指示のものは点線の対応関係で結ばれている．

こうした3つの側面をOHPシートのように重ね合わせ，合成したものが中段の図に相当し，これが対応する日本語表現に関わる認知様式である．この図式では，認知主体は，認知の場 (F) に密着した視点構図を取っている．そのため原始的に認知の場 (F) 内で最も目立つ参照点 (R) となる対象としてのセッティングとインタラクションを行い，セッティング内で次に際立つ活動者 (A) とその活動へと心的接触をしていくため，こうしたインタラクションや心的接触といった認知プロセスという経験的側面がそのまま反映されている．

ここまでの認知処理は，英語の無生物主語構文と対応する日本語表現において同一ある．しかし，英語では，さらに脱主体化によって状況外の視点構図を取る認知処理を踏むため，この様子が上段の図で示されている．この図では，認知主体の経験的側面としてのインタラクションや心的接触という認知プロセスが薄れ，認知主体 (C) は認知の場 (F) から離脱し，外から事態の推移を観察するため，参照点 (R) としてのセッティングはtrとして，ター

ゲット（T）としての活動者（A）は lm として，捉え直しが起こる様子が描かれている．

このようにして，英語の無生物主語構文と対応する日本語表現は，下段の図のように，共通する側面を持っており，ゆえに同一の状況を描写しているわけであるが，視点構図としての認知モードが異なっているため，同一の事態でも概念化の過程が異なっており，これが言語表現形式の違いを生み出していることになる．すなわち，日本語は原始的で低次の事態認知でとどまっているのに対して，英語ではより高次の認知処理が施されることになり，それが言語現象にも反映しているというわけである．

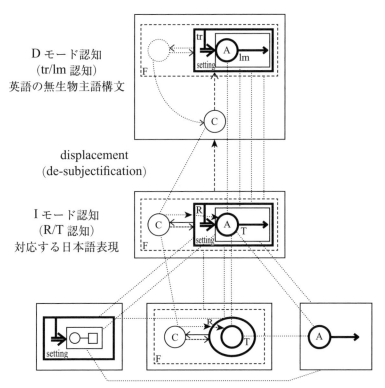

図 11: 英語の無生物主語構文と対応する日本語表現の合成構造

4.3. 参与体経験構文・非人称構文・セッティング主語構文の連続性

　この節では，英語の無生物主語構文及び対応する日本語表現と他構文との関連性を考察していく．さらに，その考察を通じて，英語の無生物主語構文と対応する日本語表現は，前節でみた認知構造によって動機づけられていることを再確認していく．

　前節では，認知図式の中で認知の場を表す "field of awareness (F)" という概念を導入したが，これによって，特に英語の無生物主語構文と Langacker (2009) が指摘する次の英語構文との連続性が見えてくる．まず，(33) に挙げる参与体経験構文・非人称構文・セッティング主語構文を概観したい．

(33) a. I'm cold here in Chicago.
　　 b. It's cold in Chicago.
　　 c. Chicago is cold.

(Langacker (2009: 143))

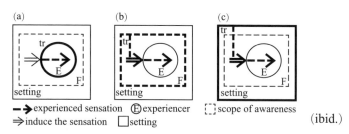

図 12: 参与体経験構文・it 非人称構文・セッティング主語構文の認知構造

(33a) は経験者としての I を主語にとる参与体経験構文，(33b) は非人称代名詞の it を主語にとる it 非人称構文，(33c) はセッティングの Chicago を主語にとるセッティング主語構文である．図 12 で示されているように，これらの構文の概念内容としてのベースは同じである．違いは際立ち関係における焦点化にあり，(33a) では，経験者が tr として，また経験される感覚 (experienced sensation) が焦点化（図 12(a) では E を囲む円とその中の破線矢印線を太線で表記）されているが，その原因は背景化されている．他方 (33b, c) では，経験者から焦点が外れており（図 12(b), (c) では E を囲む円を細線で表記），ゆえに一般化された経験者 (generalized experiencer) の

経験が反映されることになる.また,その経験の原因が焦点化され,(33b)
では認知の場 (F),すなわち,経験者の認知そのものが,(33c) ではセッ
ティングそのものが原因となり,tr として言語化されている.このように参
与体経験構文・it 非人称構文・セッティング主語構文は,焦点部分は異なる
ものの,ベースは同じであり,ゆえに連続体を成すというのが Langacker
(2009) の主張である.[18]

以上の点を考慮すると,(33a) は参与体が自ら状況に関与し,事態を報告
した文であることは自明なことであろうが,さらに,Langacker (2009) は
(33b, c) に関してある面白い指摘をしており,(33b) の方が (33c) よりも
主体的経験 (subjective experience) を反映しているという.Langacker はこ
れ以上多くを語らないが,このことは次の中右 (2013) の指摘が大いに参考
となる.

(34) [...] 非人称 it 主語構文は〈現場密着〉型の発話形式であるといいた
い.ただし,現場密着といっても〈発話現場密着〉とは限らない.
話し手は常に発話の現場にいるが,目下報告している状況の現場
(つまり談話場面)に居合わせるとは限らない.たとえば,話し手が
当該事態の現場に居合わせなくても,〈現場の当事者の視点から事
態を捉えている〉のだというふうに考えたい.つまり,現場密着型
の発話とは当事者意識あるいは現場経験の報告である.これこそが
状況の it に織り込まれた認知論的かつ機能論的異性であると考えら
れる. (中右 (2013: 13))

これによれば,(33b) の it 非人称構文は現場密着型であり,認知主体 (C) は
何らかの形でその事態に関与した報告をしていることになる.このことは,
宮沢賢治『春と修羅』で展開される「心象スケッチ」という言葉を彷彿させ
る.つまり,非人称の it は Langacker の言うところの「意識 (awareness)」
であり,それは現場に密着した認知主体の「心象 (consciousness)」を表した
ものであると読み替えることができる.一方,(33c) の場所をセッティング

---

[18] 図 12 の図式では,抽象的な setting の一種である field を包含する形で具体的な set-
ting が描かれているが,本来はその関係が逆転し field が setting を含む形で描くべきである
(中村芳久氏との 2012 年 10 月 1 日の personal communication による).

主語とした構文は，認知主体が現場に密着しているのではなく，単なる客体的な報告文であるため，(33b, c) の間には，Langacker が指摘するような主体性の差が生まれると考えられるわけである．

ここで，こうした関係性をより明確にするために図 12 を図 13 のように補正したい．図 13 の認知構造をとる (33) の英語構文は，いずれも D モードを反映しており，ゆえに認知主体は脱主体化により，認知の場 (F) の外より事態を眺める視点構図となっている．グランド (G) とは〈いま・ここ〉の世界観であり，発話事態や認知主体などを含む認知の拠点のことであるが，ここでは認知主体を話し手 (speaker, S) と聞き手 (hearer, H) に分けて記述している．S と H の間の双方向の破線矢印は，間主観的 (intersubjective) なインタラクションを表している．また，点線は対応関係 (correspondence) を表しており，S と H から伸びる 2 本の破線矢印は注意 (attention) を表している．図 13 (a) では S と E が対応関係で結びつけられており，これにより経験者 (E) が認知主体としての話し手 (S) であることが示され，(33a) の言語現象を適切に記述している．また，図 13 (b) では，認知の場 (F) そのものが際立ちの対象となっているが，一般化された経験者の一部には認知主体が含まれると考えられ，S と E が対応関係で結ばれることで認知主体としての話し手 (S) の主体性が反映されている．一方，図 13 (c) では，単にセッティングが焦点化の対象となっており，認知主体としての話し手 (S) の関与や経験を反映するというよりも，単純に客体として事態を傍観する様子が描かれている．ゆえに図では経験者 (E) と認知主体の間の対応関係の点線は結ばれていない．

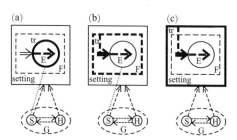

図 13: 参与体経験構文・it 非人称構文・セッティング主語構文とグランディングの関係

第 8 章 英語の無生物主語構文と対応する日本語表現の認知文法的再考   261

さらに非人称構文を詳細に記述するために，次の例を比較しよう．

(35) a. California has a lot of earthquakes.
    b. Florida has a lot of hurricanes.
    c. Kansas has a lot of tornadoes.

(36) a. We have a lot of earthquakes in California.
    b. You have a lot of hurricanes in Florida.
    c. They have a lot of tornadoes in Kansas.

(Langacker (2009: 126))

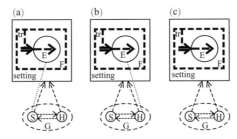

図 14: 非人称 we, you, they 構文の認知構造

(35) はセッティング主語構文であり，その認知構造は先に見た図 13(c) に相当し，セッティングが tr として焦点化されたものである．一方，(36) はそれぞれ人称代名詞を用いた総称を表す非人称用法構文（以下，「非人称構文」と呼ぶ）であり，本章では Langacker の非人称 it 構文の分析と平行的に捉えられることを主張し，その認知構造を図 14 のように提案したい．具体的には，経験者としての認知主体自身は脱焦点化されている（図 14 では E を囲む円を細線で表記）が，その代わりに一般化された経験者によって捉えられる経験が焦点化され，さらにその経験を誘発するものとして一般化された経験者の認知の場（F）そのものが焦点化されている（ゆえに図 14 では E の円内の破線矢印と F を太線で表記）ことを指摘したい．Langacker によれば，(35) のセッティング主語構文と (36) の we, you, they 非人称構文との違いは，その集合の中に話し手（S）と聞き手（H）が関与しているかどうか

ということになる.[19] 具体的には (36a) では話し手 (S) が California の住人のひとりであるという認識であり,ゆえに,一般化された経験者のひとりである.図 14(a) では,これを明示するために S と E が対応関係で結ばれている.また,(36b) では聞き手が Florida に住む一般化された経験者のひとりであり,それを示すために図 14(b) では H と E が対応関係で結ばれている.さらに,(36c) では S と H どちらも Kansas には住んでいなく,一般化された経験者のひとりではないため,図 14(c) では対応関係では結ばれていない.[20]

このように,参与体経験構文・it, we, you, they 非人称構文・セッティング主語構文はその認知図式から明らかなように,ベースとしての概念内容は同じであるが,焦点化の対象の差によって区別されつつ,連続体を成していることが明らかである.ここで無生物主語構文との接点を指摘したい.前節で明らかになったように,無生物主語構文の中には焦点化されている部分が異なっているものの,概念内容としてのベースは同一であり,セッティング主語構文の拡張例である事例があると考えられた.この様子は図 9 で示したように,D モードが反映され,認知の場 (F) の外から tr であるセッティングというコトの出来の場で起こる事態としての客体を認知主体が眺める格好となっており,この節の図式の形式に従えば,図 15 のようにも描くことが可能である.

---

[19] Langacker の主張は以下の通りである.
 (i) [...] the only reason for employing a pronominal subject is to indicate whether this undifferentned mass of people includes the speaker or the hearer. If the person is deemed irrelevant [...] we thus have the option of a setting-subject construction [...]. (Langacker (2009: 126))
[20] ここで描かれている対応関係の構図は,現れの可能性のひとつを示しているにすぎない.標記上,図 14(a) は図 13(b) と同一であるが,非人称の we を考慮する場合,範囲設定 (delimitation) を考慮しなければならない (cf. Langacker (2009: 123-127)).図 14(a) は S が we の集合の中に含まれる可能性を示しているが,H も同時に含まれる場合は,you も E と対応関係を示す点線で示されなければならない.

第 8 章　英語の無生物主語構文と対応する日本語表現の認知文法的再考　　263

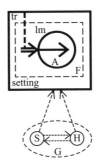

図 15: 英語の無生物主語構文の認知構造

　この構図の様子は図 13(c) と相似しているが，違いは経験者（E）が行為者（A）として，そして経験（円内の破線）が行為（円内の実線）として置き換えられており，また経験者（E）は一般化された経験者（E を囲む細線の円）であったものが lm して活動者も焦点化（A を囲む太線の円）の対象となっているという点である．このプロセスは典型的なセッティング主語構文から無生物主語構文への拡張の際に生じるものであり，これらは連続体を成しているということになる．

　以上のことを統合すると，参与体経験構文・it, we, you, they 非人称構文・セッティング主語構文・セッティング主語を取る無生物主語構文は連続的なネットワークを成しているとみなすことができる．[21] 英語は D モード認知により状況外から事態を見つめる視点構図を取り，tr/lm 認知に基づくため，tr の典型例である参与体に際立ちを見いだせる場合には参与体経験構文となる．他方，そこに際立ちが見いだされない場合，tr を満たすためにセッティングや認知主体の認知の場（F）までもが際立ちの対象とならざるを得なく，必然的に tr の拡張幅が広くなる．

　一方，日本語では，英語でいうところの参与体経験構文は (37a) のように容認度は低く，また，日本語には (37b) のようにそもそも非人称 it に相当する文法的虚辞が存在しない（(37b) では it に相当する虚辞を φ で示している）し，さらに「ガ格」をとるセッティング主語構文の自動詞文は (37c) の

---

[21] ここでは，これらの構文が連続体を成していることを指摘しているにすぎない．これらの構文の拡張の方向性については稿を改めて議論したい．

ように容認度が低い．[22] また，(38) のように，セッティング主語構文の他動詞文の容認度も低い．さらに，(39) のように，日本語には英語の非人称用法の we, you, they に相当するものはなく，これも容認度は低い．[23] むしろ，(40) のようにセッティングを題目として表現する方が好まれる．

(37) a. 私 {?は／*が} 寒い． (a′． 寒い．)
　　　b. *φ {は／が} 寒い．
　　　c. シカゴ {は／??が} 寒い．
(38) a. *カリフォルニア {は／が} 地震を多く持っている．
　　　b. *フロリダ {は／が} 多くのハリケーンを持っている．
　　　c. *カンザス {は／が} 多くのトルネードを持っている．
(39) a. *カリフォルニアでは私たち {は／が} 多くの地震を持っている．
　　　b. *フロリダでは {あなた／あなた方} {は／が} 多くのハリケーンを持っている．
　　　c. *カンザスでは彼ら {は／が} 多くのトルネードを持っている．
(40) a. カリフォルニア {は／では} 地震が多い．
　　　b. フロリダ {は／では} ハリケーンが多い．
　　　c. カンザス {は／では} トルネードが多い．

こうした言語的振る舞いは，日本語が I モード認知の視点構図を反映する，つまり，認知主体は状況に密着して認知の場 (F) 内から事態を見つめる視点構図を取り，対象とのインタラクションに基づく R/T 認知を行うため，D モードのように必ず「主語」である tr を埋めるという認知処理をする必然性がないから生じると考えられる．日本語では「寒い」という主観述語表現では，(37a′) のように参与体としての主体を明示しない方が自然であるし，(37c) や (40) のようにセッティングを R として「ハ」でマークされるような「題目」として表現したり，原始的に副詞的に表現することが好まれるわけである．

---

[22] ここでの「シカゴは寒い」が容認される理由は「シカゴは」が題目を表しているからである．
[23] ここでは，英語の非人称の we, you, they に相当するものを「私たち」，「あなた／あなた方」，「彼ら」と便宜的に記しているにすぎず，これが適切であるかどうかはわからない．

第8章 英語の無生物主語構文と対応する日本語表現の認知文法的再考　265

　以上の考察から，日本語において，無生物主語構文が好まれない理由も導かれる．前節の認知構造からも動機づけられているように，無生物主語構文の中にはセッティング主語構文の一部として位置づけられるものがあるため，この場合，無生物主語構文とは，本来，セッティングが I モードの視点構図で R/T 認知として R で捉えられるものが，D モードの視点構図へ移行することで tr として主語で捉え直されることによって生じる構文である．したがって，(37)-(40) での日本語表現に関する議論から明白なように，I モードの視点構図をそのまま反映する日本語において，対応する日本語表現では，セッティングが tr として捉え直されず，そのまま原始的に R として捉えられるため，「題目」や「副詞表現」として表現されることが好まれるわけである．そのために無生物主語構文は好まれないと考えられる．
　このように，英語の参与体経験構文・it, we, you, they 非人称構文・無生物主語構文を含むセッティング主語構文まで連続体を成している理由と，それらに直接的に対応する日本語表現が不在である理由は，我々の視点構図を反映する認知モードの観点から認知構造を考察することで統一的に説明されるわけである．

5. 結　論

　本章では，英語の無生物主語構文と対応する日本語表現の認知メカニズムを他構文との関連性を含めて考察した．特に，英語の無生物主語構文と対応する日本語表現で言語表現形式が異なるのは，概念内容となるベースとしての事態は同一であるが，視点構図が異なり，事態を異なる認知様式で捉えるためであることを明らかにした．より具体的には，英語の無生物主語構文は，セッティング主語構文の拡張例である事例が存在し，その場合，無生物主語は D モードの視点構図として tr/lm 認知で捉え直された時の tr に相当する．一方，対応する日本語表現では，I モードの視点構図から R/T 認知が反映され，セッティングは参照点 (R) としてそのまま題目や副詞表現として表現されることを明確にした．さらに，認知モードによる視点構図の現れとして，英語は D モードに基づく tr/lm 認知により，tr を満たすために参与体経験構文から無生物主語構文を含むセッティング主語構文や非人称構文まで連続体として拡張幅を有するが，日本語ではそのような拡張を見せないの

は，Iモードに基づく R/T 認知によるためであることを考察した．

参考文献

荒木一雄(編) (1997)『新英文法用例辞典』研究社，東京．
Bolinger, Dwight (1977) *Meaning and Form*, Longman, London/New York.
江川泰一郎 (1991³)『英文法解説』金子書房，東京．
Fauconnier, Gilles (1985) *Mental Spaces*, Cambridge University Press, Cambridge.
Haiman, John (1978) "Conditionals Are Topics," *Language* 54, 564-589.
Hinds, John (1986) *Situation vs. Person Focus*, くろしお出版，東京．
Huddleston, Rodney and Geoffrey K. Pullum (2002) *The Cambridge Grammar of the English Language*, Cambridge University Press, Cambridge.
池上嘉彦 (2007)『日本語と日本語論』筑摩書房，東京．
Jespersen, Otto (1964) [1933] *Essentials of English Grammar*, University of Alabama Press, Tuscaloosa/London.
国広哲弥 (1974a)「人間中心と状況中心」『月刊 言語』2月号．
国広哲弥 (1974b)「日英語の表現体系の比較」『言語生活』3月号．
Lakoff, George and Mark Johnson (1980) *Metaphors We Live By*, University of Chicago Press, Chicago/London.
Langacker, Ronald W (1990) *Concept, Image, and Symbol*, Mouton de Gruyter, Berlin/New York.
Langacker, Ronald W (1991) *Foundations of Cognitive Grammar, vol. 2: Descriptive Application*, Stanford University Press, Stanford.
Langacker, Ronald W (1993) "Reference-Point Constructions," *Cognitive Linguistics* 4, 1-38.
Langacker, Ronald W (1995) "Viewing in Cognition and Grammar," *Alternative Linguistics: Descriptive and Theoretical Modes*, ed. by Philip W. Davis, 153-212, John Benjamins, Amsterdam/Philadelphia.
Langacker, Ronald W (1999) *Grammar and Conceptualization,* Mouton de Gruyter, Berlin/New York.
Langacker, Ronald W (2001) "Dynamicity in Grammar," *Axiomathes* 12, 7-33.
Langacker, Ronald W (2008) *Cognitive Grammar: A Basic Introduction*, Oxford University Press, Oxford.
Langacker, Ronald W (2009) *Investigations in Cognitive Grammar,* Mouton de Gruyter, Berlin/New York.

Leech, Geoffrey (1974) *Semantics*, Penguin Books, New York.
Li, Charles N and Sandra A. Thompson (1976) "Subject and Topic: A New Typology of Language," *Subject and Topic*, ed. by Charles N. Li, 445-487, Academic Press, New York.
中村芳久 (1998)「認知類型論の試み: 際立ち VS. 参照点」『KLS』18, 252-262.
中村芳久 (2009)「認知モードの射程」『「内」と「外」の言語学』, 坪本篤朗・早瀬尚子・和田尚明 (編), 353-393, 開拓社, 東京.
中村芳久 (2012)「認知モード・言語類型・言語進化―再帰性 (recursion) との関連から―」*Kanazawa English Studies* 28, 285-300.
中村芳久 (2013)「Langacker 認知構図と認知モード」『日本英文学会第 85 回大会 Proceedings』121-122.
中右実 (2013)「非人称 it 構文―語法と文法の不可分な全体を構文に見る―」『英語語法文法研究』第 20 号, 5-34.
西村義樹 (1998)「行為者と使役構文」『構文と事象構造』, 中右実・西村義樹 (編), 研究社, 東京.
Quirk, Randolph, Sidney Greenbaum, Geoffrey Leech and Jan Svartvik (1985) *A Comprehensive Grammar of the English Language*, Longman, London.
Rice, Sally (1987) *Toward a Cognitive Model of Transitivity*, Doctoral dissertation, University of California, San Diego.
角田太作 (2009[2])『世界の言語と日本語』くろしお出版, 東京.
對馬康博 (2011)「日英語の無生物主語構文の認知メカニズム―認知文法と認知モードによる解法―」『文化と言語』第 74 号, 札幌大学.
熊 鶯 (2009)『鍵がドアをあけた―日本語の無生物主語他動詞文へのアプローチ』笠間書院, 東京.

Data

Corpus of Contemporary American English (COCA)
British National Corpus (BNC)

第 9 章

言語における再帰と自他認識の構造
―認知文法の観点から―*

長谷部　陽一郎

同志社大学

キーワード： 再帰，認知文法，心の理論，概念化階層，脱主体化

1. はじめに

　本章の目的は，言語にとって再帰（recursion）とは何かという問いについて，認知言語学，とくに Ronald Langacker が提唱する認知文法（Cognitive Grammar）の観点から検討し，生成文法（Generative Grammar）とは異なる観点からその重要性を示すことである．これまで，再帰とは句構造規則（phrase structure rules）の適用など，もっぱら統語操作に関わるものとされてきた．一方，認知言語学において再帰という概念については，生成文法との理論的な対立関係に加え，概念自体の曖昧さもあり，積極的に議論されてこなかった．しかし，ある種の概念構造や言語形式が再帰構造をとることは確かである．また近年の「心の理論」(theory of mind) に関する研究では，自他認識の再帰性が論点となっている．これらのことを鑑みると，認知言語学でも言語と再帰の問題について正面から取り組む必要がある．[1]

---

* 本書の出版とそれに先立つ「言語と（間）主観性研究フォーラム in 仙台」を企画し，発表の機会を与えてくださった中村芳久先生と上原聡先生に心からの感謝を申し上げたい．また，上記フォーラムで論じた内容を発展させたものを「京都言語学コロキアム」で発表した際，数多くの有益な示唆をくださった山梨正明先生にも深く御礼申し上げる．

[1] recursion の訳語として，藤田耕司氏を始め一部の研究者は「回帰」を用いている（e.g. 藤田 (2012, 2014)）．これには，「再帰代名詞 (reflexive pronoun)」などの文法用語に含まれる「再帰」という文字列と区別できる利点がある．しかし計算機科学の領域では「再帰」

269

認知的な立場をとる言語学者 Peter Harder は,「言語形式における再帰性は概念構造に現れた再帰性の一部を反映しており,概念構造の再帰性は外部世界の再帰性の一部を反映したものである」と指摘する (Harder (2010: 233)).[2] 本章では,この考え方に沿って,Langacker (2008, 2009) における「階層的な概念化」のモデルを用い,再帰構造の把握能力があらゆる発話の基盤にある基本的概念構造を実現している可能性について論じる.また,いわゆる「埋め込み文」の背後にあるのが,再帰的に適用可能な統語規則ではなく,中村 (2004, 2006) の言う「脱主体化」のプロセスであることを示す.中村 (2013) では,いわゆる I モードから D モードへの脱主体化が,歴史的な言語発達の中で,埋め込み文を始めとする再帰形式を形成する動機になったことを指摘している.

　世界には多くの再帰構造が存在している.その中で人間にとってとりわけ重要なのは,対人関係的な領域の再帰構造である.このような構造を把握する能力は,ある部分で生得的かもしれない.しかしそれは,言語の本質を記号列の再帰計算処理として規定するような考え方には必ずしも結びつかない.認知言語学的な観点に立つと,再帰構造は言語形式や文法よりも先に世界の側に埋め込まれているのであって,再帰構造を処理する能力とは,これらを取り出して概念構造や言語表現に反映させる力に他ならない.このような立場から,本章では,言語話者にとって最も基本的な対人関係的再帰構造がグラウンディングや発話行為のレベルでパターン化されていることを指摘する.そして,言語にとって再帰が重要であるのは,自然言語の計算規則が理論上無限の再帰適用を許すという意味でなく,再帰的な構造を概念的に捉え,語彙や構文の形で記号化できる能力が言語話者にあるという意味においてだと主張する.

が一般的に用いられていること,また統計学では「回帰」が regression の訳語として用いられていることから,本章では「再帰」を採用する.
　[2] 特にことわりのない限り本章における訳は筆者による.

2. 言語と再帰に関するこれまでの議論

2.1. Hauser, Chomsky and Fitch (2002) について

本章の主題に入る前に，これまで言語と再帰の問題がどのように論じられてきたかについて触れておきたい．近年この問題に関する議論に火をつけたのは，生成文法の提唱者 Noam Chomsky が共著者となった論文 Hauser, Chomsky and Fitch (2002)（以下では HCF と略記する）である．HCF では「狭義の言語器官」(faculty of language in the narrow sense, FLN) という概念を提案し，これを次のように特徴付けている．[3]

- 再帰能力は人間の言語器官の基本的構成要素である．
- 再帰能力は人間の言語を規定する唯一の特徴である．
- 再帰はヒトの言語器官だけに固有の特徴である．
- 再帰構造はあらゆる自然言語に備わっている．
- 再帰構造処理は人間に固有の能力である．

この主張に対して様々な分野の研究者が反論を唱えたが，中でも注目を集めたのは，言語学者 Daniel Everett によるものである．Everett は南米アマゾンに居住する部族の言語であるピダハン語 (Pirahã) の実地調査から，この言語に節の埋め込みが存在しないことを指摘し，統語的な再帰構造は自然言語の必要条件でない可能性があると論じた (Everett (2005, 2008)).[4]

また，Steven Pinker と Ray Jackendoff は生成文法の流れを汲む研究者であるが，Pinker and Jackendoff (2005) で HCF に対して次のような反論を行い，さらなる論争のきっかけを作った．

- 言語に固有の特徴として，統語的再帰以外にも音韻的あるいは形態論的特徴といったものが挙げられる．

---

[3] ここでの HCF の論点のまとめは van der Hulst (2010: xvi) に基づいている．
[4] ただし，Nevins et al. (2009a, 2009b) は，Everett のいう再帰はもっぱら「埋め込み (embedding)」であり，HCF がいう再帰（＝併合の反復的な適用）と一致していないと指摘する．またそれゆえに，Everett の主張は HCF や生成文法に対する妥当な反論とはなっていないと論じる．なお，生成文法の立場から Everett に対してなされた反論・批判については中井 (2014) が詳しい．

- 再帰能力は，言語以外の認知的モジュール（例えば数学的処理や社会的知性に関するモジュール）においても重要な役割を担う．
- 統語的再帰が存在するのは，人間の再帰的思考を表現するために他ならない．

2.2. 計算機科学的な視点からみた再帰

さらに，計算機科学的な観点からの異論も複数提出されている．Parker (2006) や Tomalin (2007) は，HCF には再帰 (recursion) と反復 (iteration) という 2 つの異なる計算処理の区別が欠落している可能性を指摘した．このことは，3 節以下で認知言語学の立場から再帰について考える際にも重要な観点である．

Chomsky (1995) はミニマリスト・プログラム（Minimalist Program）に基づく言語の派生生成手順について，次のように述べている．[5]

> 列挙 N が与えられれば，C_{HL} の操作が再帰循環的に N の項目とすでに形成された統語構成物 (syntactic objects) から統語構成物を構築する． (Chomsky (1995: 226))

ここで列挙 N とは文生成のために選択された語彙項目の集合を表し，C_{HL} は自然言語の計算システム (human language computation) を意味する．これらにより構築される統語構成物の定義は次のように与えられる (Chomsky (1995: 243))．

(1) a. 語彙項目
    b. α, β が統語構成物で γ が K のラベルであるような K = {γ, {α, β}}

ここで (1b) は，統語構成物が同形の非終端要素であり得ること，すなわち再帰的な構造を持つことを表している．もちろん，それだけでは無限循環を繰り返してしまう．(1a) で語彙項目 (lexical items) が統語構成物に含まれることが明記されており，階層性を持った構造も最終的には終端要素である

---

[5] 本章では Chomsky (1995) からの引用についてはすべて外池・大石 (監訳)(1998) からの訳文を用いる．

語彙項目に落ち着くことになる．このように高度に一般化・抽象化された統語規則の個別言語における具現形としては (2) や (3) のような句構造規則がある．[6]

(2) a. NP → NP + PP
    b. PP → P + NP
    c. [a bird [in a tree [on the hill]]]
(3) a. S → NP + VP
    b. VP → V + S
    c. [I think [that she thinks [he is cute]]]

(2) は NP が NP + PP により構成され得ることを示している．NP が直接構成素として自分自身を含むため，このような再帰構造は直接再帰 (direct recursion) と呼ばれる．これによって実現するのは例えば (2c) のような構造である．一方，(3a) では S が NP + VP に構成され，さらに (3b) では VP に S が含まれ得ることが示されている．これらによって例えば，(3c) のような埋め込み文が生成される．このような構造は間接再帰 (indirect recursion) と呼ばれることがある (Heine and Kuteva (2007))．

さて，生成文法ではこのように言語の統語構造が再帰処理によって実現するとしているが，Parker (2006) や Tomalin (2007) は (2c) や (3c) のような構造は必ずしも再帰的な操作を必要としないと論じる．Pinker and Jackendoff (2005: 203) も指摘しているように，再帰には（直接再帰と間接再帰の区別の他に）次のような 2 種類の区別がある．

(4) 末尾再帰 (tail recursion)
    [Jack says [that Mary believes [that he is unreliable]]]
(5) 中央埋め込み再帰 (center-embedded recursion)
    [the man [the boy [the girl kissed] hit] filed a complaint]

---

[6] ここでは再帰の詳細な終了条件指定を省略している．すなわち，NP や VP を N や V のレベル（＝終端要素である語彙項目のレベル）にまで落とし込んでいない．なお今日の生成文法では，このような個別言語の句構造規則は普遍文法 (Universal Grammar, UG) とそれに対するパラミター設定によって二次的に導き出されるものと考えられている (Chomsky (1995: Ch. 1))．

(5) のような中央埋め込み再帰がしばしば真正再帰（true recursion）と呼ばれることにも通じるが，言語における再帰構造の多くは (4) のような末尾再帰であり，これら末尾再帰の構造の処理は必ずしも再帰的なプロセスを必要としない．これらは単なる「反復 (iteration)」のプロセスから得ることができる．

再帰と反復の区別は計算機科学においては一般的なもので，両者の違いを理解するには実際に計算機プログラムのコードを見るのが早い．また，後に 2.4 で示すように，Chomsky 自身，自然言語の計算システム（C_{HL}）を，きわめて「計算機プログラミング的」と言える発想と方法で記述している．そこで例として冪乗の計算を行うプログラムを考えてみよう．(6) はプログラミング言語 Ruby で再帰的な冪乗計算関数を定義して実行するコードである．

(6) 再帰関数による冪乗計算

```
def exponentiate1(x, y)       # 2つの引数を取る再帰関数の定義開始
  if y == 1                   # 終了条件が真 (y = 1) なら・・・
    return x                  # 第1引数 (x) をそのまま返却
  else                        # 終了条件が偽なら・・・
    return exponentiate1(x, y - 1) * x  # 再帰呼び出しを利用した計算結果を返却
  end                         # 条件分岐処理終了
end                           # 関数定義ここまで
puts exponentiate1(5, 4)      # 実行コード（5の4乗→625を返す）
```

最終行の exponentiate1(5, 4) という部分では，関数 exponentiate1 に 2 つの引数 5 と 4 を与えて呼び出し，5 の 4 乗を求めている．計算の際，exponentiate1 の内部では y の値として 1 が与えられることを終了条件として分岐が生じる．上記の例の場合，5 の 1 乗を問うと答は 5 となるため，再帰を行わずに入ってきた第 1 引数の値をそのまま返すことになる．一方，y の値が 1 でなければ，そこから 1 を減じた数を第 2 引数として同じ関数 exponentiate1 を呼び出し，その戻り値を使った計算を行う．

このような再帰処理では全体のプロセスに 2 方向の流れがある．1 つは関数の中で次々と同じ関数を内部から呼び出す流れである．もう 1 つは，あら

かじめ設定された終了条件が真となったところで具体的な値が呼び出し元へと返却され，この値を使った計算が展開していく反対方向の流れ，すなわち「巻き戻し」のプロセスである．

では同じ結果を反復処理によって計算するコードを見てみよう．

(7) 処理の反復適用による冪乗計算

```
def exponentiate2(x, y)    # 2 つの引数をとる反復処理関数の定義開始
  result = x               # 結果変数への初期値の代入
  (y - 1).times do         # 必要な回数だけ繰り返し処理を行う
    result = result * x    # 結果変数への再代入
  end                      # 繰り返しの終了
  return result            # 結果の返却
end                        # 関数定義ここまで
puts exponentiate2(5, 4)   # 実行コード（結果として 625 を返す）
```

(7) に示された関数 exponentiate2 は先ほどと同様に 2 つの引数を取り，まったく同じ結果を返す．5 の 4 乗の計算であれば 625 が戻り値である．しかし内部の計算プロセスは異なる．[7] この関数 exponentiate2 では「x の y 乗とは x に同じ数を y − 1 回掛けたものである」という発想で計算を行っており，関数の中で自分自身が呼び出されることはない．生じているのはインクリメンタルに——言い換えると「直線的に」——最終的な結果を求めるプロセスである．[8]

Parker (2006) や Tomalin (2007) が問題にしているのは，再帰と反復のこのような計算プロセスの違いである．(5) のような中央埋め込み構造の統語処理では，再帰的なプロセスを用いる必然性がある．しかし (4) のような末尾再帰の処理において再帰プロセスを想定する必要はない．実際のとこ

---

[7] プログラミング言語やその実装によっては，実際に記述された処理の計算コストをあらかじめ算定し，より効率の良い方法に書き換えて実行することもあり得るが，ここでは問題にしない．

[8] 計算処理としての再帰の重要性・有用性については，玉井 (2006) や田中 (2010) を参照されたい．計算量的なデメリットの一方で，再帰的なプログラム・コードは，ある種の複雑な処理をきわめて簡潔に記述できるという利点がある．

ろ，再帰は「重い」処理であることが知られている．上で見た通り，再帰プロセスの中では，関数呼び出しの連鎖が一旦終了した後に値の計算（巻き戻し）が行われる．そのため，再帰呼び出しの各段階で，そのときの状態をメモリーに保持しなければならない．負荷の軽減や効率を考えれば，多くの場合，わざわざ再帰処理を選択する必要はない．

2.3. 複数回の埋め込みが行われる頻度の問題

言語と再帰に関する HCF への反論としてはもう 1 つ，「実際の発話において 2 回以上の埋め込みが生じることはまれ」という事実の指摘がある．例えば Karlsson (2007a, 2007b) は BNC，Brown Corpus，LOB Corpus といったコーパスを用いた調査により，話し言葉において 2 回以上の埋め込みがほとんど見出されないことを指摘している．また書き言葉においても，節や前置詞句が 3 回を超えて埋め込まれた例は見られなかったと報告している．そしてこのことから，生成文法で論じられてきた無限の再帰処理というものは多分に理論的な産物であり，実際の言語の姿と乖離していると主張する．

同様に，Laury and Ono (2010) はフィンランド語と日本語の母語話者にインタビューして得た発話データをもとに調査を行い，話し言葉における節の埋め込みが制約の大きいものであることを示している．彼らのデータによると，2 回以上の埋め込みはまれであり，最大でも 4 回を超えることはなかった．Laury and Ono は，この結果から，節の埋め込みとは，あくまで「引用」，「事物の参照・同定」，あるいは「理由の提示」といった談話的機能を実現するもので，それぞれの埋め込みは，再帰的計算処理によるものではなく，1 回に 1 度の局所的なプロセスにすぎないと論じている．

2.4. 生成文法における再帰について

しかし，再帰処理の負荷の大きさやそれによる制約を根拠とした HCF への反論には問題があるという指摘も少なくない．HCF が言うところの再帰とは，生成文法のミニマリスト・プログラムにおける併合 (Merge) の反復処理を念頭に置いたものであり，[9] このような併合のプロセスは結果として埋

---

[9] 生成文法の術語には，一般的な語と区別するため慣例的に大文字から表記を始めるもの

め込み (embedding) 構造を生じることもあるが,それ自体は巻き戻しを生じるような「重い」処理を常に伴うわけではないというのである (Nevins et al. (2009a, 2009b), 藤田 (2014), 中井 (2014)).

　実際のところ,併合のプロセスが必ずしも埋め込みを含んだものではなく,実際には,反復処理に過ぎない可能性があることは,Chomsky による併合 (=融合) に関する初期の記述からもうかがえる.

> 派生が段階 Σ に達したとしよう.それは統語構成物の集合 $\{SO_1, ..., SO_n\}$ と考えてもよい. C_{HL} の操作の1つは,列挙から語彙項目 LI を選択し,その指標を1減らし,派生の中に SO_{n+1} として導入する手順である.この操作を選択 (Select) と呼ぼう.(中略) 派生は,この操作が最初の列挙を使い切り,ちょうど単一の統語構成物にまで合成するのに十分な回数だけ適用された場合にのみ収束する.もっとも簡単なその種の操作は,統語構成物の対 (SO_i, SO_j) を取り,新たに合成された統語構成物 SO_{ij} に置き換えるものである.この操作を融合 (Merge) と呼ぼう. (Chomsky (1995: 226))

　このようにミニマリスト・プログラムでは,辞書 (lexicon) から取り出された語彙項目が列挙された集合から対になる要素を取り出し,最終的に統語構成物の数が1になるまで併合の操作を加えていく.この過程を遂行するのに可能な実装は必ずしも1つではない.2.2 の (6) でみたような (真性) 再帰処理を適用することも可能である.その場合,併合とは「自分自身」を繰り返し呼び出す過程を含む「重い」プロセスとなるだろう.しかし,上記引用部からは,むしろ (7) のように単純な繰り返し処理を想定することも可能ではある.したがって,HCF による主張の妥当性について計算的負荷だけを論点とするのは的を射ているとは言えない.

　実際のところ,本章は HCF や生成文法が言語のシステムを記述するにあたって再帰の概念に着目していること自体に批判の目を向けるものではない.[10] 以下の議論を通じて目指すのは,再帰とそれに関連する種々の問題に

がある.Merge もそのような術語の1つであり,本章でもこの慣例を踏襲する.

[10] ただし,純粋に形式的な要素の集合や配列に対する操作の手順だけを取り出して,これを言語の本質,あるいは狭義の言語能力とみなすことには同意しない.Heine and

ついて認知言語学および認知文法の観点から検討を加え，この概念の従来とは異なった意味での重要性を浮き彫りにすることである．

3. 認知言語学と再帰

3.1. インクリメンタルな処理としての概念構造構築

　認知言語学では，独立した生得的認知モジュールとしての統語システムを仮定しない．しかし「文法」の存在を否定しているわけではない．文法知識をもとに線条的に言語表現を発話したり，理解したりするプロセスは確かに存在する．話し手として発話する場合も，聞き手として表現を理解する場合も，発話イベントの参与者の脳内に構築されるのは様々な複雑さを持った概念構造である．認知言語学における文法とは，言語表現を用いて概念構造の構築を行うための手続き的知識 (procedural knowledge) と言うことができる (山梨 (2000))．

　言語によって表現される概念構造の多くは，複数の構造が合成されてより大きな構造となることで成立する．この合成のプロセスにおいては，上位構造と下位構造の間に，ある種の同形性が見られる．例えば「トラジェクター (trajector) とランドマーク (landmark) の関係」，「自律的 (autonomous) 要素と依存的 (dependent) 要素との関係」，「プロファイル (profile) の付与」といった理論的概念はいずれも概念構造にフラクタル的な同形性を生じさせる (Langacker (2008: 483))．

　認知科学において一般に知られているように，フラクタル構造は再帰的な処理の適用によって実現可能である．したがって，概念構造の構築を再帰的計算処理によるものと考えることは不可能でない．しかし，Langacker (2008, 2009) によると，複雑な概念構造も，基本的にはある種の反復的プロセスによってインクリメンタルに構築される．このように考える根拠として挙げられるのは，言語表現の線条性という条件である．概念構造は言語の線条的な性質に基づいて随時更新されていくのであり，計算機プログラムの再

Kuteva (2007: 265) は「再帰とは言語自体の性質ではなく，言語の構造を記述・説明するためにデザインされた理論の産物である」と述べている．生成文法的な言語観については筆者も同様の印象を持っている．

帰プロセスのような「巻き戻し」が生じるのはあくまで例外的である（このことは，分析の対象を多分に恣意的な「文」の単位から「談話」の単位に拡大すると，とくに当てはまる）．このような観点から，Langackerに従えば，(8)のような表現は，概略，図1のような，概念構造のインクリメンタルな合成 (composition) により発話・理解されると考えられる．[11]

---

[11] このような逐次処理のイメージは，ある意味においてミニマリスト・プログラム (MP) における併合のプロセスを思い起こさせるかもしれない．しかし，認知文法では形式（＝音韻・音声）上の合成 (composition) と意味上の合成とは記号的関係の元に一体化しており，生成文法のように意味に関わるプロセスが可視的な統語的操作から独立して存在するとは考えない．また，MPでは包含性の条件 (condition of inclusiveness) により演算によって形成される構造はすべて，列挙された語彙項目の中にすでに存在する要素から構成されていることが求められる (Chomsky (1995: 228))．これらの点から，認知文法が想定する真の意味で逐次的な処理は，生成文法における言語の演算とは大きく異なると言える．

(8) 太郎は論文が完成したと昨日花子に伝えた．

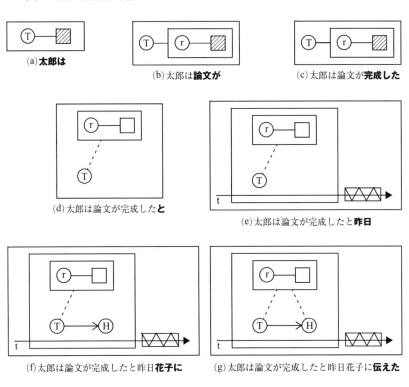

図 1

「太郎は」という句は，具体化領域 (elaboration-site, 認知図式上では斜線部で示される) を含んだ概念構造を構成する (図 1(a))．次に続く「論文が」という句は，この領域がある種の命題 (proposition) によって具体化されることを予告し (図 1(b))，これに「完成した」が続くことで実際に具体化が行われる (図 1(c))．しかし，ここで「と」が現れることにより，新たな展開の可能性が生じ (図 1(d))，さらに「昨日」によって時間的な概念要素が加わってくる (図 1(e))．加えて，「花子に」という行為対象の概念が導入され，太郎から花子へと伸びるアクション・チェインが明示化される (図 1(f))．このようにして展開された概念構造は，最後の「伝えた」により，情報の伝達行

為に関する叙述として，一定のまとまりを見る（図1(g)）．

(8) とその概念構造を表した図1には埋め込みが含まれている．生成文法的な分析においては，このような文の背後には，ある種の統語規則の再帰適用があると想定されるだろう．しかし認知文法では，多重の埋め込み構造を含んだ表現であっても，多くの場合，概念構造の構築にそのような再帰処理は必要ないと考える．これについてLangacker (2008) が説明に用いているのは，次の (9) のような例であり，図2がそれに対応する概念構造図式である．

(9) Alice said that Bill believes that Cindy claims that Doris swallowed a spider.　　　　　　　　　　　　　　(Langacker (2008: 417))

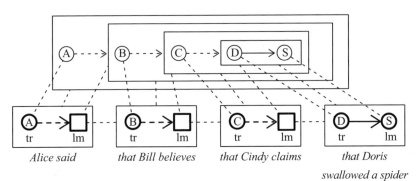

図2　(Langacker (2008: 417))

Langacker (2008) が (9) と図2で示したポイントは，先ほどの (8) および図1のそれと同様である．言語表現は線条的に発話・理解されるため，(9) のような文の処理にあたっては，文全体ではなく，より小さな単位を範囲とした概念構造構築が行われる．例えばAlice saidで具体的なトラジェクターと抽象的なランドマークから成る関係概念が起動する．次にthatでランドマークの内容が述べられることが予告された後，実際にBill believesという関係概念が提示される．これに続くthat Cindy claims および that Doris swallowed a spider も同様である．このように，必要なだけ同種の処理が反復されることで，インクリメンタルに全体の概念構造が構築される．Langackerによると，埋め込み文であっても，必ずしも再帰的な処理を想定する

必要はないのである．

3.2. 統語構造の3つのステージ

　しかし，ここで注意を喚起しておきたい問題が1つある．Karlsson (2007a, 2007b) や Laury and Ono (2010) が示したように，実際の言語使用において2回以上の埋め込みの発生はまれであり，その意味において (9) のような表現が実際に発話される可能性が低い．多くの言語で埋め込みの構造が許されているにも関わらず，複数回の適用が避けられることについて，認知言語学／認知文法ではどのように説明するのだろうか．

　これに関して，Harder (2010) の議論が示唆を与えてくれる．Harder は，「世界には再帰構造としての把握をアフォードする対象が溢れているが，その一部だけが再帰構造として認識され，さらに認識された再帰構造の一部のみが言語的に記号化される」と述べる (Harder (2010: 233))．これに従うなら，多くの言語で埋め込み文の形式が用意されているのは，それらの言語を用いる環境の側に，入れ子的な構造の認識をアフォードするような事態があるからに他ならない．しかし，外部世界に存在しており，話者にとっても十分把握可能と思われる2次〜3次程度の再帰構造でさえ，実際の発話の中ではあまり現れて来ないのはなぜだろうか．この問いに答えて，Harder は「記号系の統語構造に関する3つのステージ」を提案している．それによると，発話は概ね次のステージのいずれかに対応づけられる．

　　ステージ1　　分析不可能な1語文的ステージ
　　ステージ2　　部分的分析性を持ったステージ（＝構文のステージ）
　　ステージ3　　オープン・エンドな統語的結合のステージ
(Harder (2010: 235))

ステージ1に属するのは Ouch! のように，通常，話者にとってそれ以上の分析可能性が感じられない表現である．説明のためにあえて形態論的レベルで言えば，father や mother など単独の形態素から成る語彙要素がこのステージに属する．次のステージ2は いわゆる構文文法 (Construction Grammar) 的な言語単位のステージである．例えば会話における Howsitgoing? という表現は言うまでもなく How is it going? に由来しているが，慣例的なパターンとして強く定着しており，元々の分析性がいくらか減じられ

た形になっている．形態論的レベルで言えば grandfather や grandmother のような語も一例である．構成要素が何であるかを意識することはできるが，ひとまとまりの概念として扱われる傾向の強い表現がこのステージ 2 に属している．最後のステージ 3 は完全な分析性を示すレベルで，異なる要素どうしが結合し，より大きな概念構造を作る．このステージに属する表現は意識的な概念操作を要求する．例えば，great grandfather や great great grandfather などは，発話においても理解においても，ある程度客体的な関係概念のイメージ化が必要となるため，このステージに属する．

　3 つのステージは明瞭な境界線によって隔てられているのではなく，多分にファジーな中間領域を共有するが，重要なのは，言語の話者が「低いステージ」での表現を強く指向することである．例えば，母親のことを mother や mom ではなく the female who gave birth to me と表現することは論理的には可能であるが，慣用的ではまったくない．句や文のレベルでも同じで，ある概念を表現するのに慣例的に定着した構文が存在するなら，リアルタイムで構成要素を結合するかわりに，その構文をある種の静的なテンプレートとして優先的に用いるのである．[12]

　このように考えると，英語やその他の言語において 2 回あるいは 3 回以上の埋め込みが，皆無ではないにしても決して多くないことは，自然な帰結である．例えば X says (that) P という構文を用いた発話を考えてみよう．これは入れ子構造を作ることができる構文であり，事実，(10a) のような文は，それ自体としては何の問題もない．

(10) a. [Bill says [Jack says [it's OK]]].
　　　b. It's OK. Jack says so. At least, that's what Bill says.

(Harder (2010: 239) を一部改変)

しかしながら，X says (that) P という構文から作り出された X says (that) Y says (that) P という入れ子構造は，構文としての地位を必ずしも得ていない．つまりステージ 3 に属する表現なのである．そのため，実際の発話場面

---

[12] Langacker (2009: 225) は，ある言語要素が，類似した概念構造を合成的に構築する要素群よりも優先的に使用されるとき，そのような優先性をプリエンプション (preemption) と呼び，言語の重要な一側面を成すと論じている．

では，同様の内容を (10b) のように表現することが少なくない．ここでは命題 P が表す内容を名詞表現（so や that）で参照させることで情報のパッケージ化ないしはカプセル化（encapsulation）を実現している．統語的な埋め込み構造を解消することで，簡潔さは失われるものの，ほぼステージ 2 に留まったまま，同じ内容を伝えることができる．

　つまり，「動的な処理」は言語の基盤ではなく，むしろ最後の手段 (last resort) だというのが Harder (2010) の考えである．これは Langacker (2008) で示されたインクリメンタルな情報処理を想定する立場とも矛盾しない．本章では，これらの考え方に同意しつつ，別の観点からも再帰の問題を考えてみたい．言語の文法が外部世界で生じる事態を表現するための記号体系であるとすれば，再帰的な構造は (10a) で用いられているような埋め込み文のみならず，文法のより基本的な部分にも反映されている可能性がある．なぜなら，言語の使用者である人間のあらゆる活動の中で，おそらく最も重要かつ身近な領域は社会的・対人的領域であり，そこにはある種の再帰構造が常に含まれているからである．このような観点から，次節では認知科学の様々な分野で近年盛んに論じられている「心の理論」について触れておく．

4.　「心の理論」と再帰

　言語の話者は，自己の存在や思考について理解しているだけでなく，談話の参与者である聞き手にも同じような自己が存在することを理解している必要がある．またそのような自他認識は，ある種の再帰性を持つ．これについて Langacker は次のように述べている．

> 自分以外にも概念化者があり，彼らの概念化が自分自身のそれと異なることを私たちは現実として認めている．私たちは他者の概念化の内容をさらに概念化したりするのであるから，概念化の階層（layers of conception）が入れ子構造として生じることは紛れもない現実の一部である．　　　　　　　　　　　　　　　(Langacker (2008: 297))

上記と同様の見立ては，近年，認知言語学の内外で重視されている．そこで本節では，自他認識と対人関係の再帰性について，Tomasello (1999, 2003)

およびCorballis (2011) の議論を取り上げて概観する．現実世界の中に埋め込まれた再帰構造を，私たちはときに「埋め込み文」の形式で表現するが，再帰構造自体は人間生活の基本的な部分に初めから関わっているということを確認したい．

4.1. 自他認識と対人関係理解の発達

子供は母語の発話を生後12ヶ月前後に開始すると言われているが，これに先立つ9ヶ月頃の段階で，それまで見られなかった様々な振る舞いを示すようになる．例えば，（社会的な）障害物の存在に対して注意を喚起したり，物を示したりといった行為である．Tomaselloによると，これはいわば他者の視点の発見であり，後に続く高度な認知行動の基礎となる．次に生後12ヶ月前後になると，他者の視線の存在を意識し始める．つまり，相手と相手の認識対象との関係に気づき，「他者の視点から」対象物をみることができるようになる．このことは，視線の追従や，指差しといった形で観察される．生後13〜15ヶ月の時期になるとさらに一歩進み，自らの視線に対する他者の気づきを意識できるようになる．そして，自分の意図や目的に対する周囲の反応から何かを学んだり，あるいはそれに応じて何かを伝えたりするようになる．言語を獲得し始めた幼児のこのような認知発達プロセスをTomasello (1999: 65) は図3のように表している．

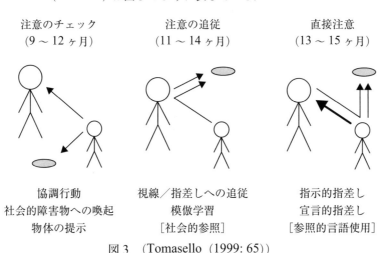

図3 (Tomasello (1999: 65))

ここで注目したいのは，ある種の再帰構造把握能力の発達が言語習得の重要な通過点となっていることである．言語の習得には，自己と他者の直接的関係だけでなく「他者からみた自己」や「他者からみた自己の視線や意図の方向」の理解が関わってくる．そこで，例えば生後 13〜15ヶ月の幼児における自他認識能力が可能にする状況を文の形式に起こすと，(11) のようになる．

(11)　[[[対象 X をみている自分] をみている他者の存在] を理解する]

(11) には複数回の埋め込みが含まれており，言語表現として理解するにはそれなりに高い負荷がかかるはずである．しかし，幼児は—したがってあらゆる言語話者は—その本質を難なく理解し，語彙・文法習得の基盤とする．もちろん，(11) のような入れ子構造が把握できるからといって，このような構造を動的で再帰的なプロセスによってリアルタイム処理するわけではない．ここで問題にしているのは，ある種の同形性を持った入れ子構造を一括して把握する能力である．Tomasello (1999, 2003) の議論は，このような能力がヒトに備わっていることを示唆している．

4.2.　基本的認知能力としての再帰構造理解

　Tomasello と同様の点に着目したのが Corballis (2011) であり，再帰の概念と人間の自他認識の根源的構造とを，よりはっきりと関連づけている．

> 人間を定義するに当たって重要なのは，他者が何を考えているかを推察する能力である．それは他者の心的プロセスを自分自身の思考に呼び込み，社会的なインタラクションを産み出す．原始的な心の理論ならば，人間以外の動物の行動にも見て取ることができる．しかし人間には 2 次以上の再帰プロセスが可能である．他者が何を考えているかを推察するだけでなく，自分が何を考えているか他者が理解しているということを理解することができる．おそらくこれこそが人間の基本的な特徴としての「共有能力」の根源にある．
>
> (Corballis (2011: 180))[13]

---

　[13]　ここで Corballis は 2 次以上の再帰構造を把握する能力を強調しているが，把握可能な

自他認識の再帰構造を把握する能力の生物学的な位置づけについては本章の範囲を超える．しかし，Tomasello や Corballis の論が正しいとすれば，自己に対する客観的視点とそれを他者に当てはめることで得られる再帰構造の把握は，認知言語学が議論の拠り所としてきた「基本的認知能力」(basic cognitive abilities) の1つに加えることができるのかもしれない (cf. Croft and Cruse (2004: Ch. 3))．

　従来の言語学では，句構造規則の性質や埋め込み文に見出される再帰構造を根拠にして言語と再帰性の問題を議論してきた．しかしそれは，Harder (2010) がステージ3と呼ぶオープン・エンドの統語的結合だけに着目したものと言える．人間の言語活動において，このレベルにおける処理はいわば「最後の手段」である．そのため，複数回の埋め込みを含む入れ子構造が展開される発話は必然的に抑制される (Karlsson (2007a, 2007b), Laury and Ono (2010))．もちろんこれは，創造的な要素結合が起こらないという意味ではなく，状況によっては様々な規模で複雑な構造が新たに作り出される．しかし，まずは構文的な言語ユニットの利用が優先される．また，それが適わない場合であっても，多くの場合，言語表現の意味構造構築および解釈はインクリメンタルな反復処理によって実現される．結果として構築される概念構造が入れ子状を示すとしても，Langacker (2008) によると，必ずしも動的な再帰計算処理を必要とするわけではない．

　ここで，3節で示した Harder (2010) からの引用を思い起こしたい．Tomasello や Corballis の主張はこれと矛盾しない．世界には再帰構造としての把握をアフォードする対象が溢れており，その一部が再帰構造として認識される．そして認識された再帰構造の一部が言語的に記号化される (Harder (2010: 233))．言語にとって再帰性が重要なのは，形式的な統語構造がそれを示すという理由からではなく，言語使用の基盤となる基本的な対人的・社会的なインタラクションの構造に再帰的な性質が含まれるからである．

　このような観点から言語と再帰の問題に取り組むにあたっては，Langacker (2008, 2009) による概念化の階層モデルが新たな考察の可能性を与

再帰の次数には現実的な制約があり，それはおそらく5か6であるとも述べている (Corballis (2011: 179))．

えてくれる．次の5節ではこのモデルの概要を示し，6節では，それが英語と日本語の両言語に適用可能であることを示す．

5. Langacker による概念化の階層モデル

5.1. 概念化の 4 つの階層

認知文法では Langacker (1985) 以降，グラウンディング（grounding）という概念を重視してきた．しかし近年，Langacker 自身の手によって理論的な改訂が行われ，関連概念のより厳密な定義と区分がなされるようになった．[14] 従来は客観的内容とグラウンディングという2つのレベルを想定するに留まっていたのに対し，近年の認知文法ではさらに基礎的なものとして，発話行為シナリオと発話イベントのレベルを加えている．これら4つのレベルの階層構造を図式化すると図4のようになる．

客観的内容（**Objective Content**）
プロファイルされたプロセスと参与者のレベル
グラウンディング（**Grounding**）
客観的内容をグラウンディングして定形節を作るレベル
発話行為シナリオ（**Speech Act Scenario**）
一般化された談話参与者を想起させる抽象的言語単位のレベル
発話イベント（**Usage Event**）
談話参与者が同定される実際の発話イベント

図4（Langacker (2008: Ch. 9) で提示されたモデルより）

このような階層構造に基づいた Langacker (2008: Ch. 9) のモデルを，本章では「概念化の階層モデル」と呼ぶことにする．4つのレベルのそれぞれ

---

[14]「これまでグラウンディングは，節が表すプロファイルされたプロセスをグラウンド―発話イベント，参与者，そしてこれらの直接的環境―に紐づけるものと定義されていた．しかし実際のところ，これは問題を簡素化し過ぎていて，異なる機能レベルの構成をきちんと区別できていない．」(Langacker (2009: 234))

に，概念化者 (conceptualizer) を表す要素が含まれており，概念化者と概念化対象という関係の入れ子構造として全体が規定される．

各レベルは概ね次のような特徴を持っている．まず**客観的内容**のレベルは，発話によって示される実質的な意味内容が展開されるレベルである．ここでは，例えば心理動詞 (think, believe など) の働きによって，概念化者 (C) の存在が想起される．次に**グラウンディング**のレベルでは，客観的内容のレベルでプロファイルされたプロセス (p) が直示的中心としてのグラウンドに紐づけられ，テンスやモダリティが決定される．Langacker (2009: 268) によれば，これは，想起されたプロセスに対して，ヴァーチャルな概念化者の視点との関係のもとに認知的アドレスを与える仕組みである．そして**発話行為シナリオ**のレベルでは，グラウンディングを経た命題 (P) が，話者 (S) と聞き手 (H) を含む何らかの発話行為シナリオの中で位置づけられる．[15] なお，ここでのSとHもヴァーチャルな概念化者である．発話行為シナリオは現実の発話行為自体ではなく，あくまで概念的な構造にすぎない．最終的にSとHは**発話イベント**のレベルで実際の談話参与者と同定され，そのとき初めて，言語表現が現実に即した意味と発話の力 (illocutionary force) を発揮することになる．

5.2. 階層モデルの利点

現在の認知文法では，このような階層モデルを想定することで，従来は記述しきれなかった問題に対する説明が可能になっている．ここで利点のすべてを示すことはできないが，例えば次の (12) のような事例が提起する問題に対応できる．

(12) a. According to Jack, Jill is pregnant.
 b. I suspect Jill is pregnant, but we're not sure yet.
 c. It's not the case that Jill is pregnant.
 d. Jill is pregnant—sure, tell me another one.

(Langacker (2008: 298)))

---

[15] 最も基本的な発話行為シナリオは，陳述 (statement)，命令 (order)，質問 (question) のシナリオである (Langacker (2008: 472))．ただし実際にはこれらの派生形や融合形を含め様々なシナリオがあり得る．

これら4つの文すべてで Jill is pregnant（ジルは妊娠している）という定形節が用いられているが，この命題が概念構造の中で位置づけられる様式（＝現実との関係）はそれぞれ異なっている．従来のようにグラウンディングされた命題が実際の発話の場面や参与者と直接結びついていると考えてしまうと，その違いは説明できない．しかし階層的な概念化のモデルに従えば，様々な「発話行為シナリオ」のもとで命題を相対的に位置づけることが可能になる．

例えば (12a) では according to Jack（ジャックによると）という表現がもたらす「伝聞の通達」というシナリオのもとに，命題概念の概念化主体は（話者自身でなく）Jack に同定される．次に，(12b) では，動詞 suspect（〜ではないかと考える）の意味性質により，「推察内容の表明」というシナリオが立ち上がり，命題はあくまで可能性として扱われる．これと類似した形で，(12c) においては，not the case（真ではない）という表現によって「否定的陳述」というシナリオが立ち上がり，命題はいわばフィクショナルな概念化者に結びつけられる．最後の (12d) では，独立した節で表現される命題が，後に続く tell me another one（ほらまた，冗談はよせ）という表現により，「冗談としての言明」というシナリオのもとに位置づけられる．ここでの概念化者も，実際の話者と同定されないフィクショナルな存在である．[16]

このように，Langacker (2008, 2009) の階層モデルは，従来のグラウンディングの考え方に，発話行為シナリオのレイヤーを重ねることで，現実の言語活動に即した，より自然な説明を可能にしている．

5.3. 再帰構造としての階層モデル

上記の例は，概念化の階層モデルの中で発話行為シナリオのレベルが果たす役割に着目したものであるが，図4で示した4つのレベルは，それぞれに [概念化者→概念化対象] の構図を含み持っている．Langacker (2008) は次のように述べている．

　　ある話者が正直な気持ちの表明として "I like it" と言ったとしよう．

---

[16] ここでの内容は Langacker (2008: Ch. 9) に基づいたものであるが，説明の分かりやすさを求めて，各発話行為シナリオに独自の名称を与えている．4つのシナリオはいずれも「陳述」シナリオのバリエーションである．

第 9 章　言語における再帰と自他認識の構造　　　　　　　　　291

これを分析するにあたっては，[発話イベント [陳述シナリオ [グラウンディング [客観的内容]]]] という，少なくとも 4 つの機能レベルを想定しなくてはならない．それぞれのレベルには，表現の意味に関して独自の役割を担う概念化者の要素が含まれている．

(Langacker (2008: 483))

これに従うと，概念化の階層は図 5 のような入れ子構造を構成すると考えられる．[17]

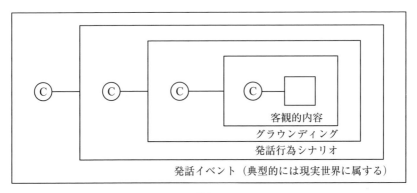

図 5

では，言語の使用者は表現を発話したり理解したりするたびに，このような入れ子構造の展開を「動的に」実行しているのだろうか．おそらくそうではない．図 5 のような概念化の入れ子構造は，本来的には，私たちの自他認識や対人関係の中に見出される再帰構造の反映であろう．4 節でみたように，そのような再帰構造の把握（例えば「対象をみている自分の視線に気づいている他者の認識についての理解」）は，ある種の基本的認知能力に基づいており，私たちにとって図 5 のような構造は，多くの場合，とくに意識することなく，言語使用の静的なテンプレートとして利用可能であると考えられる．

---

[17] 各レベルでの C (conceptualizer) がどのような役割を果たすかについては，Langacker (2008: Ch. 9) を参照されたい．

6. 英語と日本語における概念化階層の実現形態

6.1. 英語の場合

本節では，階層的な概念化のモデルが，英語と日本語という異なる言語でどのように反映されているかをみる．また，それを通じて，言語研究にとって再帰の概念が重要であるのは，統語規則を無限に適用するためではなく，言語使用の場に自他認識や対人関係の再帰構造がすでにあり，各言語がそれぞれの形でこれを反映させているからであることを明らかにしたい．

5 節で示した概念化の階層モデルの中で，発話イベントを除いた 3 つのレベル，[18] すなわち発話行為シナリオ，グラウンディング，そして客観的内容（＝グラウンディング対象となる構造）のレベルが英語においてどのような表現クラスと対応しているかをまとめると，表 1 のようになる．[19]

表 1　英語の概念化階層と対応する表現形式

発話行為要素	グラウンディング要素	客観的内容要素	
タグ付与・倒置など **非語彙的**	テンス モダリティ	アスペクト ヴォイス	動詞

(Langacker (2008: 300) を一部改変・追記)

英語における概念化階層と表現クラスとの対応については Langacker (2008, 2009) で論じられているため，ここで詳細には示さないが，次のような文を分析することで概要を確認することができる．

(13)　The problem should have been sorted out by now, I suppose.

(13) における客観的命題の中心にあるのは，動詞の sort out（片付ける）である．ここでのトラジェクターは sort out の対象概念であるため，受動態

---

[18] 発話イベントのレベルは概念世界ではなく現実世界に属している点で他の 3 つのレベルと異なる．

[19] 表 1 は Langacker (2008: 300) の表（客観的内容とグラウンディング要素のレベルのみが記載されている）に対して，筆者の分析と判断のもとに発話行為要素のレベルを加えている．

(be sorted out) が選択されている．また，アスペクトとしては完了 (have been sorted out) が用いられている．次にグラウンディングについては，法助動詞 should がその役を担っている (should have been sorted out)．最後に発話行為シナリオのレベルでは，I suppose という一種のタグ要素を用いて，先行する文の表現内容が，確信を伴わない話者の認識に基づいていることを明確にしている．このように，3 つのレベルに対応した表現形式がそれぞれに独自の役割を果たすことで，言語表現は実際の発話イベントの中で適切な意味を伝えるとともに，語用論的な効果を発揮する．

さて，表 1 に示した英語の特徴にあらためて目を向けると，語彙的なグラウンディング要素が充実しているのに対して，発話行為レベルの概念についてはほとんど語彙化されていない．(14) に示すように，英語では疑問，命令，あるいはその他の発話行為的ニュアンスといった内容を，特定の語彙要素ではなく，(テンス要素やモダリティ要素の助けを借りながら，) 構文やタグ表現によって表す傾向がある．

(14) a. 疑問：主語と動詞の倒置など
   Are you hungry? / What do you think?
   b. 命令：主語の省略と動詞の前置など
   Keep quiet. / Watch your step.
   c. 種々の発話行為表現
   You know, ... / ..., I suppose. / I'll tell you what, ...

英語で発話行為レベルの語彙要素があまり見られない理由として，論理的には 2 つの可能性があり得る．1 つは，英語に限らず，あらゆる言語で，このレベルの語彙化があまり行われないという可能性，もう 1 つは，概念化の階層モデルの中でどのレベルにおいて語彙化が行われるかは言語によって異なるという可能性である．本章では後者の立場をとる．なぜなら次に見るように，日本語では英語と異なり，発話行為要素の語彙化がかなり進んでいるからである．

6.2. 日本語の場合

表2は表1と同様の表を，日本語を対象にして作成したものである．

表2　日本語の概念化階層と対応する表現形式

発話行為要素	グラウンディング要素	客観的内容要素	
終助詞など **語彙的**	テンス モダリティ	アスペクト ヴォイス	動詞

日本語ではグラウンディング要素としてのテンス／モダリティが，アスペクト／ヴォイスと形式的に完全には分離していない（そのため表2では両者の境界に破線を用いている）．例えば助動詞「た」はアスペクトを示すのか，それともテンスを示すのか，必ずしも明確でない（cf. 寺村 (1984)，井上 (2001)）．

(15) a.　彼はもうロサンゼルスに着いたろう．　（完了のアスペクト）
　　 b.　彼はロサンゼルスに着いた．　　　　　（完了または過去）

また日本語では受動態の形式が必ずしもヴォイスだけでなく，(16)のように，定義上客観的内容と判断されない「敬意」や「被害」といった概念を担うことがある．

(16) a.　教授は学会出張に出られた．
　　 b.　次郎にケーキを食べられた！

しかし，これらの事実は，日本語において概念化階層におけるレベルを区別できないことを意味しない．英語では発話行為レベルの概念を表すのに語彙化された要素ではなく，構文やタグといった手段を用いる．日本語ではこれと類似したことがグラウンディングのレベルで起こっているにすぎない．一方，発話行為のレベルに目を向けると，日本語では様々なニュアンスの概念構造が終助詞の形式で語彙化している．これは英語には見られない特徴である．[20]

---

[20] 英語のタグ要素（you know や I suppose など）の多くが話者あるいは聞き手を表す代

(17) a. このケーキおいしいね．　（確認・共有の終助詞「ね」）
　　 b. 僕は明日も来るよ．　（陳述・教示の終助詞「よ」）

したがって，日本語では概念化の階層構造におけるグラウンディングと発話行為のレベルに，英語の場合よりも明瞭な境界線が存在していると言える．また，日本語の助動詞・終助詞システムにはある種の線形順序があることが知られているが (cf. 遠藤 (2010))，このことは，概念化の階層モデルを想定することで十分予測できる．

(18) a. 君はあの本をもう買ったんだよね．
　　 b. *君はあの本をもう買ったんよねだ．
　　 c. *君はあの本をもう買ったんだねよ．

(18a) のような助動詞・終助詞の連続体「だよね」が認められるのに対して，(18b) のような連続体「よねだ」は認められない．これは，命題に対する主体の判断を示す助動詞の「(の) だ」がグラウンディングのレベルに属するのに対して，「よ」や「ね」といった終助詞が発話行為のレベルに属することによる．「本を買った」という客観的内容は，まずグラウンディングされ，その後，発話行為シナリオに引き渡されなければならない．

では (18c) のように言えない理由は何か．(18c) では助動詞「(の) だ」が終助詞「ね」「よ」に先行しているにも関わらず，容認可能な表現にならない．これは認知文法におけるコントロール・サイクル (control cycle) の観点から説明できる．語彙化によって高度にカプセル化されているとはいえ，発話行為レベルの要素の意味内容には外部世界の性質がそのまま反映されている．そのため，図6に示すような，［可能性 (potential) →行為 (action) →結果 (result)］というコントロール・サイクル (control cycle) に反する概念構造の構築は自然と妨げられるのである (Langacker (2009))．

名詞 (I や you) を含んでいるのに対し，日本語の終助詞が（語彙化の自然な帰結であるが）それらを含んでいない点は興味深い．認知文法における視点構図 (viewing arrangement) に照らして考えると，前者の意味構造には発話主体に対する客体的な見立てが反映されているのに対し，後者の意味構造では同様の事態に対しもっぱら主体的な見立てが与えられていることになる (cf. Langacker (2008: Ch. 3))．

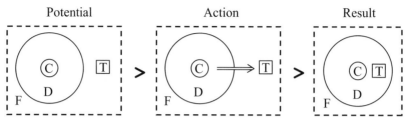

図 6 （Langacker (2009: 309) を一部改変）

　実際に「だよね」という連続体に照らして考えてみよう．まず「だ」は断定的判断の助動詞であるが，あくまで話者の判断に過ぎず，概念構造の中でターゲット（T）としての命題は，聞き手を概念化者（C）とした現実の支配領域（dominion = D）の外（false = F）に位置している（Potential）．そこで話者は，終助詞「よ」の働き（陳述・教示）によって C を誘導し，T が C の支配領域内に含まれるよう働きかける（Action）．話者が期待するのは最終的に C が自らの支配領域内に T を位置づけることであり（Result），最後の終助詞「ね」がこれを確認するための働きを担う．このように，「だ」「よ」「ね」の線形順序は，概念化のレベル階層とコントロール・サイクルによる制約を受ける．

　以上のように，概念化の階層モデルは，英語のみならず日本語においても妥当であり，その文法構造に影を落としている．言語は自他認識と対人関係の再帰構造への理解を前提としているが，英語や日本語の語彙，構文，文法にはこの事実が巧みに反映されており，私たちは，ことさらにそれを意識することなく活用している．だが一方で，認識や関係の再帰構造が明確に意識され，明示的な表現の対象となることもある．そのようなときに英語や日本語で用いられる，いわゆる「埋め込み文」の形式には，どのような認知プロセスが働いているのか，次の 7 節で論じておきたい．

7. 埋め込み文と脱主体化

7.1. 脱主体化の重要性

　本章 3 節では，複雑な言語表現の構築にも再帰的な統語規則の適用は必要なく，多くの場合，インクリメンタルな反復処理によって実現可能であるこ

第9章　言語における再帰と自他認識の構造　　　297

とをみた．また，話者にはオープン・エンドな統語結合をできるだけ避け，定着度・慣用度の高い構文を使用する傾向があるため，実際に複数回の「埋め込み」が生じることは少ないという事実を確認した．しかし，頻度や程度はともかく，埋め込みという言語形式が英語にも日本語にも存在しており，重要な役割を果たしていることは事実である．埋め込み文の発話が，動的な再帰規則の適用によるものではないとしても，背後には何らかの認知プロセスが働いているに違いなく，それを明らかにする必要がある．この目的のために重要な示唆を与えてくれるのが中村（2004, 2006）の提唱する「脱主体化（de-subjectification）」の概念である．

中村によると，認知主体による事態把握のモードには大きく分けて2種類ある．主体が客体と何らかのインタラクションをもっている状況において，種々の認知プロセスのもとに「あるがまま」の認知像を構築するI（= interactive）モードと，そのようなインタラクションと認知プロセスの存在を捨象し―すなわち脱主体化し―あたかも客観的な事象が主体とは無関係にそこにあるかのような認知像を構築するD（displaced）モードである．

> 私たちはIモードでしか外界や世界を捉えることができないから，認識される者はすべて私たちとの相関であり，主観的な存在である．そこでは私と外界の境界ですらあいまいである．そのような状態の中で生じる認知像を，おそらく人間特有のDモードによって，客観的存在として眺めているような気分になるのである．つまり，Dモードによって，客観と主観が別々に存在するような構図ができあがるというわけである．　　　　　　　　　　　　　　　　　（中村（2006: 76））

図7はこのようなIモードからDモードへの脱主体化を図式化したもので，Cと記された円が認知主体，もう一方の円が対象，両者を繋ぐ二重線矢印が「インタラクション」，Cから伸びる破線矢印が「認知プロセス」，対象を取り囲む四角形が「認知像」を表している．また，（Iモードにおける）Cと認知像を取り囲む楕円は「認知の場」を表している．（対象から伸びる矢印はこの対象をトラジェクターとした関係を意味する．）

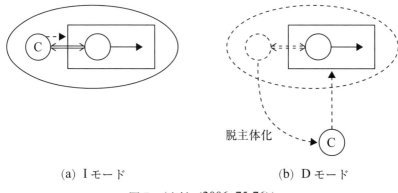

(a) Iモード　　　　　　　　　(b) Dモード

図7　（中村（2006: 75-76））

　発話という行為においては，多かれ少なかれ，IモードからDモードへの移行が認識レベルで起こっている．ただし，言語にはIモード的な構図を強く反映するものもあれば，Dモード的な構図を強めている言語もある．中村によれば，日本語は前者の言語，英語は後者の言語である．確かに，両言語を扱った対照研究の多くが示す通り，日本語では，事態を眼前に現れた「見え」のまま捉えるような表現が多く，一方，英語では，場面の中で対象とインタラクションしているはずの主体が，観察者として場面の外へと分裂し，自らを客体的に捉えたような表現が多く見受けられる．したがって，中村の「脱主体化」は，これまで英語と日本語についてなされてきた数多くの議論と矛盾しない．

　しかし，中村の理論の重要性は，従来，主客が分離したDモード的認識が最初にあり，そこからIモード的な認識が例外的に生じるかのように見なされていたのに対し，これが全く逆だということを論証した点にある．形式を伴った「文」を基本として考えるならば，当然，そこには主体と客体の分化が起こっており，Dモード的な構図が存在する．しかし，発話があくまで概念に形式を与える術であることを思い返すとき，言語の背後にある認知プロセスの起点にあるのは，むしろIモード的構図である．Dモード的な認識の反映の度合いが大きい英語のような言語だけでなく，日本語をはじめ，様々に異なった性質の言語を類型論的に考察するとき，このことの意味合いはと

くに大きい.[21] また，IモードからDモードへの脱主体化は，生物としてのヒトの根源的な知覚から，事態の概念化を経て言語表現と至る過程に見出される基本モデルでもあり，中村 (2004) で示唆されているように，言語起源や言語進化の問題に考察の射程を広げる際にも有効だろう．

7.2. 脱主体化の形式的表示としての埋め込み構造

　外部世界の事態に対する認識の形は，本来，Iモードの構図をとるが，自他認識の高まりや環境が与えるアフォーダンスなど様々な要因によって，多かれ少なかれDモード的な構図が生じてくる．日本語においてこのDモード的性質が反映する度合いは比較的小さく，英語においてはより大きいとされるが，いずれにしても，言語を用いるということは，(ある種の) Dモードがすでに展開していることを意味する (中村 (2013: 28))．その際，認知主体である話者 (および聞き手) 自身は，モードの変化に必ずしも気付いてはいない．たとえほぼ完全なDモードの状態にあったとしても，通常，認知主体 (C) は，対象が自分との認知的インタラクションなしに「そこにある」ものと考え，自分の目の前にある認知像が実際にはヴァーチャルなものであるという事実に意識を向けることはない．

　しかし，英語の話者も，日本語の話者も，何らかの対象に思考を巡らしたり，言語によって表現したりする行為が，それ自体，客観的に存在する世界内の営みであることは当然知っている．そこで，自分あるいは他者の思惟行為や発話自体を「対象」として言語化するときには，必然的にDモード的な構図を意識させられることになる．このような概念構造を明示的に記号化するために生じた仕組みが，(典型的には) thatやifといった標識によって導かれる補文形式であると考えられる．また，whichなどで導かれる関係節も，類似した仕組みを持つ．関係節には既出の要素に話者自身の視点から補足的情報を挿入する役割があり，とくに，いわゆる関係詞の非制限的用法にはその性質が顕著にみられる．

　(19)　a.　Alex told me that he might join us later.

---

[21] 上原 (2011) では，主観性の問題の類型論的研究における重要な論点が整理されており，今後必要とされる研究の見通しを与えてくれる．

b. I don't know if we'll win but I'm ready to fight.
c. This is my favorite soup, which is mildly spicy and tastes very Thai.

細部において相違はあるが，日本語でも同様に補文形式や関係節が発達している．

(20) a. 次郎は帰国したらすぐに連絡すると約束してくれた．
b. 明日は誰が当番に当たっているかわかる？
c. 君が助けてくれたことは絶対に忘れないよ．
d. 誰かが僕の名を呼んでいるのが聞こえる．

　言語表現に先立って，対象としての事態に対峙するとき，主体はある種の認知的インタラクションの中に没入している．しかし，そこでの知覚や認識を概念化し，また言語化するとき，自らの存在や認知プロセスに対する客観的な視点が生じる．これは言語の発話に伴う，一般的な脱主体化の形である．しかし，上の (19) や (20) では，このようなメタ認知のレベルがさらに1つ上がっていると考えてよい．

　中村 (2013) によると，これらの例では補文や関係節で表現された事態が何らかの認知主体によって想起された概念であることを前提に，全体を1つの項として高次の関係概念に埋め込むということが行われている．関係 (relation) に参与するのは，認知文法の枠組みでいうところのモノ (thing) にあたる要素であり，その意味において，埋め込まれる補文や関係節もある種のモノと言える．中村は，いわゆる埋め込み構造（および，言語形式にみられる再帰構造一般）が，IモードからDモードへのシフト，そして，このシフトからの自然な帰結として生じる「関係概念のモノ化」によって動機付けられていると論じる．私たちにとって，最もプロトタイプ的な認識対象は「物」としての外形を持つ存在物であり，そもそも，英語における補文標識 that や日本語における「こと」や「の」はいずれも指示代名詞ないしは抽象名詞由来の要素である．これらのことからも，言語における埋め込み構造と「脱主体化」のプロセスとの深い関係がうかがえる．

　3節では，埋め込み文の発話は必ずしも動的な再帰処理を必要とせず，いわゆる反復のプロセスによって実現可能であることをみた．しかし，実際に

「何が反復されるのか」については必ずしも明らかでなかった．また，そもそも埋め込みという形式が必要な動機についても検討していなかった．本節では，これらの問いに対する鍵となるのが，I モードから D モードへの脱主体化のプロセスであることを示した．

8. まとめ

本章では，HCF をきっかけとして近年言語学とその周辺領域で激しく議論されている「再帰」の問題を取り上げ，この概念を認知言語学の枠組みでどう位置づけるべきかを検討した．2 節では再帰をめぐるこれまでの議論を概観し，その争点をまとめた．3 節では Langacker の認知文法における，反復的合成処理を重視する見方について触れると共に，言語形式に生じる再帰構造は外部世界に含まれる再帰構造とそれに対する認識の反映に他ならないという Harder (2010) の論を紹介した．4 節では Tomasello (1999, 2003) と Corballis (2011) の議論に基づき，基本的な自他認識・対人関係の再帰構造を把握する能力が一種の基本的認知能力である可能性について述べた．5 節と 6 節では，このような意味における再帰の重要性は，Langacker (2008, 2009) による概念化の階層モデルの考え方と一致すること，また，このモデルが英語と日本語という 2 つの言語で妥当と考えられることを示した．最後に 7 節では，いわゆる「埋め込み文」の背後にあるのが，統語規則の動的な再帰的適用ではなく，中村 (2004, 2006, 2013) の言う「脱主体化」のプロセスであることを論じた．

再帰という言葉にはミステリアスな響きがある．HCF は，理論的に無限の再帰適用可能性を持つ計算処理機構が，ヒトに，またヒトだけに，備わっているとした．しかし，再帰的な構造は自然界・人間社会を問わず，あらゆるところに存在する．とりわけ，コミュニケーション活動が行われるとき，そこには常に自他認識と対人関係の再帰構造が生じる．「ヒトの言語能力の本質は再帰能力にある」という HCF の主張は，この言明だけを文字通りにとるなら，本章の主張と必ずしも矛盾しない．事実，言語表現の形式にはある種の再帰構造が反映されている．ただし，事態認識と対人関係の再帰構造の基本的な部分は，語彙や構文の中に，意味・概念として埋め込まれているのであり，日常の言語使用の中では静的に展開される．重要なのは形式的な

計算規則の動的な適用よりむしろ「対象が持つ再帰的な構造を理解する能力」であろう．

　言語は現実世界に埋め込まれた再帰構造，とりわけ自他認識と対人関係の再帰構造を様々なやり方で反映している．Langacker (2008, 2009) の概念化の階層モデルは，このような事実に対応しており，なおかつ，具体的な言語現象の分析にも有効である．また，中村 (2013) で示された，脱主体化と言語の再帰性との関係についての考察は，言語の起源や進化に関する議論に新たな光を当てると思われる．本章の冒頭で述べたように，認知言語学において言語と再帰の問題はこれまで十分に議論されてこなかった．しかし実際には，認知言語学にこそ，この問題について考えるために重要な基盤が備わっており，それを有効に用いることで自然言語のメカニズム解明に貢献できる可能性がある．

参考文献

Chomsky, Noam (1995) *The Minimalist Program*, MIT Press, Cambridge, MA. ［外池滋生・大石正幸（監訳）『ミニマリスト・プログラム』，翔泳社，東京．］

Corballis, Michael C. (2011) *Recursive Mind: The Origins of Human Language, Thought, and Civilization*, Princeton University Press, Princeton.

Croft, William and D. Alan Cruse (2004) *Cognitive Linguistics*, Cambridge University Press, Cambridge.

遠藤喜雄 (2010)「終助詞のカートグラフィ」『統語論の新展開と日本語研究——命題を超えて——』，長谷川信子(編)，67-94，開拓社，東京．

Everett, Daniel L. (2005) "Cultural Constraints on Grammar and Cognition in Pirahã: Another Look at the Design Features of Human Language," *Current Anthropology* 76(4), 621-646.

Everett, Daniel L. (2008) *Don't Sleep, There are Snakes: Life and Language in the Amazonian Jungle*, Pantheon, New York.

藤田耕司 (2012)「統語演算能力と言語能力の進化」『進化言語学の構築——新しい人間科学を目指して』，藤田耕司・岡ノ谷一夫(編)，55-75，ひつじ書房，東京．

藤田耕司 (2014)「投射の進化的問題」『言語の設計・発達・進化：生物言語学探求』，藤田耕司・福井直樹・遊佐典昭・池内正幸(編)，297-307，開拓社，東京．

Harder, Peter (2010) "Over the Top: Recursion as a Functional Option," *Recursion and Human Language*, ed. by Harry van der Hulst, 233-244, Mouton de Gruyter, Berlin.
Hauser, Marc D., Noam Chomsky and W. Tecumseh Fitch (2002) "The Faculty of Language: What Is It, Who Has It, and How Did It Evolve?" *Science* 298, 1569-1579.
Heine, Bernd and Tania Kuteva (2007) *The Genesis of Grammar: A Reconstruction*, Oxford University Press, Oxford.
井上優 (2001)「現代日本語の「タ」──主文末の「…タ」の意味について──」『「た」の言語学』, つくば言語文化フォーラム(編), 97-163, ひつじ書房, 東京.
Karlsson, Fred (2007a) "Constraints on Multiple Initial Embedding of Clauses," *International Journal of Corpus Linguistics* 12(1), 107-118.
Karlsson, Fred (2007b) "Constraints on Multiple Center-embedding of Clauses," *Journal of Linguistics* 43(2), 365-392.
Langacker, Ronald W. (1985) "Observations and Speculations on Subjectivity," *Iconicity in Syntax*, ed. by John Heiman, 109-150, John Benjamins, Amsterdam.
Langacker, Ronald W. (2008) *Cognitive Grammar: A Basic Introduction*, Oxford University Press, Oxford. [山梨正明 (監訳)『認知文法論序説』, 研究社, 東京.]
Langacker, Ronald W. (2009) *Investigations in Cognitive Grammar*, Mouton de Gruyter, Berlin.
Laury, Ritva and Tsuyoshi Ono (2010) "Recursion in Conversation: What Speakers of Finnish and Japanese Know How to Do," *Recursion and Human Language,* ed. by Harry van der Hulst, 69-92, Oxford University Press, Oxford.
中井悟 (2014)「ピダハン論争をめぐって」『同志社大学英語英文学研究』92, 57-152.
中村芳久 (2004)「主観性の言語学：主観性と文法構造・構文」『認知文法論II』, 中村芳久(編), 3-51, 大修館書店, 東京.
中村芳久 (2006)「言語における主観性・客観性の認知メカニズム」『月刊言語』35(5), 74-82.
中村芳久 (2013)「認知モード・言語類型・言語進化──再帰性 (recursion) との関連から──」*Kanazawa English Studies* 28, 1-16.
Nevins, Andrew, David Pesetsky and Cilene Rodrigues (2009a) "Pirahã Excep-

tionality: A Reassessment," *Language* 85(2), 355-404.
Nevins, Andrew, David Pesetsky and Cilene Rodrigues (2009b) "Evidence and Argumentation: A Reply to Everett (2009)," *Language* 85(3), 671-681.
Parker, Anna R. (2006) *Evolution as a Constraint on Theories of Syntax: The Case against Minimalism*, Doctoral dissertation, University of Edinburgh.
Pinker, Steven and Ray Jackendoff (2005) "The Faculty of Language: What's Special about It," *Cognition* 95, 201-236.
玉井浩 (2006)『再帰の技法——基本的考え方・アルゴリズム・プログラミング』エスアイビー・アクセス,東京.
田中久美子 (2010)『記号と再帰——記号論の形式・プログラムの必然』東京大学出版会,東京.
寺村秀夫 (1984)『日本語のシンタクスと意味II』くろしお出版,東京.
Tomalin, Marcus (2007) "Reconsidering Recursion in Syntactic Theory," *Lingua* 117, 1784-1800.
Tomasello, Michael (1999) *The Cultural Origins of Human Cognition*, Harvard University Press, Cambridge, MA. [大堀寿夫・中澤恒子・西村義樹・本多啓 (訳)『心とことばの起源を探る』勁草書房,東京.]
Tomasello, Michael (2003) *Constructing a Language: A Usage-Based Theory of Language Acquisition*, Harvard University Press, Cambridge, MA. [辻幸夫・野村益寛・出原健一・菅井三実・鍋島弘治朗・森吉直子(訳)『ことばをつくる——言語習得の認知言語学的アプローチ』慶應義塾大学出版会,東京.]
上原聡 (2011)「主観性に関する言語の対照と類型」『主観性と主体性』,澤田治美 (編), 69-91, ひつじ書房,東京.
van der Hulst, Harry (2010) "Re Recursion," *Recursion and Human Language*, ed. by Harry van der Hulst, xv-liii, Oxford University Press, Oxford.
山梨正明 (2000)『認知言語学原理』くろしお出版,東京.

第 10 章

お話への入り込みのメカニズム
——「主体性」の全容を解明するための 1 つの試み——*

深田　智

京都工芸繊維大学

キーワード：　お話への入り込み，「主体性」，"二人称的交流"，Engaged Cognition, Disengaged Cognition，言葉ないし語りの理解

1. はじめに

　「主体性」ないし subjectivity は，認知言語学を含め，哲学や発達心理学など，〈主体〉あるいは〈自己〉といった問題を扱う様々な研究分野において非常に重要な概念の 1 つとなっている．しかし，この用語は「多義的なジャルゴン」(伊藤 (2014: 13)，伊藤（私信))であるため，これを基軸として展開されている各研究は，互いに関連し合っているように思われるにもかかわらず，ことさらその違いが強調され，「主体性」ないしは subjectivity が多義的で曖昧だからこそ見えてくるかもしれない，経験と心と言葉の相互関係の多様なあり様やそのダイナミックな変容過程がうまく捉えられなくなってしまっている．[1]

---

* 本章を作成するにあたり，編者である中村芳久先生には，数回に亘って示唆に富むコメントをいただいた．また堀田優子先生，山梨正明先生，坪本篤朗先生には貴重なご助言を賜り，リサーチ・アシスタントである岸本富美子氏，西澤良真氏，塚本亜美氏には，草稿の段階で誠実なコメントをいただいた．ここに記して感謝申し上げる．残る不備は言うまでもなく，すべて筆者の責任である．尚，発達心理学及び哲学における主体性研究と本研究との関連性，筆者の近年の研究の流れの中での本研究の位置づけ，などに関しては，深田 (2015) も参照のこと．

[1] この傾向は，主体性ないし subjectivity を基軸とした言語学の研究にも見られる．Langacker と Traugott がともに "subjectification" という語を用いて，基本的には異なる，

小松 (2010, 2014) が述べているように、〈自己〉というものが、移動や運動の能力の発達とそれに伴う目標に向けた行為の現れ、他者の意図性の気づきや共同注意行動、会話をはじめとする他者との日常的な相互作用などといった多様な要因の複雑な絡み合いの中で成立する以上、この〈自己〉と深く関わる「主体性」ないしは subjectivity について論じる場合にも、様々な理論的枠組みやアプローチを認め、ある 1 つの理論的枠組みやアプローチでは十分に解明できない場合には、別の理論的枠組みやアプローチを導入し、それに基づいて議論を展開していくことも必要であると思われる．何を解明したいかにもよるが、「主体性」ないしは subjectivity の全容を捉えようとするならば、このような立場に立って研究する必要があろう．[2] もちろん、最終的には、異なる理論的枠組みやアプローチの並立を可とするだけでなく、それらを統合し、1 つの理論として体系化していく必要がある．[3]

　そこで、本章では、少なくともこれまでの認知言語学における「主体性」ないしは subjectivity 研究において中心的に取り上げられることのなかった、「お話への入り込み」、すなわち、お話（客体）とそのお話を理解する主体とが融合する現象に焦点をあて、これを可能にさせているであろう経験と心と言葉の相互関係を探る．お話の世界に入り込み、その中で起こる出来事を疑似体験する（すなわち、「主体的」に解釈していく）過程で、解釈者であ

しかし、一部共通する言語現象を扱っていることはよく知られている．両者の subjectivity の違いは、Traugott (1995) 及び Langacker (2006) で明確に述べられている．

[2] 中村 (2004, 2009) や坪本 (2006, 2009) も、おそらく同様の立場に立って主体性の諸相を明らかにしようとしていると思われる．中村 (2004, 2009) は、subjectivity に関する Langacker の議論が、身体的インタラクションを基盤とする、より根源的な認知モード、すなわち「認知のインタラクション・モード」(Interactional mode of cognition, I モード) への言及・考察を欠いたものであることを指摘するとともに、認知モードとして、この I モードと、認知像を客観的な存在とみなす認知モード (Displaced mode of cognition, D モード) の 2 つを導入し、日英語の違いを含む様々な言語現象を統一的に説明しようとしている．また、坪本 (2006, 2009) は、「身分け」「言分け」という概念を導入し、主体性の問題を言語化以前の主体の体験という観点から捉え直そうとしている．

[3] Ferrari and Sweetser (2012) は、subjectivity をメンタル・スペース理論との関連で規定している．それによれば、Sanders et al. (2009) で提示された「基本的コミュニケーションスペースネットワーク」(Basic Communicative Space Network) を導入すれば、Langacker と Traugott 双方の subjectification を、両者の違いも含めてうまく捉えることができるということである．

る聞き手ないしは読み手のそれまでの経験や知識はどう関与してくるか，また，言葉はその中でどのような役割を担い，自己と他者と環境の境界はどう変化するか，などを考察する．[4] 具体的には，ある仮想世界が，言葉で提示されるだけでなく，現実世界と融合して目の前で展開し，それを理解する側（解釈者）は，それが仮想世界であると知りつつもいつの間にかその世界に入り込み，再び，現実世界に戻ってくるという，非常に特殊な事例を扱う．

　本章の構成は次の通りである．まず第2節で，言葉の理解に関する認知言語学のアプローチを2つ概観し，本章での具体的な検討課題を示す．第3節では，上述した入り込みの事例を，その仮想世界の提示者とこれを解釈する解釈者との間のインタラクション——"二人称的交流"（Reddy (2008: 39)（佐伯 (2015: 51)）を参照）——に注目しながら分析し，解釈者のお話への入り込みを促しているであろう様々な要因を明らかにする．まとめの第4節では，本研究の展開の方向性を述べる．

2. 言葉の理解に関する認知言語学のアプローチ

2.1. 直接経験に基づく認知とシミュレーションを介した認知

　認知言語学では，言葉は，身体を介した外部世界との直接的な相互作用を動機づけとして発展してきた記号系であるとされる（山梨 (2000) 参照）．Langacker (2008: 524-528, 535-537) も，これを前提とした上で，(i) 認知活動の多くが，想像力，すなわち日常の身体的な経験を基盤とした心的シミュレーションを介して行われていること，また，(ii) この想像力ないしは心的シミュレーションを介した認知を可能にさせるいくつかの心理操作が存在すること，などを主張している．Langacker (2008: 535-536) は，直接的な身体経験に基づく認知を Engaged Cognition（以下，EC と略す），想像力ないしは心的シミュレーションに基づく認知を Disengaged Cognition（以

---

[4] 崎田・岡本 (2010: 4.2.3-4.2.5) は，認知言語学における主体性ないし subjectivity に関する議論に見られる問題点として，(i) 認知主体と話者の同一視，(ii) 言語表現に埋め込まれた主体性ないし subjectivity を理解する過程の軽視，の2点を挙げている．(ii) の問題への取り組みとして本章で取り上げるような「お話への入り込み」に関する議論が展開されているわけではないが，言語表現を理解する側（解釈者）の視点を重視しているという点で，本章と軌を一にしていると考えられる．

下,DEC)と呼んで,両者の違いを図1のように示している.

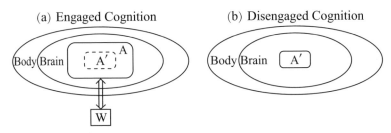

図1:ECとDECの違い (Langacker (2008: 535))

EC内のAは,世界(W)との直接的な相互作用の際に起こる認知的な処理(processing activity)を示している.DECは,このAに内在するA′が,Wとの直接的な相互作用がない場合にも自律的に起こることで可能となる認知である.このDECにおけるA′がAの心的シミュレーションである.この心的シミュレーションによって,例えば目の前に猫や泣いている赤ちゃん,サンドペーパーが存在しなくても,猫の姿や赤ちゃんの泣き声,サンドペーパーの肌触りをイメージすることができる.

この種のイメージは,語の意味にも含まれる.例えば,*apricot* という語には,アプリコットに関する直接的な経験を基盤として喚起されるアプリコットの味や匂いのイメージが,また,*throw* には,他者の投げるという行為を見て形成される視覚イメージや自らの投げるという行為を介して形成される運動イメージなどが,その意味として含まれる.加えて,(1)に示したような様々な言語表現を理解する上でも,シミュレーションは非常に重要な役割を担う.(1a)を理解する際には,仮想上の立脚点に立って,そこからの〈見え〉を想像せねばならず,また,(1b)の場合には,妻と愛人に挟まれている上院議員の立場に立たなければ,その心情を理解することはできない.

(1) a. If it were clear, we could see Catalina from the top of that mountain.
  b. With his wife seated on his left and his lover on his right, the senator was getting nervous.

(Langacker (2008: 536))

以上のように，Langacker (2008) は，EC と DEC の関係を明確にし，言葉の意味の理解にシミュレーションが重要な役割を担っていることを指摘しているという点で注目に値する．しかし，EC を，身体を介した直接経験に基づいて〈いま・ここ〉という現実世界を理解していくこと，DEC を，言葉だけで提示された仮想世界（すなわち，身体を介して直接体験できない世界）を心的シミュレーションを介して理解していくこととするならば，EC から DEC に至るまでには，発達心理学的な観点から考えてもいくつかのステップがあるように思われる．[5] しかし，具体的にどのような段階ないしは過程が存在するのかは明らかにされていない．また，EC におけるどのような認知処理が DEC における A′ として喚起されるのか，言葉の世界に反映されているのは，EC の，あるいは，DEC のどの部分なのか，などに関しても明確に述べられてはいない．

さらに，ある言語表現に対する理解の度合いや理解の仕方は，人によって異なる可能性があると思われるが，これに関する具体的な考察も示されてはいない．加えて，*apricot* や *throw* といった単語レベルの言葉の意味の理解と，(1) のような文レベルの言葉の意味の理解とは，前者が単に自らの過去の経験を基盤としてあるイメージを想起するだけで可能となりそうであるのに対し，後者の場合には，この種の経験や知識に加えて，仮想世界を想像的に構築し，その中での自己や他者の行動や認知，心情などをシミュレートしていくプロセスが必要となりそうであるという点で，大いに異なる．しかし，この違いに関してもとりたてて言及されているわけではない．

2.2. メンタル・スペース理論と語りの理解

小説やニュースも含めて，語りがどのように理解されるかに関しては，メンタル・スペース理論の枠組みで詳細な検討がなされてきている（Sanders

---

[5] EC から DEC への移行は，Vygotsky の言う，混同心性的結合に基づく思考から概念的思考への移行（Vygotsky (1986)（柴田 (2001: 第5章)）参照）に類似している．また，熊谷 (2006) によれば，現実の〈いま・ここ〉を基盤とした認知（生後8か月頃）から仮想的な〈いま・ここ〉を設定し，そこからの認知が可能となるような段階（4歳半以降）に至るまでには，少なくとも2つの段階があるということである．さらに Reddy (2008: 115)（佐伯 (2015: 145)）では，二人称的観点から，他者の注目対象に対する赤ちゃんの気づきの発達（拡張）が示されている．

and Redeker (1996), Rubba (1996), Sweetser (2012), Dancygier (2012) などを参照）．それによれば，語りの理解は，語り手と聞き手の存在する現実世界を反映したスペース，あるいは，語り手の〈いま・ここ〉ないし語り手の現実を反映したスペースと，語られた世界に関わる様々なスペースとの間の事物の対応づけ，すなわち，概念的な統合 (conceptual integration) ないし概念融合 (conceptual blending) を通して可能になるとされる．想定されるスペースは，何を分析対象として扱うかによって異なるが，物語や小説などでは，物語が展開する物語スペース (main narrative space) の中に，さらに，異なる物語スペース (narrative space) が埋め込まれている場合も多々あり，複数のスペース間の相互関係を捉えることで，その物語や小説の理解が可能となるとされる（Dancygier (2012) 参照）．

メンタル・スペース理論を使ったこの種の様々な研究は，（言語生成ではなく）言語理解の側面を重視し，新たなスペースを設定する，あるいは，複数のスペースをつなぐ言語表現に注意を払いながら，最終的には，文全体の理解や談話理解のプロセスを明らかにしようとしている．しかし，その分析対象となっているのは，様々なスペースを俯瞰できるようなメタ的・客観的な視座からの語りの理解のプロセスであり，本章で取り上げるような，語られた世界に入り込んで，その中で起こる出来事を疑似体験する際に起こる，動的で主体的・主観的な理解の過程は直接的な考察対象とはなっていない．加えて，語られた世界の理解あるいは解釈の仕方には，そのレベルも含めて，いくつもの可能性があり，人によって異なる場合もあると考えられるが，これに関しても詳細に論じられてはいない．

2.3. 本章での検討課題

以上のように，言葉ないし語りの理解に関しては，認知言語学的な観点からも研究や分析がなされてきているが，その考察範囲は十分とは言い切れない．本節では，まず，次の2点に対する本章の考えを明らかにした上で，次節での具体的な検討課題を示す．

疑問1： EC を，身体を介した直接経験に基づく現実世界（〈いま・ここ〉）の認知，DEC を，それまでの直接経験をもとに，提示された仮想世界（すなわち，身体を介して直接体験できない世

界）を心的操作だけで理解していくこととした場合，この EC から DEC への移行ないし転換は，どのような過程ないし段階を経て可能となるか．

疑問 2： 言葉ないし語りの理解には，どのようなレベルがあると考えられるか．また，語りの世界に入り込んでいる時の解釈者の心的状態とはどのような状態であるか．

疑問 1 に関する本章の考えは次の通りである．すなわち，EC から DEC への移行は，現実の〈いま・ここ〉と言葉で語られる仮想世界とが（たとえその一部であっても）融合しているような状況を体験することで可能となるという考えである．この種の状況とは，例えば，子どもが絵本の世界を，目の前に存在する養育者の読み聞かせの声や表情を通して理解したり，あるいは，その世界をごっこ遊びとして体現化したりする場合や，言葉だけでなく，映像など，五感に直接訴えかけるようなツールやモノを使って仮想世界が提示される場合である．

疑問 2 に対しては，（分析者ではなく）解釈者による語りの理解のレベルとして，少なくとも次の 3 つのレベルを想定している．

(A) 語りの理解（レベル 1）
apricot や *throw* といった単語レベルの言葉の意味を単純につなぎ合わせていくだけで可能となるような理解．経験との結びつきが希薄化した，固定化した言葉の意味だけに基づく理解で，物語をはじめて読んだり聞いたりした時の理解のレベル．想像力が働く以前の段階であるため，言葉で表現されていない側面は理解できないことになる．

(B) 語りの理解（レベル 2）
単語レベルの意味を単につなぎ合わせただけでなく，言葉にされていない部分も想像的に補いながら，語りを理解していく場合．言葉にされていない部分を想像的に補っていく過程で，経験が重要な役割を担う．

(C) 語りの理解（レベル 3）
自らの経験と語られた世界とをつなぎ合わせ，両者が融合したような世界を想像的に作り上げながら，その中に入り込み，登場人

物と同じように，あるいは，その世界の登場人物の一人となって，その世界を感じ，理解していく場合．物語を何度も読んだり聞いたりすることで可能となるような理解のレベル．

これらに加えて，おそらくメンタル・スペース理論の枠組みで提供されてきた，分析的な視座からのメタ的・客観的な理解のレベルが存在する．この区分が不十分であることは承知しているが，少なくとも，語られた世界の理解あるいは語られた世界への入り込みの度合いは，レベル1からレベル3の順で深まっていくと考えられる．Langackerの用語を用いるならば，レベル1からレベル3の順で，解釈者は徐々に登場人物のいるオン・ステージ領域に入り込み，登場人物とともに，そこで展開される事態を主体的に認知する可能性が高くなる，ということである．

さらに，解釈者が語りの世界の登場人物と自分とをどの程度明確に区別しているかという点も，入り込みの度合いに関わる．登場人物と自分自身を明確に区別している場合には，入り込みの度合いは低く，区別していない（すなわち，一体化させている）場合には，入り込みの度合いは高いと考えられる．

以上を前提として次節で具体的に検討したいのは，以下の3点である．

① 解釈者がお話の中に入り込んでいく過程で，自身のそれまでの経験や知識はどう関与してくるか．
② お話の提供者のどのような言葉がお話への入り込みを促していると考えられるか．
③ お話の提供者と解釈者及び両者を取り巻く環境の相互関係は，解釈者がお話に入り込んでいく過程でどのように変化するか．

3. お話への入り込み：具体事例の考察

本節では，大学生が小学校4年生に対して行った食育の授業を取り上げ，指導者である大学生（お話の提供者）の言動を中心に，解釈者である児童がどのようにして講義内容（お話）に引き込まれていったかを考察する．この講義は，児童の大半に親しまれている人気アニメ『ポケットモンスター』のストーリーとキャラクターを活用した劇とパワーポイントのスライドによっ

て展開されていく（資料1参照）．講義内容が，児童の中ですでにある程度構築されている仮想世界と関連づけて提示されているという点，また，それが劇やスライドを通して，すなわち，現実の〈いま・ここ〉に存在する解釈者の五感に直接訴えかけるように，現実世界と融合した形で提示されているという点で，このデータは非常に興味深い．本データを分析することで，第2節で見た2つのアプローチが明らかにしてこなかった言語理解の側面にスポットライトをあて，お話の世界を主体的に理解していく過程の一端を明らかにしていくことができると思われる．

資料1：大学生による食育の授業の様子
（『実践と交流を通じて高める食の専門家力』, p. 67 より）

3.1. データの詳細

本章で取り上げるデータは，2011年11月24日に京都府立大学の大学生が，京都市内のある小学校（S小学校）の4年生の児童を対象に行った食育の授業『エコと精進料理』の一部である．[6] この授業は，京都ならではのエコな食生活とは何かを解説する講義（約80分），当該講義を受講したことを証明する認定証の配布（約20分），精進料理の実食（約60分）の3部からなる

---

[6] 筆者の授業見学を快く受け入れ，この授業を認知言語学的な観点から分析することを承諾してくださった京都府立大学生命環境学部食保健学科食事学研究室の大谷貴美子先生（当時），松井元子先生，村元由佳利先生に感謝いたします．

が，本章で分析対象とするのは，講義時間のみである．[7] この講義の中で，指導者である大学生は，児童が講義内容をできるだけ容易に，また，出来るだけ深く理解できるようにと様々な工夫を凝らしている．その中でも特に注目すべきは，次の2点である．

① 児童の大半に親しまれている『ポケットモンスター』のストーリー（ポケモンマスターになることを目指した冒険の旅．そこには，ポケモンとの出会いと育成，ライバルとの対決，などが含まれる）やキャラクターを最大限に利用し，講義内容に合わせた新しいキャラクターも登場させながら，エコな食生活とは何かを解説している点．[8]

② 劇とパワーポイントによるスライドとを組み合わせて講義している点．大学生の一人が『ポケットモンスター』の主人公「サトシ」を演じ，他の登場人物とだけでなく，児童とも対話しながら講義を進めていく．

①から，この講義が，『ポケットモンスター』に関する児童のそれまでの経験と知識をうまく利用した講義であることが分かる．『ポケットモンスター』に関する知識をすでにある程度持っている（すなわち，『ポケットモンスター』に関するメンタル・スペースがすでに存在する）児童にとっては，ポケモンとの出会いやライバルとの対決を経てエコなポケモンマスターになるという講義の流れは分かりやすく，この講義で展開される架空世界での出来事にどう対応していったらよいかも分かる．

また②に示したパワーポイントによるスライドの提示は，講義内容の視覚化である．視覚情報には，言葉では伝えきれない情報も組み込まれているた

---

[7] この講義では，途中で10分程度休憩が取られたが，この途中休憩直後の数分間は撮影されていなかった．そのため，正確な講義時間は不明であるが，およそ80分であったことは間違いない．

[8] 『ポケットモンスター』は，ゲームやアニメを通して子どもたちに親しまれてきている．ポケモンのかわいらしさはもとより，現実世界に似た架空世界をポケモンと一緒に冒険する楽しさや，キャラクターの成長，バトルの面白さなどが『ポケットモンスター』の人気を支えているようである．この『ポケットモンスター』というゲームないしアニメへの入り込みに関しては，今後の課題とする．

め，言葉だけで提示される場合よりも講義内容の理解が容易になる．さらに，このスライドに加えて，劇を取り入れた点も注目に値する．この劇では，アニメという架空世界の登場人物であるはずのサトシが実写で登場する．これによって，サトシは，アニメという映像内の存在ではなく，児童の目の前で，児童の〈いま・ここ〉と関連づけられながら展開していく劇の登場人物となる．また，サトシは，この劇の中で，児童と直接インタラクトする．このインタラクションによって，観客である児童は，サトシの対話者，すなわち"呼びかけの対象"（Reddy (2008: 32)（佐伯 (2015: 41)））として劇の中に組み込まれ，サトシとの"かかわり"（Reddy (2008)（佐伯 (2015)））の中で仮想世界を体験していくことになる（3.2 節以降の議論を参照）．この講義におけるサトシは，単なるお話の中の登場人物（すなわち，客体的な観察対象）などではなく，それを超えた存在，すなわち，お話の中の登場人物でありながら，児童と同じグラウンドに立つこともできる特異な存在となっている．

　また，これが授業であるという点を考慮するならば，授業という特殊な環境それ自体が，児童に「集中すること」（これは，「入り込み」の一形式である）を強要する，非常に重要な外的要因となっていると言える．全員が前を向くように置かれた机の配置，教室という閉じた空間，指導者の大学生が机間巡視をして児童の言動に常に注意を払っている点，付き添いで来られた小学校の先生たちが教室の左右の端と後ろに座って児童を監視している点などが，その具体的な要因である．いずれの要因も，児童を，真面目に（前を向いて）授業を受けなくてはならないという思いにさせる．

　加えて，Rubba (1996) が述べているように，語りの理解は，聞き手の知識にも依存しているとするならば，児童の知識に関連する次のような要因も，児童のお話への入り込みを促していると思われる．[9]

---

[9] Rubba (1996) では，「聞き手は，どのようにして話し手によって意図された意味を理解するのか」という問題が取り上げられている．その中でRubba は，(i) 談話理解（discourse processing）が，話し手が用いた言語表現に基づいて，話し手の意図したであろう意味を構築していく能動的なプロセスであること，また，(ii) この意味の構築は，聞き手がすでに持っている知識と話し手の用いた言語表現に依存して行われることを指摘しているが，具体的な分析対象は，聞き手の知識ではなく，話し手の用いる言語表現であった．例えばRubba は，下記のような談話において，イタリックで示された言語表現（すなわち，*this*,

〈児童の知識に関連する要因〉
① 一度会ったことのある大学生が講義を展開している．
② 児童の通っている小学校付近の寺院を事例として取り上げている．
③ 食生活という，児童の日常生活とも密接に関わるテーマである．
④ 京の食文化（京野菜，精進料理，「始末の文化」など）という，児童の住む地域や生活に密着した内容である．

　また，児童らに，プリント（「ポケモンずかん」と呼ばれる冊子）中の空欄を埋めさせたり，質問を投げかけて，それに答えさせたりする，といった講義方法も，児童を講義に集中させ，この講義に積極的に参加させようとする試みであると考えられる．児童に求められた，質問に答える，ずかんの空欄に答えを書き込む，などの行為は，児童が，この講義の内容を，『ポケットモンスター』という架空世界の参与者の一人となって，身体を介して，文字通り，主「体」的に捉えていくことを可能にしている．
　このように，この講義では，仮想世界と現実世界とを絡み合わせ，児童が主体的・主観的に講義内容を理解していけるよう，様々な工夫がなされている．以下では，まず，この講義のおおよその流れを示した上で，指導者である大学生がどのような言動を取り，それによって児童がどのようにして講義に集中していったかを具体的に考察する．

3.2. 講義の流れと児童の入り込み

　本節では，2.3 で挙げた3つの語りの理解のレベルをもとに，食育の講義を，講義内容と児童の講義への入り込みの度合いに注目して分析していくことにする．この講義では，講義開始後の極めて早い段階から，劇やスライドが導入される．この段階で，児童の理解あるいは入り込みの度合いはレベル1からレベル2に移行すると言える．また，この講義では，児童がサトシと

---

that, here, there といった直示表現と I, you などの人称代名詞）の指示対象が何であるか，また，これらはどのような場合にどのように用いられるか，を考察している．
(i) There's a part of southeast San Diego where *you* do go down, *you* see all these Vietnamese theaters and everything in Vietnamese and when I see that I just kind of feel, well, *I* don't belong in *this* place, *this* is where the Vietnamese people are, I don't belong *here*.　　　　　　　　　　(Rubba (1996: 227)，イタリック原文)

一体化することはないが，徐々に，サトシの仲間となって，サトシと一緒に，『ポケットモンスター』の世界を旅するようになる．これは，児童の理解あるいは入り込みの度合いがレベル3に達したということである．したがって，児童の理解あるいは入り込みの度合いは，講義の進行とともに，レベル1からレベル2へ，そして最終的にはレベル3へと移行していくと言える．児童とサトシの関係という観点から言うならば，この講義の進行に伴って，両者は徐々に共通のグラウンドに立つようになり，児童がサトシをオン・ステージ領域内の観察対象として認知する度合いは低くなるということである．[10]

この推移を講義の流れに沿って示すと，次のようになる（休憩直後の約10分間はビデオが回っていなかったが，以下ではすべてこの時間を組み込んで示す）．

〈講義開始時〜講義開始後9分頃〉児童の理解レベル：レベル1からレベル2に移行
　サトシ登場．児童，サトシとともにエコなポケモンマスターになるという架空の旅に出ることになる．

〈講義開始後9〜34分頃〉児童の理解レベル：レベル2
　解説者役の大学生登場．児童，サトシとともにエコな食生活について学ぶ．

—休憩—

〈講義開始後34〜55分頃〉児童の理解レベル：レベル2
　解説者カモナスビー，スライド内の映像として登場．児童，サトシとともに京野菜について学ぶ．

〈講義開始後55〜75分頃〉児童の理解レベル：レベル2からレベル3に移行
　児童，サトシとともに敵であるロケット団及びムダリンと戦い，勝利する．

〈講義開始後75分頃〜講義終了直前〉児童の理解レベル：レベル3からレベル2に移行
　児童，ポケモンずかんを完成させる．

---

[10] Cook (1996) は，日本の小学校3年生及び4年生の授業時の教室談話を分析する中で，"on-stage"，"off-stage" という用語を用いている．それによれば，教師が丁寧体（「です」，「ます」）ではなく普通体で児童に話しかけている時には，教師は "on-stage" ではなく "off-stage" の存在となっているということである．

〈講義終了時〉児童の理解レベル: レベル2からレベル1に移行
　児童, 講義終了と同時にざわざわと動き出す.

以下では, 児童がレベル1からレベル2へと移行する〈講義開始時～講義開始後9分頃〉からレベル2からレベル3へと移行する〈講義開始後55～75分頃〉までを取り上げ, サトシの言動とそれに対する児童の反応に注目しながら, 児童の講義への入り込みの過程を探ることにする.

3.2.1. サトシと架空の旅に出るまで

本節では, 児童がサトシと架空の旅に出るまでの様子を考察する. 講義開始時に, まだ落ち着きのなかった児童は, 登場したサトシとのやりとりを介して次第に講義に集中し始める. その流れは下記の通りである.

〈講義開始直前〉児童, がやがやとして落ち着かない様子.
〈講義開始後1分頃〉サトシ, 壇上に登場. 児童とサトシのやりとりが始まる.
〈講義開始後3分頃〉サトシ, 壇上から降りてきて, 児童に直接「ポケモンずかん」を配布する.
〈講義開始後4～9分頃〉
　　　　　　　　　サトシ, 再び壇上に上がり, 「ポケモンずかん」の使い方を説明する.
　　　　　　　　　　　↓
　　　　　　　　　サトシ, 児童とともに映像内の存在であるエコリンを呼ぶ.
　　　　　　　　　　　↓
　　　　　　　　　サトシ, 電話を介して映像内の博士とインタラクトする.
〈講義開始後9分頃〉サトシ, 児童を誘って仲間集めの旅に出る. (サトシ, 映像内でも登場.)

講義開始から約3分後, ポケモンずかんを配布するために, サトシは壇上から児童のもとに降りてくる. 児童にとって壇上はオン・ステージ領域であるとするならば, このサトシの動きは, オン・ステージ領域にいた観察対象としての存在が自分たちとインタラクトするグラウンド内の存在へと変わったことを意味する. 事実, サトシは, ずかんを配布しながら児童と下記のよ

うな言葉を交わしている．

(2) サトシ： ［ポケモンずかんを配布しながら］まだ，まだー開かないでね．まだ開かないで〜．開いちゃだめだよ．
児童： 名前書いていいですかー？
サトシ： はい？
児童： 名前書いていいですかー？
サトシ： まだ…あ，うん名前書いていいよ．中はちょっと見ないでほしいな〜．

ずかんを配布し終わったサトシは再び壇上に上がり，児童に，ずかんに名前を書くように言う．名前を書くという行為によって，児童の意識がずかんに集中し，教室全体が静かになる．これに追い打ちをかけるように，サトシは，ずかんの使い方を説明し，自分の手持ちポケモンについて話す．これによって，児童の視線は，サトシに集中し始める．以下は，サトシが自分の手持ちポケモンについて児童に話す場面である．

(3) サトシ： 俺はエコリンっていう手持ちポケモンを持っているんだけど，みんな，エコリンって知ってる？
児童数名： 知らな〜い．
サトシ： 知らないよね．
児童数名： 知らな〜い．
サトシ： …じゃああ，エコリンのこと…みんなで一緒に呼んでみようぜ．いくよ，せ〜の．
サトシと児童（多数）： エコリ〜ン．

(3) から分かるように，壇上に戻った後も，サトシは，児童に「みんな」と呼びかけたり，「よ」や「ね」といった終助詞を用いたりして，児童と直接インタラクトする存在—児童と直接"かかわり"合う存在—のままであり続けている．[11] また，児童に直接質問したり，「一緒に〜してみよう」という勧誘

---

[11] 神尾 (1990) は，終助詞「ね」が，本質的に仲間意識や連帯感を与える要素であり，「話し手の聞き手に対する〈協応的態度〉を表す標識である (71)」ことを指摘している．また，終助詞「よ」は一般に，話し手が聞き手に，聞き手は知らないと話し手が考えている情報を

表現を使ったりして，この劇への児童の積極的な参加も促している．これはサトシが児童と"二人称的交流"を行おうとしていることを示している．児童はこれに応じ，サトシとのこの一連のやりとりを介して，次第にサトシと同じグラウンドに立ち，同じ目的に向かって進む存在となっていく．その様子は，児童の多くが，サトシとともに映像内のエコリンを呼んで登場させたという事実（(3)の最後の発話）からもうかがえる．エコリンの登場によって，オン・ステージ領域が檀上から映像に切り替わる．児童のいる場所とサトシのいる檀上との境界が曖昧になり，児童は，壇上で繰り広げられる劇に，知らず知らずのうちに入り込むことになる．

　エコリンの登場までの児童とサトシの立場とその相互関係の変化は，Langackerの図式を利用するならば，図2のように示される．いずれの図も，当事者の立場からではなく，分析者である筆者の立場から描いた，（言語表現ではなく）当該状況における二者（あるいは三者）の相互関係に関する図である．当事者は，当然，互いがどのような関係にあるかを意識してこの相互行為に参加しているわけではない．児童ほど『ポケットモンスター』の知識を持ち合わせていなかった筆者だからこそ，この状況を外から（すなわち客観的に）観察することができたと考えられる．

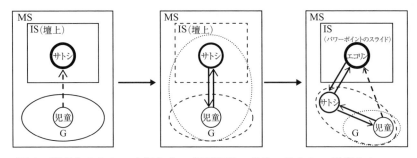

図2：児童とサトシの立場とその相互関係の変化：サトシの登場からエコリンの登場まで

　図2の左図は，サトシが初めて登場した場面を図式化したものである．サ

提示する際に用いられる．いずれも，聞き手の知識や心情に対する話し手の配慮を表す言葉で，Matsui et al. (2006)によれば，日本語を母語とする子どもは，この種の終助詞の違いを比較的早い段階で理解しているということである．

トシは，実線で囲まれたオン・ステージ領域 (IS) 内の存在となっているが，これは，檀上にいるサトシが児童の観察対象となっているからである．[12] その後，サトシは，檀上から降りてきて，児童と直接インタラクトする存在となる（図2のまん中の図）．このインタラクションは，実際の具体的なやりとりであるため，図では実線で示している．この時点でサトシは，オン・ステージ領域内の存在であるにもかかわらず，児童のいるグラウンド内にも入ってくる存在となるため，オン・ステージ領域とグラウンドとの境界が曖昧になる．図では，これを，オン・ステージ領域を示す四角い枠とグラウンド (G) を示す横長の楕円の双方を破線にし，サトシと児童とで新たなグラウンドが形成されるとして，これを点線の縦長の楕円で表している．また，これによって，観察対象としてのサトシの役割は，図2の左図の場合よりも背景化すると考えられるため，サトシを示す円の実線は細くなっている．

　図2の右図は，サトシが児童とともに映像内のエコリンを呼び，映像内にエコリンが登場した場面を図式化したものである．この時点で，オン・ステージ領域は，サトシのいる壇上からパワーポイントのスライド（映像）に変わる．しかし，サトシと児童とは，まだ完全に同じグラウンド内に立っているとは言えない．これは，サトシだけが，グラウンド内の児童とだけでなく，映像内の登場人物であるエコリンともインタラクトしているからである．したがって，図では，サトシと児童とで形成されるグラウンドは破線で示され，サトシを表す円は，児童よりもオン・ステージ領域に近い位置に，図2の真ん中の図よりも少し細い線（しかしながら，児童を示す円よりも少し太い線）で示されている．

3.2.2. エコな食生活について学ぶ〜仲間集め

　講義開始後9〜34分頃の間は，児童がサトシとともに大学生のお姉さん（「お姉さん」と呼ばれている）から精進料理について学ぶ時間帯である．お姉さんは，基本的には，児童ではなくサトシと会話しながら映像を使って精進料理の解説をする（ただし，このお姉さんの顔や視線，身体は，サトシと会話をしながらも，サトシと児童とに交互に向けられている）．児童と直接

---

[12] IS は，正確には，オン・ステージ領域ではなく，直接スコープ (immediate scope) であるが，本章では，両者を区別せずに議論を展開していくこととする．

会話するのは，精進料理のまとめに入った時点からで，それ以前に児童と会話したのは2回だけである．

サトシは，このお姉さんとインタラクトしながら，児童にも話しかける．学んだことをポケモンずかんに書き込むようにという指示が中心であるが，この指示によって，児童は，お姉さん，映像，サトシ，手元のずかんを交互に見ることになり，映像や劇で示される『ポケットモンスター』という架空世界と，自分やずかんが存在する現実世界とを，サトシを介して行き来することになる．これによって，児童は，サトシとともに架空世界と現実世界とを自由に行き来する存在へと移行していく．

さらに，これに続く場面（講義開始後34～55分頃）では，サトシと児童が，映像内の存在であるポケモン「カモナスビー」の解説を通して京野菜について学ぶ．カモナスビーは，解説しながら，サトシと会話するだけでなく，児童に対しても積極的に質問をする．この質問を受けて，サトシは，再び檀上から児童のもとに降りてきて，児童に答えを求める．これによって，オフ・ステージ領域（児童の存在する現実世界）とオン・ステージ領域（第1段階としては，劇が展開している檀上が，第2段階としては，カモナスビーの存在する映像内の世界がこれに相当する）とが，さらに融合することになる．

3.2.3. ロケット団との対決〜勝利へ

講義開始から55分ほど経った時点で，児童は，サトシとともに，映像内の存在であるロケット団との対決に挑む．児童は，サトシに促されながら，ロケット団の出したクイズに答えていく．クイズの内容は映像でも示されるが，児童の手元にあるずかんにも書かれている．児童は制限時間内にクイズの答えをずかん内に書き込むように促される．児童全員が書き終わると，サトシは，クイズの答えを「せ〜の」という掛け声で一斉に児童に答えさせる．その答えに，映像内の存在であるロケット団が反応する．このやりとりを繰り返す中で，ロケット団は，児童やサトシと直接インタラクトする存在，すなわちグラウンド内の存在へと変わっていく．この変化は，ロケット団が，児童とサトシの両方を指して「あんたたち」という二人称を使っていることからもうかがえる．児童は，おそらく，自分たちが映像内の存在とインタラクトしていることを意識することなく，このやりとりを行っている．児童の興奮した様子なども考慮するならば，この段階において児童は，完全にこの

第 10 章　お話への入り込みのメカニズム　　323

講義で展開されている『ポケットモンスター』の世界に入り込み，この中の出来事を「体」験していると考えられる.[13]

図 3 は，この状況を図示したものである.[14] オン・ステージ領域を示す四角い枠が点線になり，代わりに，サトシ・児童とロケット団とのインタラクションを囲む楕円が実線で表されている．これは，ロケット団の存在する映像の世界と，サトシと児童の存在する現実世界との境界が曖昧になり，サトシ・児童とロケット団とで新たなグラウンドが形成されたことを示している．児童が，この『ポケットモンスター』の世界に，登場人物の一人として入り込んだということである.[15]

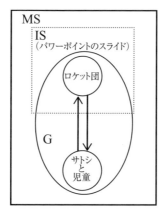

図3：児童とサトシとロケット団の相互関係

---

[13] このクイズの場面では，児童を駆り立てるような音楽が効果的に用いられていることも注目に値する．

[14] 図 2 同様，図 3 も分析者である筆者の視点から描かれた，当該状況における参与者間の相互関係を表す図である．

[15] 相互行為のただ中にある参与者は，その相互行為から自身を分析しえない，すなわち，自己（主体）と他者及び状況（いずれも「客体」と考えられる）が未分化な状態にあるとするならば，図 3 のような状況は，西田幾多郎の言う，主客の合一した「純粋経験」のあり様の 1 つと考えてもよいのかもしれない．分析者である筆者は，分析者であるがゆえに，この相互行為の外に立ち，これを承認し，両者の関係を図 2 や図 3 のように図式化できたということである．西田哲学の詳細に関しては，秋富（2015）も参照．

3.3. サトシの用いる言葉：「俺」と「みんな」

　講義の間中，サトシは，児童に対して「みんな」と呼びかけ，「〜かな？」と質問したり，「〜してくれ」と要求したり，「〜してみよう」と勧誘したりしながら，児童をより積極的・主体的に講義に参加させようと試みている．また，「よ」や「ね」，「な」などの終助詞を多用し，児童の知識や心情に配慮した言葉（「知らないよね」「いいよ」「すごいな」など）を発したり，「ありがとう」「みんなが分かってくれたおかげで …」などといった児童への感謝の気持ちを表す言葉を使ったりして，児童と活発に"二人称的交流"を行い，児童を対話者としてお話の中に引きこんでいく．

　Langacker (1985: 138) は，話し手が，グラウンド内の参与者である自分自身を一人称代名詞（I ないしは me）を使って表した場合，あるいは，同じくグラウンド内の参与者である聞き手を二人称代名詞（you）を使って表した場合には，いずれの場合であっても，両者が共通のグラウンドから事態を解釈しているのではない可能性が高くなること，したがって，この種の言語表現は，非常にフォーマルな言語表現となることを指摘している．[16] また，Langacker (2007: 181) は，$Leave!$ という命令文と $You\ leave!$ という命令文とを比較し，聞き手である you を明示した後者のタイプを用いた場合には，話し手と聞き手の間の心理的な距離は広がり，結果としてよりフォーマルで，より強制的な命令文となることを指摘している．

　これらの主張を考慮するならば，サトシが自分自身を指して「俺」という言葉を用いた場合には，サトシが児童との間に心理的な距離を置いている（そしておそらく児童もそう感じている）可能性があり，両者の間に共通のグラウンドが形成されていない状態，したがって，児童がサトシと同じ視座に立てない（ないしは，児童がサトシと一体化できない）状態であると考えられる．

　事実，サトシの「俺」の使用事例を見てみると，「俺」は，サトシが児童との間に心理的な距離を感じている場合，あるいは，児童とは異なる存在として自分自身を提示する場合に用いられていることがうかがえる．(4) は，登

---

[16] 認知文法の枠組みでは，話し手，聞き手を，それぞれ，一人称代名詞，二人称代名詞を使って明示的に表した場合には，その人称代名詞を使って表した対象が，オン・ステージ領域に上がっていることを意味する．

場直後に児童に向かって発せられたサトシの言葉，(5) は，ロケット団との対決終了後に映像の中の博士に向かって発せられたサトシの言葉である．

(4) ［S小学校の児童がエコについて学んでいることを聞いたサトシ］
へえ，じゃあ俺と一緒だね．俺も今，エコのべんきょうしてるんだ．そして俺は今，エコなポケモンマスターになりたいんだ．
(5) ［博士に向かって］
俺はず〜っとエコなポケモンマスターを目指してたんだ．

また時間帯ごとのサトシの「俺」の出現回数は，以下の通りである．

〈講義開始時〜講義開始後 9 分頃〉8 回
〈講義開始後 9〜34 分頃〉5 回
〈講義開始後 34〜55 分頃〉（ビデオで撮影されていた約 10 分間のみ）0 回
〈講義開始後 55〜75 分頃〉0 回
〈講義開始後 75 分頃〜講義終了直前〉2 回

注目すべきは，①最初の場面，すなわち，登場直後からの約 8 分間に，最も多く「俺」が用いられている点，②ロケット団との対決後の約 8 分間にも「俺」が 2 回用いられている点，③児童とともに対決に挑む場面を含む〈講義開始後 34〜75 分頃〉の時間帯には，「俺」が全く用いられていない点，の 3 点である．登場時，サトシは，児童にとっては新たな参入者であり，両者の間にまだ共通のグラウンドは築かれていない．最初の場面で「俺」が 8 回も用いられているのは，おそらくこのためである．しかし，サトシが児童と積極的にインタラクトするようになり，新たな登場人物も出現するようになると，サトシと児童との間には徐々に共通のグラウンドが形成されていく．〈講義開始後 34〜75 分頃〉まで「俺」が用いられなかったのは，このためであると思われる．しかし，対決後に再び「俺」が用いられる．サトシ自身のエコなポケモンに関する知識やデータが，自分と児童とで異なることを示す場面で用いられた「俺」であるが，講義終了に向かうこの場面で用いられたということは，サトシが再び，児童とは異なる存在であること，すなわち，現実世界の存在ではなく，『ポケットモンスター』という架空世界の存在であることを示しているとも考えられる．

一方，(6) は，サトシが対話者である児童全員を指して「みんな」という言葉を用いた場合である．この例，及び，先述した「みんなが分かってくれた

おかげで …」からも分かるように，サトシが用いる「みんな」は二人称を指してはいるが，上述の you とは異なり，児童と心理的な距離を広げるためではなく，その距離を縮めるため，ないしは，児童を自分に引き寄せるために用いられている。[17]

(6) みんな，6ページを開いて「食材をむだにしない」って書き込んでくれ．

それぞれの場面とサトシが児童を指すために用いた「みんな」の出現頻度は，（多少の誤差はあるかもしれないが）以下の通りである．特に，対決の場面（講義開始後 55〜75 分頃）では，児童を積極的にクイズに参加させるために，「みんな」が多用されている。[18] サトシの「みんな」は，対話者である児童全員の注意を自分に引きつけ，児童全員が自分と一緒になってこの架空世界を旅することを意図して（おそらく無意識に）用いられていたと考えられる．

〈講義開始時〜講義開始後 9 分頃〉8 回（約 0.9 回/分）
〈講義開始後 9〜34 分頃〉13 回（約 0.5 回/分）
〈講義開始後 34〜55 分頃〉（ビデオで撮影されていた約 10 分間のみ）5 回（約 0.5 回/分）
〈講義開始後 55〜75 分頃〉<u>45 回（約 2.3 回/分）</u>
〈講義開始後 75 分頃〜講義終了直前〉8 回（約 1.0 回/分）

以上の結果から，はじめは児童との間に距離を感じていたサトシも，「みんな」と呼びかけ，勧誘や要求，質問などの言葉を重ね，「ね」「よ」「な」などの終助詞も多用しながら積極的に児童の注意を自分に向けさせ，徐々に自分

---

[17] Rubba (1996) は，語りの中で用いられる総称 (generic) の you の中には，話し手の目の前に存在する（現実世界の）聞き手を，語りの世界（仮想世界）の誰かと一致させる，すなわち，聞き手と仮想世界の誰かとを対応づける機能を持つタイプもあることを指摘している．

[18] ちなみに，該当する児童数名だけを指す場合には「〜な子，いるかな？」のように「子」が用いられていた．この使用頻度は，〈講義開始時〜講義開始後 9 分頃〉3 回，〈講義開始後 9〜34 分頃〉8 回，〈講義開始後 34〜55 分頃〉7 回（ビデオで撮影されていた約 10 分間のみ），〈講義開始後 55〜75 分頃〉4 回，〈講義開始後 75 分頃〜講義終了直前〉1 回となっている．

と児童との間の距離を縮めていったことが分かる．しかし，対決後，サトシは，再び児童との間の距離を示す言葉「俺」を用いる．サトシがこの言葉を用いることで，おそらく，児童は，完全に入り込んでいた『ポケットモンスター』の世界から再び現実世界に戻ってくることになる．サトシの言動は，この講義で展開される架空世界の出来事に対する児童の積極的な関与，すなわち，入り込みを促すとともに，児童が再びそこから現実世界へと戻っていくことも促していたと考えられる．

4. 終わりに

本章では，「多義的なジャルゴン」としての「主体性」ないしは subjectivity を受け入れ，この諸相を探求するには，多様な理論的枠組みやアプローチの並立が必要であるという立場に立って議論を展開してきた．議論の対象として取り上げたのは，言葉ないし語りの理解を扱う認知言語学の研究からは等閑視されてきたお話への入り込みのメカニズムである．その中でもとりわけ特殊な事例，すなわち，ある仮想世界が，言葉で提示されるだけでなく，現実世界と融合して目の前で展開し，解釈者は，それが仮想世界であると知りつつも，その中に入り込み，再び，現実世界に戻ってくるという事例を分析対象とした．

分析対象が授業という特殊な環境におけるお話の世界への入り込み現象であったからこそ，また，お話の提供者が，通常の指導者とは異なり，大学生という，解釈者である児童と年齢的にも，また，その本来の立場としても近い立場の存在であったからこそ，そしてまた，分析者である筆者が（『ポケットモンスター』に関する十分な知識がなかったために）児童と同じようにはこのお話に入り込めなかったからこそ，垣間見られた側面が多々あったと考えている．このデータを分析することで，解釈者をお話の世界に引き込むには，当然のことながら，解釈者自身の過去から現在に至るまでの具体的な身体経験とそれに基づく知識が必要不可欠なこと，また，だからこそ，解釈者（とりわけ，幼い解釈者）をより自然にお話の世界に入り込ませるためには，提示するお話の世界をできるだけ現実世界と融合させることが重要であり，それを可能にさせるサトシのような存在が必要であること，などが明らかになった．

本データで見たサトシのように，オン・ステージ領域（『ポケットモンスター』という架空世界）とグラウンド（現実世界）とをつなぐ存在，すなわち，オン・ステージ領域内の存在とインタラクトするだけでなく，解釈者とも（その知識や心情に常に気を配りながら）積極的にインタラクトする存在は，非常に特殊ではあるが，サトシがこのような役割を担っていたからこそ，児童も，この架空世界に徐々に入り込んでいけたと考えられる．また，サトシが児童とのインタラクションの中で用いた「みんな」や，「よ」「ね」などの終助詞，勧誘や要求，質問などの発話行為に相当する言語表現は，児童との"二人称的交流"を促し，児童を，この架空世界の中で繰り広げられる出来事に，参与者の一人として引き込む役割を担っていたことも示された．[19]

　主体性の根源が身体を介した外部世界及び他者との直接的なインタラクションにあるとするならば，この直接的なインタラクションの実際やそれに基づく EC，さらには，この EC を基盤として可能となる DEC に関するより深い考察なくして，主体性の全容を捉えることは出来ない．本章での考察に，熊谷（2006）や岡本（2008），小松（2010）や Reddy（2008）をはじめとする発達心理学の知見や，岡田（2008）や渡辺（2008）に見られるようなコミュニケーションと身体との関わりに関する実証的な研究成果，他者を引き込むインタラクションのメカニズムに関する岩崎ら（2014）の研究や共感のメカニズムに関する Tsuji et al. (2014) をはじめとする実験的あるいは観察に基づく検討などをさらに組み込んでいくことで，主体性の諸相ははじめて明らかになると思われる．分野を超えた複合的・学際的な研究が必要であろう．

参考文献

秋富克哉（2015）「哲学の家郷——西田とハイデッガーの哲学的対話に向けて（一）」『文明と哲学』（日独文化研究所）第 7 号，65-83.
Cook, Haruko Minegishi (1996) "The Use of Addressee Honorifics in Japanese

---

[19] 本章での主体性に関する立場は，本多（2011, 2012）の立場と，また，第 3 節での議論の一部は，廣瀬（2010）の研究と，それぞれ関連するように思われるが，これに関しては今後の検討課題とする．

Elementary School Classroom," *Japanese/Korean Linguistics* vol. 5, ed. by Noriko Akatsuka, Shoichi Iwasaki and Susan Strauss, 67-81, Center for the Study of Language and Information, Stanford.

Dancygier, Barbara (2012) *The Language of Stories: A Cognitive Approach*, Cambridge University Press, Cambridge.

Ferrari, Lilian and Eve Sweetser (2012) "Subjectivity and Upwards Projection in Mental Space Structure," *Viewpoint in Language: A Multimodal Perspective*, ed. by Barbara Dancygier and Eve Sweetser, 47-68, Cambridge University Press, Cambridge.

深田智（2015）「〈いま・ここ〉の内と外──外の世界への注目と仮想世界への入り込みを中心に──」『言語研究の視座』，深田智・西田光一・田村敏広（編），358-377，開拓社，東京．

廣瀬幸生（2010）「公的自己・私的自己の観点と主体性の度合い──言語使用の三層モデル──」日本英文学会中部支部第62回大会シンポジウム『ラネカーの視点構図の射程』口頭発表（2010年10月17日，金沢大学）．

本多啓（2011）「Subjectification を三項関係から見直す」（日本英語学会第29回大会シンポジウム『（間）主観性の諸相』）『Conference Handbook 29』（The English Linguistic Society of Japan），235-240．

本多啓（2012）「Langacker 及び Traugott の subjectivity と共同注意」『言語と（間）主観性研究フォーラム in 仙台』口頭発表（2012年3月24日，東北大学）．

伊藤徹（2014）「主体性の概念とその淵源」『京都工芸繊維大学学術報告書』第7巻，13-25．

岩崎安希子・下斗米貴之・阿部香澄・長井隆行・大森隆司（2014）「他者を引き込んでいく戦略的インタラクションのモデル化」『2014年度日本認知科学会第31回大会発表論文集』，118-121．

『実践と交流を通じて高める食の専門家力～学生を学ぶ主体から教える主体に～（平成21年度～平成23年度）活動報告書』（大学教育・学生支援推進事業【テーマA】），京都府立大学，2012年3月31日．

神尾昭雄（1990）『情報のなわ張り理論：言語の機能的分析』大修館書店，東京．

小松孝至（2010）「第1章　ことばの発達と自己」『生きた言葉の力とコミュニケーションの回復』（シリーズ子どもへの発達支援のエッセンス　第1巻），秦野悦子（編），3-27，金子書房，東京．

小松孝至（2014）「発達心理学（社会的発達）の観点からみた言語獲得とこころの発達」『日本認知言語学会第15回大会 Conference Handbook』，34-37．

熊谷高幸（2006）『自閉症　私とあなたが成り立つまで』ミネルヴァ書房，京都．

Langacker, Ronald W. (1985) "Observations and Speculations on Subjectivity," *Iconicity in Syntax*, ed. by John Haiman, 109-150, John Benjamins, Amsterdam.

Langacker, Ronald W. (2006) "Subjectification, Grammaticalization, and Conceptual Archetypes," *Subjectification: Various Paths to Subjectivity*, ed. by Angeliki Athanasiadou, Costas Canakis and Bert Cornillies, 17-40, Mouton de Gruyter, Berlin.

Langacker, Ronald W. (2007) "Constructing the Meanings of Personal Pronouns," *Aspects of Meaning Construction*, ed. by Günter Radden, Klaus-Michael Köpche, Thomas Berg and Peter Siemund, 171-187, John Benjamins, Amsterdam.

Langacker, Ronald W. (2008) *Cognitive Grammar: A Basic Introduction*, Oxford University Press, Oxford.

Matsui, Tomoko, Taeko Yamamoto and Peter McCagg (2006) "On the Role of Language in Children's Early Understanding of Others as Epistemic Beings," *Cognitive Development* 21, 158-173.

中村芳久 (2004)「第1章 主観性の言語学:主観性と文法構文・構文」『認知文法論』,中村芳久(編), 3-51, 大修館書店, 東京.

中村芳久 (2009)「認知モードの射程」『「内」と「外」の言語学』,坪本篤朗・和田尚明・早瀬尚子(編), 353-393, 開拓社, 東京.

岡田美智男 (2008)「コミュニケーションに埋め込まれた身体性──ロボット研究からのアプローチ」『月刊言語』Vol. 37, No. 6, 56-63.

岡本夏木 (2008)「コミュニケーションの初相と身体性の展開──乳児期を中心に」『月刊言語』Vol. 37, No. 6, 18-26.

Reddy, Vasudevi (2008) *How Infants Know Minds*, Harvard University Press, Cambridge, MA. [佐伯胖(訳) (2015)『驚くべき乳幼児の心の世界──「二人称的アプローチ」から見えてくること──』ミネルヴァ書房, 京都.]

Rubba, Jo (1996) "Alternate Grounds in the Interpretation of Deictic Expressions," *Space, Worlds, and Grammar*, ed. by Gilles Fauconnier and Eve Sweetser, 227-261, University of Chicago Press, Chicago.

崎田智子・岡本雅史 (2010)『言語運用のダイナミズム』研究社, 東京.

Sanders, José and Gisela Redeker (1996) "Perspective and the Representation of Speech and Thought in Narrative Discourse," *Space, Worlds, and Grammar*, ed. by Gilles Fauconnier and Eve Sweetser, 290-317, University of Chicago Press, Chicago.

Sanders, José, Ted Sanders and Eve Sweetser (2009) "Causality, Cognition, and

Communication: A Mental Space Analysis of Subjectivity in Causal Connectives," *Causal Categories in Discourse and Cognition*, ed. by Ted Sanders and Eve Sweetser, 19-59, Mouton de Gruyter, Berlin.

Sweetser, Eve (2012) "Introduction: Viewpoint and Perspective in Language and Gesture, from the Ground Down," *Viewpoint in Language: A Multimodal Perspective*, ed. by Barbara Dancygier and Eve Sweetser, 1-22, Cambridge University Press, Cambridge.

Traugott, Elizabeth Closs (1995) "Subjectification in Grammaticalisation," *Subjectification and Subectivisation: Linguistic Perspective*, ed. by Dieter Stein and Susan Wright, 31- 54, Cambridge University Press, Cambridge.

坪本篤朗 (2006)「『語り』の認知意味論──〈対称性言語学〉の試み(その1)──」『ことばと文化』(静岡県立大学英米文化研究室) 第9号, 81-114.

坪本篤朗 (2009)「〈存在〉の連鎖と〈部分〉／〈全体〉のスキーマ──「内」と「外」の〈あいだ〉──」,『「内」と「外」の言語学』, 坪本篤朗・和田尚明・早瀬尚子(編), 299-351, 開拓社, 東京.

Tsuji, Yuichiro, Ami Tsukamoto, Takashi Uchida, Yusuke Hattori, Ryosuke Nishida, Chie Fukada, Motoyuki Ozeki, Takashi Omori, Takayuki Nagai and Natsuki Oka (2014) "Experimental Study of Empathy and Its Behavioral Indices in Human-Robot Interaction," *Proceedings of the Second International Conference on Human-Agent Interaction*, 245-248. Doi: 10.1145/2658861.2658933.

Vygotsky, Lev (1986) *Thought and Language*, Harvard University Press, Cambridge, MA.［柴田義松(訳) (2001)『新訳版 思考と言語』新読書社, 東京.］

渡辺富夫 (2008)「人を引き込む身体的コミュニケーションの不思議さ」『月刊言語』Vol. 37, No. 6, 64-71.

山梨正明 (2000)『認知言語学原理』くろしお出版, 東京.

第 11 章

主観性と言語使用の三層モデル*

廣瀬　幸生

筑波大学

キーワード：　公的自己，私的自己，状況把握，状況報告，対人関係

1. はじめに

　認知言語学的観点からの日英語対照研究では，日本語は英語に比べて，話し手が状況に主体的に関与する度合いが強いため，当該状況がより主観的に把握されるということが明らかにされており，この点はラネカーの視点構図だけでは十分な説明ができない．しかしそれだけに，この日英語の差がそもそもどこからくるのかということが当然問われなければならない．この点については，池上 (2000, 2003/2004) では，言語における談話の特徴の違いが関わるとし，英語はダイアローグ的談話の特徴をもつのに対し，日本語はモノローグ的談話の特徴をもつという説が展開されている．また，中村 (2004, 2009) では，言語に反映される認知モードの違いが関わるとし，英語は D モード (Displaced mode) 型の言語なのに対し，日本語は I モード (Interactional mode) 型の言語であるという説が展開されている．
　本章では，池上説や中村説と同じような方向性をもちながらも，一連の拙論で論じてきた「公的自己・私的自己」という観点を発展させた形で日英語の差を説明する枠組みを提示する．それは「言語使用の三層モデル」と呼ぶもので，文法と語用論の関係を扱う一般理論を目指すものである．以下，2

---

* 本研究は，JSPS 科研費 24320088「文法と語用論の関係に関する日英語対照研究」の助成を受けたものである．

節で日英語における主体化の度合いの違いを簡単に見た後，3節で言語使用の三層モデルの要点を示す．4節以降は，三層モデルを動機づける言語的証拠を提示するとともに，そのモデルによって，状況把握の主観性に関わる日英語の差がどのように説明されるかを論じる．

2. 日英語と主体化の度合い

　本節では，一人称代名詞の不使用に見られる主体化の現象を取り上げ，日本語は英語に比べて主体化の度合いが強い，つまり，話し手が状況に自己を投入する度合いの強い言語であり，したがって状況がより主観的に捉えられることになる，ということを簡単に概観する．

　まず，ここでいう主体化の概念を説明するために，Langacker (1990) からの次の例について見てみよう．

(1) a. Vanessa is sitting across the table from Veronica.
　　b. Vanessa is sitting across the table from me.
　　c. Vanessa is sitting across the table.

(1) の例は，すべて Vanessa がすわっている位置を記述する文である．(1a) は Vanessa の位置を，Veronica を基点にして記述しており，その状況に話し手は関与していないので，最も客観的な描写である．それに対し，(1b, c) では Vanessa を位置づける基点は話し手であり，その意味で話し手は状況に関与している．話し手を (1b) のように from me と表現すると，me の指示する話し手は記述される対象の側に置かれ，その結果，その状況自体も，言語主体としての話し手から切り離された解釈を受ける．そのような状況としてふさわしいのは，Vanessa と話し手が写っている写真などを説明している場合である．一方，(1c) のように基点が言語的に明示されないときは，その基点は言語主体としての話し手自身に結びつく．この場合，話し手は自らが身を置いている状況を記述しており，その意味で主観的な描写である．主体化とは，このような言語主体による主観的な状況把握をいう．

　森 (1998) は，主体化の現象を一人称代名詞の不使用という観点から見直し，一人称代名詞を明示しないことによって，話し手は自らが記述する「事態に没入する」ことになるという考え方を提示する．そして，一人称代名詞

の省略が自由にできない英語では主体化は有標の現象で,「主体化」と呼ぶにふさわしいが,一人称代名詞の不使用が普通である日本語では,主体化はむしろ無標の現象であり,したがって日本語で問題とすべきは,主体化とは反対の「客体化」であると考え,次のように一般化する.

(2) a. 英語では,主体を客観的に述べるのが無標であり,主体が事態に没入しているように述べるのは有標.（＝無標から有標への「主体化」）
   b. 日本語では,主体が事態に没入しているのが無標であり,主体を客観的に述べるのは有標.（＝無標から有標への「客体化」）

(森 (1998: 192))

具体例として,日本語の (3) と英語の (4) について考えてみよう.

(3) a. ほら,歩いている (でしょ). 歩いている (でしょ).
   b. ほら,彼が歩いている (でしょ). 歩いている (でしょ).
   c. ほら,私が歩いている (でしょ). 歩いている (でしょ).
(4) a. Look, I'm walking.
   b. Look, he's walking.

森が指摘するように,日本語では,病気などで歩けなかった人が歩けるようになったときの発話としては,代名詞を使わない (3a) のような言い方をしなければならない.一方,他者については,「彼」などを用いて (3b) のように言える.ところが,一人称について (3c) のように言うと,それはビデオや写真のなかで歩いている自分を見ての発言と解釈される.これは,森によれば,一人称代名詞を明示することで,状況を客観的に把握する客体化が起こるためだと説明される.それに対し,主語の省略が自由にできない英語では (3a) も (3c) も, (4a) のように I am walking. であり,これは他者に関して (4b) のように He is walking. というのと同様である.これは,要するに,英語では主体を客観的に述べるのが無標だからである.森 (1998) と同趣旨の議論は, Uehara (1998), 西村 (2000), 池上 (2000, 2003/2004), 坪本 (2002), 中村 (2004, 2009), 本多 (2005) などでも見られる.

そうすると,説明されるべきは,話し手の「事態への没入」としての主体化がどうして日本語では無標で,英語では有標の現象となるのかという点で

ある．この日英語の違いを文法と語用論の関係に関する理論的観点から説明するのが三層モデルである．

3. 言語使用の三層モデル

　三層モデルの要点は，次の①から④のようにまとめられる．

① 状況を捉え，それを言語化する話し手を，伝達の主体としての「公的自己」と，思考・意識の主体としての「私的自己」という2つの側面に解体する．英語は公的自己中心の言語，日本語は私的自己中心の言語と特徴づけられる．

② 言語使用は，「状況把握」（私的自己による思いの形成），「状況報告」（公的自己による思いの伝達），「対人関係」（公的自己による聞き手への配慮）という3つの層からなり，言語のもつ「自己中心性」が公的自己にあるか，私的自己にあるかによって，3つの層の組み合わせが異なる．

③ 公的自己中心の英語では，通常，状況把握と状況報告が一体化し，それに対人関係の層が付加される（図1参照）．状況把握と状況報告が一体化するということは，状況を報告する状況外の視点が優先されるということであり，話し手は，報告上必要なことはできるだけ言語化することになる．したがって，話し手自身が状況に当事者として関与するときでも，報告者の視点は，状況内の自己を他者と同様に言語化される側におく．一方，状況報告と対人関係が一体化していないということは，状況報告において，聞き手との特定の関係に依存しない，無標の情報伝達レベルを想定することができるということである（話し手と聞き手は言語的に対等で，双方向的関係にある）．そのうえで，聞き手との関係に応じた対人配慮（ポライトネス）が加味され，言語使用が決定される．

④ 私的自己中心の日本語では，通常，状況把握が状況報告および対人関係から独立している（図2参照）．したがって，状況把握においては，話し手は自由に状況の中に身をおき，状況内から状況を捉えることができ，また，すでに自分の意識の中に確立していることは

言語化する必要はない．しかし一方，状況報告は対人関係と一体化しており，話し手は，聞き手との特定の関係を考慮し，かつ，その関係において自己を規定し，状況報告を行わなければならない．したがって，状況報告においては，対人関係の視点ができるだけ言語化されなければならず，対人関係に中立的な，無標の情報伝達レベルを想定することはできない．

　以上が三層モデルの要点である．それを図示すると下図のようになる．図における略語や記号の意味するところは図の下に記した通りである．話し手の自己中心性（○で囲んだSで，無標の直示的中心をなす）が公的自己にあるのが英語で，私的自己にあるのが日本語である．なお，図1において状況報告のSから状況把握のSへの縦矢印は，英語では状況を把握する私的自己が状況を報告する公的自己の観点から捉えられ表現されることを表し（4節参照），図2における状況報告のSから対人関係のSへの縦矢印は，日本語では公的自己は状況を報告する際に聞き手との対人関係の把握も表現に込めることを表す（5節参照）．次節以降では，言語的証拠をあげながら三層モデルの妥当性と説明力について論じる．

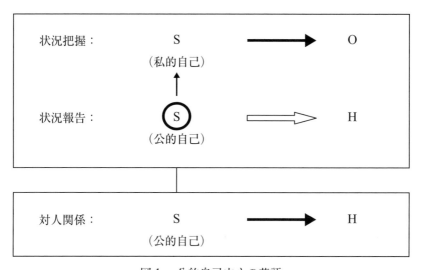

図1　公的自己中心の英語

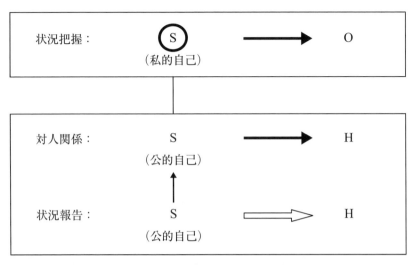

図2　私的自己中心の日本語

S：話し手（主体）　　O：状況（客体）　　H：聞き手

➡：捉える　　⇨：伝える　　◯：無標の直示的中心

4. 公的自己中心の英語・私的自己中心の日本語

　本節では，三層モデルにとって重要となる「英語は公的自己中心の言語，日本語は私的自己中心の言語」という考え方について，その概略を述べる（詳細は廣瀬 (1997), Hirose (2000), Hasegawa and Hirose (2005), 廣瀬・長谷川 (2010) 参照）．

　言語主体としての「話し手」という概念は一枚岩ではなく，「公的自己」と「私的自己」という二つの側面に解体することができる．公的自己とは伝達の主体としての話し手，私的自己とは思考・意識の主体としての話し手である．公的自己・私的自己は「公的表現・私的表現」という異なるレベルの言語表現の主体と特徴づけられる．公的表現とは言語の伝達的機能に対応する言語表現であり，したがって，聞き手に対する話し手の伝達意図が想定されるレベルの表現である．一方，私的表現とは伝達を目的としない，言語の思考表現機能に対応する言語表現である．つまり，話し手の思いを言語化した

第11章　主観性と言語使用の三層モデル

だけで，聞き手への伝達意図が想定されないレベルの表現である．

　言語表現のなかには聞き手の存在を前提とするものがある．そういう「聞き手志向表現」の典型例として，日本語には，①「よ」や「ね」など一定の終助詞，②「立ちなさい・立ってください」などの命令・依頼表現，③「おい」などの呼びかけ表現，④「はい・いいえ」などの応答表現，⑤「です・ます」など丁寧体の助動詞，⑥「(だ) そうだ」などの伝聞表現などがある．これらの聞き手志向表現は，定義上，公的表現としてしか用いられず，聞き手志向表現を含む句や文もまた，聞き手への志向性をもつことになり，公的表現として機能する．一方，聞き手志向表現を含まない句や文は，話し手が他者への伝達を意図して用いないかぎりは私的表現であり，一定の思いを表現したものにすぎないと考えられる．

　公的表現は話し手の伝達態度にかかわるのに対し，私的表現は話し手の心的状態に対応する．心的状態は「思う」などの思考動詞によって記述される．思考内容を表す言語表現のレベルは私的表現でなければならないので，思考動詞は，その引用部に私的表現しかとることができないという制約を受ける．たとえば，次例を見てみよう（以下，〈　〉は私的表現を，［　］は公的表現を表す）．

　　(5) a.　春男は，〈雨にちがいない〉と思っている．
　　　　b.　春男は，〈雨だろう〉と思っている．
　　(6) a.　*春男は，［雨だよ］と思っている．
　　　　b.　*春男は，［雨です］と思っている．

(5) では，下線部の「にちがいない」と「だろう」がそれぞれ確信と推量という心的状態を表すので，引用部は私的表現であり，文法的である．それに対し，(6) は容認されない．これは，下線部の「よ」と「です」が聞き手志向表現であり，それが思考動詞の引用部全体を公的表現にするからである．

　一方，「言う」をはじめとする発話動詞は，その引用部に私的表現も公的表現もとることができる．たとえば，(7) では，公的表現としての発話がそのまま引用されていると考えられる．

　　(7) a.　春男は夏子に［雨だよ］と言った．
　　　　b.　春男は夏子に［雨です］と言った．

(7) の引用部は，春男の夏子に対する伝達態度とともに，〈雨だ〉という春男の思いも伝えている．したがって，(8) のように，春男の発言を私的表現のレベルで報告することも可能である．

 (8) 春男は夏子に〈雨だ〉と言った．

英文法でいう話法の区別から言えば，(7) が直接話法，(8) が間接話法にあたる．このことから，一般に，直接話法は公的表現の引用で，間接話法は私的表現の引用であると言える (Hirose (1995), Wada (2001), 廣瀬 (2012))．この点はすぐ後でも触れる．

 私的自己と公的自己に関しては，日英語には次のような違いがある（詳細は廣瀬 (1997), Hirose (2000, 2002), 言語文化的議論は Hasegawa and Hirose (2005), 廣瀬・長谷川 (2010) 参照）．

 (9) 日本語には私的自己を表す固有のことばとして「自分」があるが，公的自己を表す固有のことばはないため，誰が誰に話すかという発話の場面的な要因に左右される様々なことば（「ぼく・わたし」「お父さん・お母さん」「おじさん・おばさん」「先生」など）が代用される．

 (10) 英語には公的自己を表す固有のことばとして I があるが，私的自己を表す固有のことばはないため，当該私的表現が誰のものか，つまり，一人称のものか，二人称のものか，三人称のものかにより，本来的には公的な人称代名詞が私的自己を表すのに転用される．

この日英語の違いは，特に間接話法の文法に反映される．日本語には私的自己固有の「自分」があるので，話し手が誰であっても，その私的自己は「自分」で表すことができる．したがって，(11) のような例では，「自分は何を考えているのだろう」という思いはそれ自体で自己完結的な意識であり，その意識の持ち主が誰か，つまり，「ぼく」か「きみ」か「彼」か，ということとは独立して解釈することができる．

 (11) 自分は何を考えているのだろう（と {ぼく／きみ／彼} は思った．)

一方，英語では (12a) のような表現はできない．英語では，(12b) のように，私的自己の意識はその外側に公的自己を想定し，その公的自己から見た

人称代名詞と時制形式が用いられる．

(12) a. *What be self thinking?
　　 b. What {was I / were you / was he} thinking? {I / you / he} wondered.

　(11)と(12)の違いから，次のことが言える．日本語では私的自己の意識がその意識内で自己完結的に語ることができるのは，日本語が私的自己中心の言語だからであり，それに対し，英語では私的自己の意識は当該意識の外側に公的自己を想定しないかぎり語ることができないのは，英語が公的自己中心の言語だからである．つまり，日本語では私的自己による状況把握の表現は公的自己から独立しうるが，英語では公的自己による状況報告に依存するということになる．このことは，三層モデルでいう状況把握と状況報告が日本語では独立しているのに対し，英語では一体化していることを示す1つの証拠である．

5. 日英語の無標の表現形態

　さらなる証拠として，本節では，日英語の無標の表現形態について考察する．ここでの主張は，日本語は無標の表現形態が私的表現，英語は公的表現ということである．

　まず，日本語では，思いを言語化しただけの文は私的表現と解釈されるのが普通であり，それを他者に伝えるためには，その他者との対人関係を考慮した公的表現を用いることによって，しかるべき伝達性をもたせなければならない．たとえば，今日が日曜日であることを会話で人に伝えるときに，(13)のように「今日は日曜日だ」とだけ言うということはほとんどない(Matsumoto (1988))．終助詞の「よ」や丁寧体の「です」「でございます」などを用いて，(14)のように言うのが普通である．

(13)　今日は日曜日だ．
(14) a.　今日は日曜日だよ．
　　 b.　今日は日曜日です．
　　 c.　今日は日曜日でございます．

つまり，日本語では伝達専用の公的表現を用いないかぎり，発話の無標の解釈は私的表現だということである．これは日本語が私的自己中心の言語で，状況把握が状況報告から独立していることを示すものである．逆に言えば，日本語では，対聞き手関係を反映させない限り，情報のしかるべき伝達ができない，つまり，対聞き手関係と情報伝達は不可分ということになる (Matsumoto (1988, 1989), Ide (1989), 井出 (2006) など)．これは，三層モデルにおける対人関係と状況報告が一体化していることを示すものである．

一方，英語では，(15) の文は聞き手が誰であろうとこのままの形で伝達が可能なので，特定の聞き手関係に依存しない情報伝達レベルが想定できる．

(15) Today is Sunday.

このことは，英語では，三層モデルにおける状況把握と状況報告が一体化している一方で，状況報告と対人関係は独立していることを示すものである．

ただし，(16) のように，相手を呼ぶ呼称に対人関係を反映することはできるが，これらは付加的な要素であり，伝達上不可欠なものではない．

(16) Today is Sunday, {madam/ma'am/Mrs. Brown/Jane/darling/honey/etc.}.

しかし逆に言えば，状況報告から独立した対人関係を補うために，英語ではこれらの付加的な呼称が豊富に発達していると考えることができるのである．

6. 公的自己中心性と遂行分析

本節でも，日本語の無標の表現形態が私的表現で，英語は公的表現であることを示す，さらなる証拠を見る．

生成文法でよく知られているように，Ross (1970) の遂行分析では，平叙文に I SAY TO YOU という遂行節，つまり話し手が聞き手に語りかけることを示す節を仮定する．これによると，(17a) の文は (17b) のような構造をもつ．(17b) では，I SAY TO YOU の部分が状況報告に対応し，Today is Sunday の部分が状況把握に対応する．したがって，(17b) の関係を内包す

る (17a) の文は，状況把握と状況報告が一体化した公的表現と解釈される．

(17) a. Today is Sunday.［無標解釈：公的表現］
　　 b. I SAY TO YOU Today is Sunday.

一方，日本語の (18a) には，(18b) のような遂行節を仮定することはできない．

(18) a. 今日は日曜日だ．［無標解釈：私的表現］
　　 b. #I SAY TO YOU 今日は日曜日だ．

これは「今日は日曜日だ」がこのままだと私的表現と解釈されるからである．その言語的証拠は，日英語の発話行為条件文に関する志澤の研究（志澤 (2009), Shizawa (2011)）から得られる．

たとえば，英語の例 (19a) では，if you don't know という条件節は，主節の I tell you を修飾する．つまり，「知らないなら，あなたに言う・教える」ということである．さらに (19b) に示したように，英語では I tell you がなくても if you don't know は生起可能である．このことから，英語では Today is Sunday. という文が，それ自体で，聞き手への伝達を志向する公的表現として解釈されると言えるわけである．[1]

(19) a. If you don't know, I tell you today is Sunday.
　　 b. If you don't know, today is Sunday.

ところが，日本語の「知らないなら」という条件節は，(20a) のように「言うが・教えるが」という伝達性を保証する表現が付加されれば可能だが，それがないと，(20b) のように容認されない．

(20) a. 知らないなら {言う／教える} が，今日は日曜日だ．

---

[1] Shizawa (2011) によると，(19) のような例では，I tell you がない (19b) のほうが普通であり，英語母語話者によっては，(19a) のように I tell you がつくと不自然と判断する人もいるという．これは，正に，Today is Sunday. だけで公的表現として解釈できるのに，それにあえて I tell you という遂行節を付加するには，それなりの理由がないと不自然と感じられるためだと思われる（この点に関するより詳細な分析は Ikarashi (2013, 2014) 参照）．

　　　　b. *知らないなら，今日は日曜日だ．

これは，まさに，「今日は日曜日だ」という文がそれ自体では私的表現だからであり，それは，次の (21a, b) に示したように，下線部のような公的表現を付加し伝達性を上げると，容認度も上がるということからも裏付けられる．

　(21) a. ?知らないなら，今日は日曜日だよ．
　　　　b. ご存じないようでしたら，今日は日曜日ですよ．

　なお，同趣旨の事実観察は，内田 (2002, 2011) など関連性理論の研究においても見られ，内田では，関連性理論の観点から，日本語は，遂行節に対応するような「高次表意」の具現が義務的な言語だが，英語は必ずしもその必要のない言語であると一般化されている．では，どうしてこのような一般化が成り立つのかというと，Shizawa (2011) が指摘するように，日英語の無標の表現形態が私的表現か公的表現かの違いから導かれるものと考えられるのである．

7. 状況把握における自己と他者の関係

　ここまでの議論から，公的自己中心の英語と私的自己中心の日本語における三層モデルの基本的構造が明らかになったことと思われる．これをもとに，状況把握において日本語のほうが英語より主体化の度合いが強いのはどうしてかということを説明する．そのために，本節では状況把握における自己と他者の関係について考察する．

　まず，公的自己中心の英語では，公的自己の I は聞き手の you を想起し，you は I を想起するというように，話し手と聞き手は言語的に対等で，双方向的関係にある．Benveniste (1971) によれば，(22) に示すように，人称代名詞は，話し手である一人称の I と聞き手である二人称の you が真の人称 (person) とされ，これらがペアとなって発話行為に関わる人称体系を構成し，それ以外の三人称は非人称 (non-person) と特徴づけられる．

(22)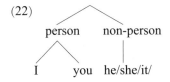

公的自己は,「あなたあってのわたしだから,わたしはあなたを忘れない」という特徴をもつ.そこから,第一に,「あなたを忘れて,状況にのめりこまない」,第二に,「あなたが分かるように,できるだけ言う」,第三に,「あなたと一体化し,あなたを通して人一般のことを表現することができる」という特徴が出てくる.

「あなたを忘れて,状況にのめりこまない」ということは,話し手自身が状況に当事者として関与するときでも,状況報告者としての公的自己の視点は,状況内の自己を他者と同様に見られる側(言語化される側)におく(図1参照)ということを意味する.これが英語では,日本語の (23b) と違い,(23a) のように一人称代名詞の I を省略しない理由だと言える.

(23) a. I (can) see a bus over there.
     b. 向こうにバスが見える.　　　　　　　　　　　(西村 (2000))

次に,「あなたが分かるように,できるだけ言う」ということは,状況の関与者を表す文法項はできるだけ明示するということを意味する.これが英語では,日本語の (24b) と違い,(24a) のように主語や目的語を省略しない理由だと考えられる.そしてここで働いているのが,「できるだけ言え」という Horn (1984) の「聞き手基盤の原則」や池上 (2000) の「聞き手にとっての復元可能性」という原則である.

(24) a. He is rich, and I envy him.
     b. (あいつは) 大金持ちで,(ぼくは)(あいつが) うらやましい.

最後に,「あなたとの一体化」によって人一般を表す,(25) のような「総称の you」の用法が確立している.これは,あなたとわたしが person(人)を構成するという関係をもとに,あなたである you に人一般を代表させ,わたしの一般論を述べるものと言える(関連する議論として Bolinger (1979) や

小森 (1992) 参照).[2]

(25)　You cannot live by bread alone.
　　　(≒ One cannot live by bread alone.)

　一方，私的自己中心の日本語では，(26) に示すように，私的自己の「自分」を基準にして，「人₁」(人一般)を「自分」とそれ以外の「人₂」(他人)に分ける．(27) は，「人₁」と「人₂」の両方が生じている例である．

(26)　　　　　人₁ (＝人一般)
　　　　　／　　　　　＼
　　　　自分　　　人₂ (＝他人)

(27)　人₁は年をとるにつれ，人₂から学ぶことが多くなる．

(26) の図から分かるように，「自分」は「人₁」の中で優先される関係にある．

　私的自己は，「あなたのいないわたしだから，わたしは人に縛られない」という特徴をもつ．そこから，第一に，「人に縛られず，自由に状況にのめりこめる，つまり，状況に「我」を忘れることができる」，第二に，「自分中心だから，自分に分かっていることは言わない」，第三に，「あなたのいないわたしには，あなたと一体化し，あなたを通して人一般のことを表現することはない」という特徴が出てくる．

　「人に縛られず，自由に状況にのめりこめる，つまり，状況に「我」を忘れることができる」ということは，話し手は状況の中に身をおき，状況内から状況を捉えることができ，その際，状況を捉える自己は，特別な理由がないかぎり，その意識の中に埋没し，背景に追いやられ，その結果，「自分」が見えなくなるということを意味する．これが日本語では，(28) のような例で一人称主語を明示しない理由であり，また，中村 (2009) が指摘する (29) のような例で，自分の寒さとその場所の寒さを区別しないような解釈が可能となる理由である．つまり，(28) でも (29) でも，述部の部分だけが私的自

---

[2] Benveniste (1971) 的に言えば，(22) の図に示されているように，I と you だけが person なのだから，I が思い浮かべる人には誰でも you をあてることができるという理屈になる．

己の意識の中核を占めるということである．

(28) a. 向こうにバスが見える．
b. うれしい．
(29) 寒い！［自分の寒さとその場所の寒さを区別しないで］

それに対し，(30) のような例が特別な場合で，自己に対する疑念や判断，他者との対比などを私的自己が意識すると，その意識内で自己の前景化が起こり，「我」に戻る，つまり，「自分」が見えるようになるので，「自分」が現れることになる．

(30) a. 自分は何を考えているのだろう．［自己に対する疑念］
b. 自分は恵まれている．［自己に対する判断，他者との対比］

次に，「自分中心だから，自分に分かっていることは言わない」ということは，状況の関与者を表す文法項は，意識の中で確立していれば，必要以上に表現しないということを意味する．これが日本語では，(31) のような例で主語や目的語を表現しない理由だと考えられる．そしてここで働いているのが，「必要以上に言うな」という Horn (1984) の「話し手基盤の原則」や池上 (2000) の「話し手にとっての復元可能性」という原則である．

(31) あいつは 大金持ちで，ぼくは あいつが うらやましい．

最後に，「あなたと一体化しない」ということから，日本語では，二人称代名詞を含む (32) のような例を総称的に解釈することはできない．その理由は，「きみ・あなた」などの語から話し手が前提とする特定の人間関係が切り離せないため，恒常性・一般性が保証されない，つまり，誰に対しても「きみ・あなた」とは言えないからである．

(32) ｛きみ／あなた｝は，パンだけでは生きられない．

さらに，公的自己・私的自己中心性の違いは，日英語における文法的な人称の捉え方にも反映される．公的自己中心の英語では（他の西欧語も同様だが），状況を記述する文に一人称・二人称・三人称の区分が文法的に反映される．これは，英語では状況把握が状況報告と一体化しているので，公的自己の視点が状況把握に入り込むからである．それに対し，私的自己中心の日本

語では，状況把握は状況報告から独立しているので，そこで問題となる人称区分は自己対他者，つまり「自分」か「人」かである．だから日本語では，心理述語の「うれしい／うれしがっている」の対立などに見られるように，自己対他者の区別に文法的に敏感となるわけである．

8. 状況把握における日本語の自己志向性と英語の他者志向性

以上，状況把握における日英語の違いを見てきたが，これは次のようにまとめることができる．

(33) 状況把握においては，私的自己中心の日本語は，自己を他者より優位におくという意味で，自己志向性の強い（したがって主体性の強い）言語である．一方，公的自己中心の英語は，自己を他者と等位におくという意味で，他者志向性の強い（したがって客体性の強い）言語である．

三層モデルで示されているように，日本語では，状況把握が状況報告から独立しているために，状況把握における自己の優位性が可能になるが，英語では，状況把握は状況報告と一体化しているために，状況把握においても，話し手・聞き手の双方向的関係が保持されるのである．これが要するに，日英語における状況把握の主観性・客観性の違いをもたらす要因であると言える．

ただし，(33)は日英語における無標の場合に基づく一般化だという点にも注意しなければならない．というのは，日英語には有標的な言語現象も見られるからである（詳細は廣瀬・長谷川 (2010) 参照）．英語でも，他者への伝達を意図しない日記などの特殊な文体では一人称代名詞を用いないことがよくある．それを示すのが (34), (35) の例で，出典は Helen Fielding の日記小説 *Bridget Jones's Diary* (Picador, 1996) と *Bridget Jones: The Edge of Reason* (Picador, 1999) である．以下では，それぞれを BJD, BJER と略記する．丸括弧は筆者によるもので I の省略を表す．

(34) a. ( ) Cannot believe this has happened. (BJD)
     b. Oh, God, ( ) feel awful. (BJD)

c. (　) Am really tired. (BJER)
(35) a. (　) Do not even know where (　) am meeting him. (BJER)
b. (　) Wish (　) was dead. (BJD)
c. (　) Will call him when (　) get home.... (BJER)
d. (　) Realize (　) have to learn to love *self* and live in moment....
(BJER)

　(34) は主節主語だけの省略だが，(35) では従属節主語も省略されている．たとえば (35a) は，「彼とどこで会うかも知らない」という日本語文と平行的である．また，(35d) では，I が消えたことで myself が self になっているのも興味深い．このように日記英語は，自己志向性の強い文脈だからこそ，主体化が起こりやすいと言える．
　一方，日本語では人称代名詞を画一的に使うと，普通でない表現になる．その典型が，教科書英語の訳として用いられる「教科書英語的日本語」である．(36) がその例で，清水義範の『永遠のジャック＆ベティ』(講談社文庫，1991) からの引用である．

(36)　「あなたはジャックですか」「はい．私はジャックです」「あなたはジャック・ジョーンズですか」「はい．私はジャック・ジョーンズです」
　　　こうして，三十数年ぶりに再会した二人は路上で奇妙な会話を始めた．
　　　「オー，何という懐かしい出会いでしょう」「私はいくらかの昔の思い出を思い出します」「あなたは一人ですか」「はい．私は一人です」
(清水義範『永遠のジャック＆ベティ』)

教科書英語的日本語では，英語の I, you, he/she に対応して「わたし・あなた・彼／彼女」という訳が確立しており，特に「わたし」と「あなた」は英語の I, you と同様，双方向的関係にある．つまり，自己を他者と言語的に等位に置くことによって，自分のことも人ごと的に述べることになる．もちろん，これは，本来，私的自己中心で自己志向性の強い日本語にとっては極めて有標的な表現となる．

9. 状況把握における自己優位性と状況報告における対人配慮

　最後に，三層モデルにおける状況把握と状況報告の関係に関する日英語の違いについて考察しておく．

　まず，日本語では，状況把握と状況報告は独立しているので，状況把握における自己の言語的優位性は，状況報告における対人配慮と共存する．つまり，状況把握では，話し手の方が言語的に優位なので，その分逆に状況報告では，対人関係に見合う，聞き手への配慮を表現することで，調整がはかられるということである．たとえば，次の例について考えてみよう．

(37) a. うれしい．
　　 b. うれしいよ．
　　 c. うれしいです．
　　 d. うれしく {思います／存じます}．

(37a) は，「うれしい」という思いを表現しただけのものであり，一人称主語が明示されていない．一方，(37b-d) は，「うれしい」という思いを聞き手に伝えるための表現であり，一人称主語が非明示ながらも，聞き手との関係に配慮した公的表現が使われている．つまり，一人称代名詞などの文法項の非明示は，状況把握層において「必要以上に言うな」という話し手基盤の原則に従うものであり，一方，対人関係に応じた公的表現の使用は，状況報告層において「できるだけ言え」という聞き手基盤の原則に従うということである．そして，このことが可能なのは，日本語では，まさに，状況把握と状況報告が独立しているからにほかならない．

　それに対し，英語では，状況把握と状況報告が通常一体化するので，もし状況把握で自己を優位におき主体化を誘発すると，状況報告における聞き手との心理的距離は縮まることになる．これを示すのが (38) のような例で，一人称主語を欠く (38b) は，(38a) より親近感を含意する言い方と解釈される．つまり，(38b) では話し手は状況外の報告者の視点ではなく，状況内の関与者の視点をとっており，それを聞き手にも課すことで聞き手を心理的に近づけているのである (Thrasher (1977), Langacker (2008: 468-469) も参照)．

(38) a. I hope you like it.
　　 b. ( ) Hope you like it.

しかし，自己の優位性が度を超し，主体化が従属節にも及ぶと，状況報告としてはもはや適切でなくなる．これを示すのが (39) のような例で，(39b) のように従属節主語も表現されないものは，日記体としては容認されても会話体としては容認されない．日本語の (40) が会話体で容認されるのと対照的である．

(39) a. I do not even know where I am meeting him.
　　 b. #( ) Do not even know where ( ) am meeting him. ［日記体では可］
(40) 　わたしが　彼とどこで会うかも　わたしは　知りません．

これは，英語では，状況把握と状況報告が通常一体化しているからにほかならない．日記体の英語は，状況把握を状況報告から切り離したものなので，状況報告には向かないということになる．[3]

10. まとめ

本章では，日本語は英語に比べて，話し手が状況に主体的に関与する度合いが強いため，当該状況がより主観的に把握されるという点を取り上げ，この日英語の差がどこからくるのかという問いに原理的に答えるために，文法と語用論の関係を扱う一般理論として，言語使用の三層モデルを提示した．その問いに対する答えを簡単にまとめると次のようになる．

(41) 　日本語では状況が主観的に把握されるのが普通なのは，日本語が思考・意識の主体としての私的自己中心の言語であり，状況把握が状況報告から独立しているので，聞き手への情報伝達に縛られないで，話し手は状況のなかに身をおき，状況内から状況を捉えることができるからである．

---

[3] 日記体と会話体の英語の違いについては，Randy Thrasher 氏との議論に負うところが多い．

(42) 英語では状況が客観的に把握されるのが普通なのは，英語が伝達の主体としての公的自己中心の言語であり，状況把握が状況報告と一体化しているので，聞き手への情報伝達が重視され，話し手は聞き手と等位の立場から状況を観察する報告者の視点をとらなければならないからである．

さらに，本章での議論を通して，状況把握の主観性に関する問題は，単に状況把握のあり方だけでなく，状況報告や対人関係も関わる，より広い語用論的問題と表裏一体の関係にあるということも明らかになったと思われる．[4]

参考文献

Benveniste, Emile (1971) *Problems in General Linguistics*, trans. by Mary Elizabeth Meek, University of Miami Press, Coral Gables, Florida.

Bolinger, Dwight (1979) "To Catch a Metaphor: *You* as Norm," *American Speech* 54, 194-209.

Hasegawa, Yoko and Yukio Hirose (2005) "What the Japanese Language Tells Us about the Alleged Japanese Relational Self," *Australian Journal of Linguistics* 25, 219-251.

Hirose, Yukio (1995) "Direct and Indirect Speech as Quotations of Public and Private Expression," *Lingua* 95, 223-238.

廣瀬幸生 (1997)「人を表すことばと照応」『指示と照応と否定』，中右実（編），1-89，研究社，東京．

Hirose, Yukio (2000) "Public and Private Self as Two Aspects of the Speaker: A Contrastive Study of Japanese and English," *Journal of Pragmatics* 32, 1623-1656.

Hirose, Yukio (2002) "Viewpoint and the Nature of the Japanese Reflexive *Zibun*," *Cognitive Linguistics* 13, 357-401.

---

[4] 本章脱稿（2013 年 2 月）後，三層モデルに関する英文の論考として，Hirose (2013, 2015), Shizawa and Hirose (2015) を発表した．また，三層モデルとの関連で日英語の様々な言語現象を分析している研究として，Ikarashi (2013, 2014, 2015), Konno (2015), Nishida (2013), Nobe (2013), Shizawa (2013, 2015), Wada (2013) があるので，参考までに付記しておく．

廣瀬幸生 (2012)「公的表現・私的表現と日英語の話法」『英語語法文法研究』19, 20-34.
Hirose, Yukio (2013) "Deconstruction of the Speaker and the Three-Tier Model of Language Use," *Tsukuba English Studies* 32, 1-28, University of Tsukuba.
Hirose, Yukio (2015) "An Overview of the Three-Tier Model of Language Use," *English Linguistics* 32, 120-138.
廣瀬幸生・長谷川葉子 (2010)『日本語から見た日本人――主体性の言語学』開拓社, 東京.
本多啓 (2005)『アフォーダンスの認知意味論：生態心理学から見た文法現象』東京大学出版会, 東京.
Horn, Laurence R. (1984) "Toward a Taxonomy for Pragmatic Inference: Q-Based and R-Based Implicature," *Meaning, Form, and Use in Context: Linguistic Applications*, ed. by D. Schiffrin, 11‒42, Georgetown University Press, Washington, D.C.
Ide, Sachiko (1989) "Formal Forms and Discernment: Two Neglected Aspects of Universals of Linguistic Politeness," *Multilingua* 8, 223-248.
井出祥子 (2006)『わきまえの語用論』大修館書店, 東京.
Ikarashi, Keita (2013) "The Performative Clause *I Tell You*, Interpersonal Relationship, and Informational Superiority," *Tsukuba English Studies* 32, 111-126, University of Tsukuba.
Ikarashi, Keita (2014) "The Performative Clause *I Tell You* and the Speaker's Informational Superiority," ms., University of Tsukuba.
Ikarashi, Keita (2015) *A Functional Approach to English Constructions Related to Evidentiality,* Doctoral dissertation, University of Tsukuba.
池上嘉彦 (2000)『「日本語論」への招待』講談社, 東京.
池上嘉彦 (2003/2004)「言語における〈主観性〉と〈主観性〉の言語的指標 (1)/(2)」『認知言語学論考』No. 3, 1-49, 同 No. 4, 1-60.
小森道彦 (1992)「人称ダイクシスの磁場」『グラマー・テクスト・レトリック』, 安井泉(編), 185-209, くろしお出版, 東京.
Konno, Hiroaki (2015) "The Grammatical Significance of Private Expression and Its Implications for the Three-Tier Model of Language Use," *English Linguistics* 32, 139-155.
Langacker, Ronald W. (1990) "Subjectification," *Cognitive Linguistics* 1, 5-38.
Langacker, Ronald W. (2008) *Cognitive Grammar: A Basic Introduction*, Oxford University Press, Oxford.

Matsumoto, Yoshiko (1988) "Reexamination of the Universality of Face: Politeness Phenomena in Japanese," *Journal of Pragmatics* 12, 403-426.

Matsumoto, Yoshiko (1989) "Politeness and Conversational Universals: Observations from Japanese," *Multilingua* 8, 207-221.

森雄一（1998）「『主体化』をめぐって」『東京大学国語研究室創設百周年記念国語研究論集』，東京大学国語研究室創設百周年記念国語研究論集編集委員会（編），186-198，汲古書院，東京．

中村芳久（2004）「主観性の言語学：主観性と文法構造・構文」『認知文法論II』，中村芳久(編)，3-51，大修館書店，東京．

中村芳久（2009）「認知モードの射程」『「内」と「外」の言語学』，坪本篤朗・早瀬尚子・和田尚明(編)，353-393，開拓社，東京．

Nishida, Koichi (2013) "A Proposal of Two Levels of the Public Self to Hirose's Three-Tier Model," *Tsukuba English Studies* 32, 71-90, University of Tsukuba.

西村義樹（2000）「対照研究への認知言語学的アプローチ」『認知言語学の発展』，坂原茂(編)，145-166，ひつじ書房，東京．

Nobe, Takahito (2013) "*Just So You Know* and Politeness/Impoliteness Strategies," *Tsukuba English Studies* 32, 127-144, University of Tsukuba.

Ross, John Robert (1970) "On Declarative Sentences," *Readings in English Transformational Grammar*, ed. by Roderick A. Jacobs and Peter S. Rosenbaum, 222-272, Ginn and Company, Waltham, MA.

志澤剛（2009）「発話理由条件文：聞き手志向性から見た日英比較」*JELS 26*（日本英語学会第 26 回大会研究発表論文集），249-258．

Shizawa, Takashi (2011) *Form, Meaning, and Discourse: The Semantics and Pragmatics of Conditional Constructions in English and Japanese*, Doctoral dissertation, University of Tsukuba.

Shizawa, Takashi (2013) "Locative Inversion Constructions in English and Their Counterparts in Japanese: From the Viewpoint of Joint Attention and the Three-Tier Model of Language Use," *Tsukuba English Studies* 32, 91-110, University of Tsukuba.

Shizawa, Takashi (2015) "The Rhetorical Effect of Locative Inversion Constructions from the Perspective of the Three-Tier Model of Language Use," *English Linguistics* 32, 156-176.

Shizawa, Takashi and Yukio Hirose (2015) "Introduction: Public/Private-Self-Centeredness and Grammatical Phenomena in Japanese and English—The Perspective of the Three-Tier Model of Language Use," *English Linguistics*

32, 114-119.

Thrasher, Randolph H. (1977) *One Way to Say More by Saying Less: A Study of So-Called Subjectless Sentences*, Eihosha, Tokyo.

坪本篤朗 (2002)「モノとコトから見た日英語比較」『国際関係・比較文化研究』第1巻第1号（静岡県立大学国際関係学部），57-78.

内田聖二 (2002)「高次表意からみた日英語比較への一視点」『人間文化研究科年報』第17号（奈良女子大学大学院人間文化研究科），7-18.

内田聖二 (2011)『語用論の射程――語から談話・テクストへ』研究社，東京.

Uehara, Satoshi (1998) "Pronoun Drop and Perspective in Japanese," *Japanese/Korean Linguistics* 7, 275-289.

Wada, Naoaki (2001) *Interpreting English Tenses: A Compositional Approach*, Kaitakusha, Tokyo.

和田尚明 (2008)「公的自己中心性の度合いと西欧諸語の法・時制現象の相違」『ことばのダイナミズム』，森雄一・西村義樹・山田進・米山三明(編)，277-294，くろしお出版，東京.

Wada, Naoaki (2013) "A Unified Model of Tense and Modality and the Three-Tier Model of Language Use," *Tsukuba English Studies* 32, 29-70, University of Tsukuba.

索　引

1. 日本語はあいうえお順で示し，英語（で始まるもの）はABC順で最後に一括してあげた．
2. 数字はページ数を示す．

[あ行]

一人称代名詞　100, 110, 193, 194, 201, 334, 335, 345, 348, 350
意味変化　208, 216, 220, 221, 225, 227
意味役割　171, 181, 182
意味論化　107, 108
ヴォイス　104
内の視点　207
埋め込み　270, 271, 273-276, 281, 282, 284-287, 296, 297, 299-301
詠嘆モード　84, 86
オフステージ　210, 211
「俺」　324, 325, 327
オン（・）ステージ　210, 211, 312, 317, 318, 320-322, 328

[か行]

解釈関係（viewing arrangement）　124
外的焦点化　187-190, 193, 199, 200
概念化　136
概念化者　191, 192, 203
概念化の階層　284, 287, 288, 291, 292, 295, 296, 301, 302
概念内容（conceptual content）　28, 30, 33, 34, 39, 40
仮想世界　307, 309, 327
語り　186
語り手　191, 192
語りの理解のレベル　311, 316
間接話法　340
聞き手基盤の原則　345, 350
聞き手の知識　315
基準点の主体化　95
希薄化　64, 66, 79
基本的認知能力　286, 287, 291, 301
客体化　102, 335
客体化のプロセス　172
客観的内容　288, 289, 291, 292, 295
共感度　171
共同主観　221
共同注意　115
句構造規則　269, 273, 287
グラウンディング（grounding）　15, 16, 18, 22, 23, 40, 270, 288-295
グラウンディング構文　23
グラウンディング要素（G要素）　3, 10, 11, 13, 14, 22, 25-27, 31, 48
グラウンド　93, 315, 317, 318, 320-325, 328
言語慣習化　55, 63, 80, 81, 83, 85, 86
言語類型論　53-55, 58, 83, 86
懸垂分詞構文　207-211, 213-219, 223, 224, 226, 227
語彙化　80-82
行為連鎖　233-236, 248, 251
公的自己　336, 338, 340, 341, 344, 345

357

公的自己中心　336, 338, 341, 344, 347, 348, 352
公的表現　338-344, 350
構文　282, 283, 287, 293, 296
構文の連続性　258
心の理論　269, 284, 286
言葉ないし語りの理解　310, 311, 327
語用論的強化　106, 107
語用論的推論　219
語用論レベルの主観性　107
コントロール・サイクル　295, 296

[さ行]

再帰　269-278, 281, 282, 284-287, 290-292, 296, 297, 301, 302
最適視点構図　127, 196
三項関係　115, 116
参照点・ターゲット認知　130
参照点構造　136-138, 176
参照点能力　136
三層モデル　336-338, 341, 342, 344, 348, 350-352
参与体経験構文　258, 260, 262, 263, 265
「自己」の広がり　101
自己中心的視点構図　127, 128
自己分裂　192-194, 203
事態外視点　164
事態内視点　164
事態認知　233-236, 238, 240, 247, 248, 251, 257
事態把握　103, 208, 210, 212-217, 223, 224, 227, 233, 243, 248, 251
事態モデル　237
自他認識　269, 284-286, 291, 296, 301, 302
私的自己　336, 338, 340, 341, 346, 347
私的自己中心　336, 338, 341, 342, 344, 346-349, 351
私的表現　338-344
視点構図　211, 212, 223-225, 233, 236, 237, 239, 241, 242, 256, 260, 263-265
主観　159
主観化　53-55, 74, 78, 106, 113, 116
主観述語　4, 29, 39-41, 43, 44, 46, 175
主観性　125, 126, 154, 155
主観性構図　190
主観的移動　178
主観的状況　164, 182
主客対峙　3, 4, 14, 29, 31, 33, 34, 39, 48, 49
主客未分　14, 29-31, 39, 48, 49
主体　159
主体化　91, 94, 96, 98, 99, 116, 125, 130, 216, 334, 335, 349-351
主体性　125, 126, 128-130, 154, 155, 207
主体性ないし（は）subjectivity　305, 306, 327
主体的移動　179
状況把握　336, 337, 341-344, 347, 348, 350-352
状況報告　336, 337, 341-343, 347, 348, 350-352
状況没入　55, 75, 77-79
焦点化　186-188, 199
焦点化の主体　191, 192, 203
心的走査　125, 132
遂行節　342-344
生成文法　269, 271, 273, 276, 277, 279, 281
生態的自己　164, 182
セッティング主語構文　242, 244, 246-249, 251, 252, 258, 260-263, 265
全知の語り手　187

索　引

[た行]

体験者　71, 75, 83, 84, 86
体験者主観性　64, 71, 72, 76, 78, 79
対象のガ格　173
対人関係　336, 337, 341, 342, 350, 352
代名詞省略型（言語）　82, 83, 86
対話的　86
脱主観化　172, 174, 176
脱主体化　270, 296-302
直示（述語）　61-63, 71, 77, 80-83, 86
直接話法　340
転位　192, 193, 203
転位した概念化者（G'）　129
典型的事態のモデル　127
独話的　84, 86
捉え方（construal）　1, 2, 5, 7, 10, 30, 31, 34, 39

[な行]

内的状態述語　81-86
内的焦点化　187-190, 193, 196, 197, 199, 200
ナラトロジー　185, 186
"二人称的交流"　307, 320, 324, 328
認識者主観性　62-64, 78, 79
人称（制限）　72, 75, 76, 78, 80, 82-84, 86
認知主体　236, 238-241, 243, 244, 248, 252, 255, 256, 259-264
認知像　3, 4, 30-38, 48
認知能力　121, 122, 136, 139
認知の場　240, 241, 249, 255, 256, 258-264
認知文法　269, 278, 279, 281, 282, 288, 295, 300, 301
認知モード　3, 4, 29, 30, 39, 40, 46, 49, 233, 236, 240-242, 257, 265

[は行]

（お話への）入り込み　306, 315, 327
入り込みの度合い　312, 316
発話イベント　288, 289, 291-293
発話行為シナリオ　288-293, 295
話し手関与性　106
話し手基盤の原則　347, 350
反復　272, 274, 275, 277, 278, 287, 296, 300, 301
非人称構文　249, 258-263, 265
描写モード　84, 86
文法化　54, 63, 64, 79
文法範疇　96-99
分裂自己　164
併合　271, 276, 277, 279
法助動詞　8, 16, 22, 23, 26, 27, 39

[ま行]

まとまり認知　97
観られる側（the viewed）　1, 3-5, 8-13, 15, 17-21, 23, 24, 26, 27, 29-32, 39, 40, 42, 45, 48, 49
観る・観られる関係（viewing relationship）　3, 4, 25, 31
観る側（viewer）　1-27, 29-34, 39, 40, 42, 44, 45, 47-49
観る側性（の度合）（subjectivity）　3-5, 8-15, 17-21, 25, 26, 29, 48
「みんな」　319, 324-326, 328
無限定性　40, 44, 47, 48
無生物主語構文　231-236, 242, 245-248, 250-258, 262, 263, 265
無人称　39
名詞　96-98
メンタル・スペース理論　309, 310, 312
モダリティ　56, 62, 63, 80

[や行・ら行]

（仮想世界と現実世界の）融合　307, 313, 327
"呼びかけの対象"　315
リアリティー (reality)　4, 35, 39
連続性　233, 258
連続体　259, 262, 265
連続的　253, 263

[英語]

across 文　3, 10, 11, 14, 21-26, 31, 49
conceived time　149, 150, 152-154
De Smet and Verstraete　108-110
Disengaged Cognition (DEC)　307-310, 328
D モード　33-38, 40, 41, 46, 49, 240-242, 244, 249, 257, 262, 265, 270, 297-301
D モード認知　143-147, 149, 150, 152-154
EC から DEC への移行　311
Engaged Cognition (EC)　307-310, 328
Extreme Subjectification　216
intersubjectivity　221
I モード　31-39, 45-49, 240-242, 255, 257, 265, 270, 297-301
I モード認知　143-147, 149, 150, 152-155
non-reportive style　29, 41-44, 46, 47
objective construal　92, 100, 103
OC (objective content)　3, 12, 18-22, 25, 40, 41, 49
OC モデル　167, 182
processing time　149, 150, 152-154
R/T 認知　236, 238-242, 248, 255, 257, 264, 265
reportive style　41, 46, 47
satellite-framed language　152, 153
SS モデル　167, 182
subjective construal　92, 100, 103
subjectively construe　104
tr/lm 認知　236, 238-242, 244, 248, 249, 257, 263, 265
vantage point　124, 127, 155
verb-framed language　152, 153

執筆者紹介
（論文掲載順）

中村　芳久（なかむら　よしひさ）1951 年生まれ．
金沢大学人間社会学域人文学類教授．英語学，認知言語学，進化言語学．
主要業績：『認知文法論II』（編著，大修館書店，2004），「認知モードの射程」（『「内」と「外」の言語学』，坪本篤朗・早瀬尚子・和田尚明（編），開拓社，2009），「否定と(間)主観性——認知文法における否定——」（『否定と言語理論』，加藤泰彦・吉村あき子・今仁生美（編），開拓社，2010），など．

上原　聡（うえはら　さとし）
東北大学 高度教養教育機構／大学院国際文化研究科教授．認知言語学，言語類型論，日本語学．
主要業績：*Syntactic Categories in Japanese: A Cognitive and Typological Introduction* (Kurosio Publishers, 1998)，『音韻・形態のメカニズム——認知音韻・形態論のアプローチ』（共著，研究社，2007），「主観性に関する言語の対照と類型」（『ひつじ意味論講座5：主観性と主体性』，澤田治美（編），ひつじ書房，2011），など．

本多　啓（ほんだ　あきら）1965 年生まれ．
神戸市外国語大学英米学科教授．認知言語学，英語学．
主要業績：「可能表現と自己の境界」（『言語研究の視座』，深田智・西田光一・田村敏広（編），開拓社，2015），『知覚と行為の認知言語学——「私」は自分の外にある——』（開拓社，2013），『アフォーダンスの認知意味論：生態心理学から見た文法現象』（東京大学出版会，2005），など．

濱田　英人（はまだ　ひでと）1957 年生まれ．
札幌大学地域共創学群教授．英語学，認知言語学，認知科学．
主要業績：*Grammar and Cognition* (Kyodo Bunkasha, 2002)，*Grammar of the English Language*（テキスト，三浦印刷，2010），*Perception, Cognition, and Linguistic Manifestations: Investigations into the Locus of Meaning*（博士論文，金沢大学大学院人間社会環境研究科，2015），など．

町田　章　(まちだ　あきら)　1970 年生まれ.
広島大学大学院総合科学研究科准教授．英語学，日本語学，認知言語学．
主要業績：「日本語被害受身文の間接性と概念化—認知文法的アプローチ」(『語用論研究』7 号，2005 年)，「主観性と見えない参与者の可視化—客体化の認知プロセス—」(『日本認知言語学会論文集』第 12 巻，2012 年)，「英語属性叙述受動文の合成構造」(『日本認知言語学会論文集』第 14 巻，2014 年)，など.

野村　益寛　(のむら　ますひろ)　1963 年生まれ.
北海道大学大学院文学研究科教授．英語学，認知言語学．
主要業績：『ファンダメンタル認知言語学』(ひつじ書房，2014)，『認知言語学への招待』(共著，大修館書店，2003)，『認知言語学 II：カテゴリー化』(共著，東京大学出版会，2002).

早瀬　尚子　(はやせ　なおこ)
大阪大学大学院言語文化研究科准教授．英語学，認知言語学．
主要業績：「懸垂分詞構文を動機づける内の視点」(『「内」と「外」の言語学』，坪本篤朗・早瀬尚子・和田尚明 (編)，開拓社，2009)，"The Cognitive Motivation for the Use of Dangling Participles in English" (*Motivations in Grammar and Lexicon*, Günter Radden and Klaus-Uwe Panther (eds.), John Benjamins, 2011)，"The Motivation for Using English Suspended Dangling Participles: A Usage-Based Development of (Inter)subjectivity" (*Usage-Based Approaches to Language Change*, Evie Coussé and Ferdinand von Mengen (eds.), John Benjamins. 2014)，など.

對馬　康博　(つしま　やすひろ)
藤女子大学文学部英語文化学科講師．認知言語学 (認知文法，構文文法)，英語学．
主要業績：「主題非明示型結果構文の構文的環境とそのカテゴリー形成」(『日本認知言語学会論文集』，第 7 巻，2007)，「認知文法における属性叙述の発生プロセス—主題非明示型結果構文の事例を中心に—」(『日本認知言語学会論文集』，第 14 巻，2014)，「人間の認知能力からみた概念化の世界観の再考」(『日本認知言語学会論文集』，第 15 巻，2015)，など.

長谷部　陽一郎　(はせべ　よういちろう)　1973 年生まれ.
同志社大学グローバル・コミュニケーション学部准教授．認知言語学，コーパ

ス言語学.
主要業績:「構文のネットワークモデルについて:二重目的語構文を中心に」(『認知言語学論考 No. 9』, 山梨正明他(編), ひつじ書房, 2010), "A Cognitive Approach to Compound *Kango* VNPs in Japanese" (*Grammar in Cross-Linguistic Perspective: The Syntax, Semantics, and Pragmatics of Japanese and Chinese*, Teruhiro Ishiguro and Kang-Kwong Luke (eds.), Peter Lang, 2012),「認知言語学とコーパス」(『認知言語学 基礎から最前線へ』, 森雄一・高橋英光(編), くろしお出版, 2013), など.

深田　智（ふかだ　ちえ）1970年生まれ.
京都工芸繊維大学基盤科学系准教授. 認知言語学, 認知意味論, 語意獲得研究.
主要業績:『認知意味論』(共著, 大修館書店, 2003),『概念化と意味の世界』(共著, 研究社, 2008), "The Dynamic Interplay between Words and Pictures in Picture Storybooks: How Visual and Verbal Information Interact and Affect the Readers' Viewpoint and Understanding" (*Viewpoint and the Fabric of Meaning*, Barbara Dancygier, Wei-lun Lu and Arie Verhagen (eds.), Mouton de Gruyter, 2016), など.

廣瀬　幸生（ひろせ　ゆきお）1956年生まれ.
筑波大学人文社会系教授. 英語学, 日英語対照研究, 意味論・語用論.
主要業績:『日本語から見た日本人――主体性の言語学』(共著, 開拓社, 2010), "The Conceptual Basis for Reflexive Constructions in Japanese" (*Journal of Pragmatics* 68, 2014), "An Overview of the Three-Tier Model of Language Use" (*English Linguistics* 32, 2015), など.

ラネカーの(間)主観性とその展開

編　者	中村芳久・上原　聡
発行者	武村哲司
印刷所	萩原印刷株式会社／日本フィニッシュ株式会社

2016 年 11 月 19 日　第 1 版第 1 刷発行 ⓒ

発行所	株式会社　開 拓 社	〒113-0023 東京都文京区向丘 1-5-2 電話　(03) 5842-8900 (代表) 振替　00160-8-39587 http://www.kaitakusha.co.jp

ISBN978-4-7589-2225-8　C3080

JCOPY ＜(社)出版者著作権管理機構　委託出版物＞
本書の無断複写は，著作権法上での例外を除き禁じられています．複写される場合は，そのつど事前に，(社)出版者著作権管理機構（電話 03-3513-6969, FAX 03-3513-6979, e-mail: info@jcopy.or.jp）の許諾を得てください．